SV

D1829096

Jürgen Habermas

Protestbewegung und Hochschulreform

Mit einer Nachbemerkung von
Alexander Kluge

Suhrkamp Verlag

Einmalige Sonderausgabe 2008
© Suhrkamp Verlag Frankfurt am Main 1969
Alle Rechte vorbehalten, insbesondere das
der Übersetzung, des öffentlichen Vortrags sowie
der Übertragung durch Rundfunk und Fernsehen,
auch einzelner Teile.
Kein Teil des Werkes darf in irgendeiner Form
(durch Fotografie, Mikrofilm oder andere Verfahren)
ohne schriftliche Genehmigung des Verlages reproduziert
oder unter Verwendung elektronischer Systeme
verarbeitet, vervielfältigt oder verbreitet werden.
Umschlag: Hermann Michels und Regina Göllner
Druck und Bindung: CPI – Ebner & Spiegel, Ulm
Printed in Germany

ISBN 978-3-518-41984-7

Protestbewegung und Hochschulreform

Vorbemerkung

Dieser Band belegt in chronologischer Reihenfolge politische Stellungnahmen und Analysen, mit denen ich in den letzten Jahren auf die Protestbewegung der Studenten und auf eine unbewegliche Hochschulreform Einfluß zu nehmen versucht habe. Selbstverständlich habe auch ich mich durch Erfahrungen dieser Zeit belehren lassen.
Die konkreten Vorschläge für eine Hochschulgesetzgebung sind das Ergebnis einer intensiven Zusammenarbeit mit Kollegen, denen ich für die Erlaubnis danke, unsere gemeinsamen Überlegungen in diese Dokumentation aufzunehmen. Darüber hinaus verbindet mich eine stetige Diskussion mit Ludwig von Friedeburg.
In der gegenwärtigen Situation besteht die Gefahr, daß sich der produktive Zusammenhang von Studentenprotest und Hochschulreform ins Fatale verkehrt. Irrationalistische Impulse, die in der neuen Bewegung der Studenten von Anbeginn zu erkennen waren, drohen ebenso rasch zu wachsen wie auf der anderen Seite die Bereitschaft, Disziplinierungen zum einzigen Inhalt der Reform zu machen. Das ironische Zusammenspiel von Technokraten des verselbständigten Protestes mit jenen Kräften, die eine technokratische Hochschulreform gegen Humboldtschen Traditionalismus immer schon durchsetzen wollten, zeichnet sich ab. Dieser Teufelskreis muß durchbrochen werden.
Der Rückblick dient nicht der Rechtfertigung – natürlich nicht gegenüber denen, die unsereinen ohnehin unter die einfältigen Kategorien der Staatsgefährdung subsumieren; aber auch nicht denen gegenüber, die mir, aufgrund ihrer illusionären Einschätzung der Protestbewegung, Attentismus und Mangel an Solidarität vorwerfen.
Einleitend versuche ich eine vorläufige Bestandsaufnahme.

Die praktischen Folgerungen aus dieser Analyse richten sich gleichermaßen gegen linken Aktionismus wie gegen die drohenden Reaktionen, denen dieser willkommener Vorwand ist.

Im Februar 1969 J. H.

Einleitung

Die Forderung, die aktionistische Minderheit von anderen Gruppen des aktiven Protestes zu unterscheiden, ist vor allem von Gegnern oder von distanzierten Beobachtern erhoben worden; sie ist deshalb diskreditiert. Wer die Ziele der Protestbewegung für sinnvoll hält, hat sich bisher darauf nicht einlassen wollen.

Allein, das Verlangen nach Differenzierung kann in den Augen derer, die, wie ich, den Protest grundsätzlich unterstützen, nur so lange dubios sein, als die aktiven Gruppen, ungeachtet ihres von Anbeginn illusionären Bewußtseins und ihrer im Ansatz problematischen Praktiken, zu Recht den Anspruch erhoben haben, die Politisierung des Bewußtseins der Studenten und einiger Teile der Bevölkerung voranzubringen. Der SDS war der Motor einer »Bewegung«, die einen unvorhergesehenen politischen Spielraum eröffnet und damit Aufklärungschancen für Ziele eines radikalen Reformismus geschaffen hat. Inzwischen haben sich aber aktionistische Gruppen gebildet, die sich von der Protestbewegung isolieren. Sie haben die Ebene, auf der, bei allem Scheinrevolutionarismus, über grundsätzliche Intentionen eine Übereinstimmung zu bestehen schien, verlassen. Sie sind nicht länger willens, sich an den Rationalitätsanspruch von Diskussionen zu binden. Im vergangenen Semester ist in Berlin und Frankfurt eine dem Denken und der Wissenschaft feindliche Agitation betrieben worden, die die Frage nahelegt, ob solche Gruppen nicht schon die Prinzipien aufgeklärten Handelns zugunsten eines vorsätzlichen Irrationalismus verabschiedet haben. Seit Jahren werden Aktionen als Lernprozesse ausgegeben – mit der fatalen Folge einer selbstbetrügerischen Umstilisierung von Massenreaktionen in Aufklärungsprozesse. Neu aber ist der Handstreich einzelner, der durch die norma-

tive Kraft des Faktischen nachträglich Zustimmung herstellen soll, wo sie vorher plebiszitär nicht zu erreichen war.
Seit der Tegeler Steinwurfdemonstration im November vergangenen Jahres hat sich die Gewaltrhetorik der Ostertage in eine Taktik des begrenzten Vandalismus umgesetzt: in Berlin ist das Modell entwickelt, in Frankfurt ansatzweise übernommen worden. Mit dieser Verzweiflungstaktik haben die aktionistischen Gruppen einen immer drückender werdenden Legitimationszwang abgeschüttelt. Nun bedarf die einzelne Aktion einer bestimmten Rechtfertigung unterhalb der Ebene von Globaldenunziationen überhaupt nicht mehr. Diese Frustrationshandlungen sind ausgelöst durch das Scheitern des Aktionismus in der Hochschule selber.
In Deutschland hat die Protestbewegung bisher drei Phasen durchlaufen. Vom Frühjahr 1965 bis zum Juni 1967 war sie fast ganz auf die Freie Universität Berlin beschränkt. Obgleich Demonstrationen gegen den Vietnamkrieg eine wichtige Rolle für die Politisierung des Bewußtseins einer breiteren Schicht von Studenten gespielt haben, standen die Konflikte innerhalb der Hochschule im Vordergrund. Nach dem Tod Benno Ohnesorgs hat die Protestbewegung auf die Hochschulen der Bundesrepublik übergegriffen; hier ist die Berliner Entwicklung der vorangegangenen Jahre in beschleunigtem Tempo nachgeholt worden. Aber in dieser zweiten Phase hat sich, wiederum von Berlin ausgehend, der Protest nach außen gewendet, zunächst gegen die Springer-Presse, dann, im Zusammenhang mit den Notstandsgesetzen, gegen die Regierung der Großen Koalition sowie gegen die Partei- und Gewerkschaftsapparate. Die Ausdehnung des Protests über den Hochschulbereich hinaus stützte sich auf den in der ersten Phase errungenen Erfolg in den Hochschulen. Nach der Verabschiedung der Notstandsgesetze freilich mußte dieser Versuch einer Etablierung von Gegengewalt und einer Aktivierung insbesondere der Arbeiterschaft (ein Versuch, der zumal auf dem Hintergrund der Pariser Mai-Revolte mit ganz

irrealen Erwartungen verknüpft worden war) als gescheitert aufgegeben werden. Der Rückschlag zwang zur Rückwendung auf die Hochschule. In dieser dritten und vorerst letzten Phase dienen außeruniversitäre Anstrengungen wie die Justizkampagne oder vereinzelte Störungen des Kulturbetriebs eher der Sammlung der teils gelähmten, teils dezentralisierten und verselbständigten Kräfte. Der zweite Anlauf zu einer Konzentration auf Hochschulkonflikte bedient sich, im Unterschied zum ersten, der Reformziele nur noch als Vorwand. In Berlin und Frankfurt ist das Ziel der aktionistischen Gruppen die Verhinderung von Reformen. Die bis dahin energisch geforderte Drittelparität ist zum Erkennungszeichen einer technokratischen Hochschulreform umgemünzt worden. Der außerhalb der Universität entmutigte Protest hat jetzt zum einzigen Inhalt die Dysfunktionalisierung der Hochschule im Zeichen einer zweideutig angestrebten Selbstorganisation des Studiums. Da aktionistische Gruppen diese Selbstorganisation nur im Zusammenhang mit Spielmodellen, die der Vorstellungswelt des Guerillakrieges entlehnt sind, ernst meinen, muß die »Politik der befreiten Gebiete« an ihren eigenen Illusionen scheitern.
Die politische Lage an den beiden Hochschulen, an denen die Protestbewegung am weitesten fortgeschritten ist, scheint mir zum gegenwärtigen Zeitpunkt (Februar 1969) durch folgende Konstellationen bestimmt zu sein.
Die Aktionisten versuchen trotz Mißerfolgen ihre führende Position zu behaupten. Ihre Taktik, die nur in der Phase der an klaren Zielen legitimierten und begrenzten Regelverletzungen politisch erfolgreich gewesen ist, hat in eine Sackgasse geführt. Sie können entweder ihr scheinrevolutionäres Selbstverständnis und die empirisch gehaltlosen Situationsdeutungen revidieren; das ist beim jetzigen Grad der Dogmatisierung nicht wahrscheinlich. Oder sie können resignieren, d. h. ihre Ziele auf eine unpolitische Ebene verschieben und den Zusammenhalt durch sektiererische Abkapselung wahren; das

ist auf längere Sicht unvermeidlich. Der innere Kommunikationskreis ist heute schon gegen die Zufuhr dissonanter Erfahrungsgehalte abgedichtet. Ein großer Teil der Repräsentanten dieser Gruppe ist zudem aus dem Studium so weit herausgefallen, daß für sie eine politische Tätigkeit, die mit wissenschaftlicher Arbeit integriert wäre, keine lebensgeschichtliche Perspektive mehr darstellt. Weil die »Berufsrevolutionäre« ohne annehmbare Alternative unter einem selbst produzierten Handlungszwang stehen, führt der Weg in die Subkulturen jenseits der Hochschule möglicherweise über desperate Anstrengungen.
Unter aktiven Studenten hat sich eine weitere Gruppe gebildet, die den Aktionisten noch folgt, aber andere Interessen hat. Sie engagiert sich in den Arbeitsgruppen und braucht die Parole der Selbstorganisation des Studiums nicht nur als Vorwand. Diese Studenten verarbeiten zum Teil Motive, die sich aus Frustrationen des Massenstudiums wie aus Lernstörungen ergeben. Didaktisch legen diese Schwierigkeiten, entgegen dem anti-autoritären Selbstverständnis, eine sinnvolle, aber auch formal straffende Reorganisation des Grundstudiums nahe. Zum Teil bringt diese Gruppe jedoch Impulse zum Ausdruck, die auf eine begründete Kritik der Inhalte des Studiums abzielen und eine heilsame Selbstreflexion der Wissenschaften, nicht nur in geistes- und sozialwissenschaftlichen Disziplinen, einleiten könnten. Die unmittelbare Forderung geht auf eine stärkere Integration des angebotenen Stoffes mit den eigenen, im Rahmen der Protestbewegung selbst erworbenen Erfahrungen und Interessen. Wenn es nicht gelingt, diese Impulse aufzunehmen, wird in Zukunft die Basis fehlen, auf der allein institutionelle Neuerungen in eine für Lehre und Forschung folgenreiche materiale Wissenschaftskritik umgesetzt werden können. Eine Reform freilich, die mit dem Ziel der Demokratisierung der Hochschule solche Initiativspielräume erst einmal schaffen und institutionell sichern muß, wird von den beiden aktivsten Gruppen der Studenten nicht

mehr ernstlich gewollt, jedenfalls nicht mehr pragmatisch wirksam betrieben.

Die politischen Hochschulgruppen und die allgemeinen studentischen Vereinigungen (AStA und VDS) sind von den formlos agierenden Gruppen an der Basis entweder unterwandert und funktionslos gemacht oder aber für aktionistische Unternehmungen umfunktioniert worden. Kennzeichnend für die fatale Arbeitsteilung zwischen Protestbewegung und pragmatischer Hochschulpolitik, die in der ersten Phase noch durch radikaldemokratische SHB-Führer wie Nevermann oder die Kadritzkes vermittelt worden sind, ist der Umstand, daß heute fast nur noch die dem RCDS nahestehenden Mittelgruppen die Reformziele der SDS-Hochschuldenkschrift vertreten. Diese Gruppen stützen sich auf das Wählerreservoir der eher unpolitischen Studenten, die an individuellem Arbeiten und Berufsvorbereitung interessiert sind. Obgleich sich bisher ein eigentlich autoritäres Potential nicht gebildet zu haben scheint, ist ungewiß, ob nicht eine anhaltende Desorganisation des Lehrbetriebs handgreifliche Reaktionen auf den Plan rufen wird.

Im Augenblick schicken sich Regierungen und Parteien an, ihre zögernde und meist technokratisch gerichtete Reformpolitik mit einer bundeseinheitlichen Disziplinarordnung einzuläuten; und die wachsenden Affekte der Bevölkerung gegen Studenten erhitzen ein durch bevorstehende Bundestagswahlen bestimmtes Klima. So könnten sich die Revolutionsdefinitionen von links und rechts, obwohl gleichermaßen fiktiv, wechselseitig bestätigen. Die irreführende Totalperspektive der einen Seite und die perspektivelose Behauptung des status quo der anderen Seite könnten ineinandergreifen. Dann wäre auf dem Wege einer »selffulfilling prophecy« erreicht, was immer schon beschworen worden ist: das Einsetzen nackter Repression.

Die Protestbewegung darf nicht in die vorhersehbare Niederlage ihrer aktionistischen Irrläufer hineingezogen werden.

Andererseits sollten die Konservativen die Folgen einer kurzfristig gewiß durchsetzbaren repressiven Befriedung der Universitäten nicht verkennen. Um beides zu vermeiden, bedarf es einer nüchternen Analyse dessen, was die Protestbewegung ist und vermag – und was sie nicht ist und nicht vermag. Das Phänomen ist undeutlich; die empirischen Anhaltspunkte für Erklärungen sind unsystematisch und schwach. Auch die Interpretation, die ich vorschlage, kann nicht mehr als eine gewisse Plausibilität beanspruchen.

Drei Intentionen

Wenn man sich an das hält, was die aktivsten Gruppen unter den Studenten zum Ausdruck bringen und wie sie sich verhalten, dann zeichnen sich drei Intentionen ab.

Die Parole der Großen Weigerung bezeichnet eine verbreitete Einstellung, die die Erfahrung der Unwirksamkeit politischer Opposition in den westlichen Massendemokratien widerspiegelt. Diese Erfahrung des absorbierten Widerspruchs ist Ausgangspunkt des Widerstandes. Er will sich nicht integrieren lassen; ein alles durchdringendes System der Massenmedien soll an ihm abprallen und sich seiner nicht als Alibi für Scheinliberalität bedienen können. Die neuen Techniken des Protestes richten sich gegen beliebige Symptome, weil jedes recht ist, um die Ablehnung eines abstrakt erfaßten und nur, wie es scheint, von außen denunzierbaren Ganzen auszudrücken. Die Demonstrationen haben die Form sinnfälliger Provokation angenommen, die sofort konsumierbare Kränkungen oder Gegenaggressionen erzeugt. Der eigentümliche Charakter der Selbstbefriedigung, die der Protest dadurch gewinnt, macht von Kriterien des Erfolges zweckrationalen Handelns unabhängig. Beide Momente verbinden sich auch in dem Bestreben, Gegenwelten zu schaffen: sie sollen gegen die Gefahr der Integration abschirmen und den Protest in eine Lebensform überführen, die davon dispensiert, sich der Wirksamkeit des Protestes zu vergewissern. Die dem antisemitischen Sprachgebrauch in aller historischen Unbefangenheit entlehnte Vokabel des »Mauschelns« richtet sich unmittelbar gegen den Stil nichtöffentlichen Verhandelns in repräsentativen Gremien; mittelbar trifft sie jedoch jede kalkulierte Durchsetzung von Interessen. Dabei ist unerheblich, ob es sich um Interessen der Erhaltung oder der Veränderung des Systems handelt.

Die Abwertung der politischen Sphäre als eines Bereichs zweckrationalen Handelns hängt mit einer weiteren Intention zusammen. Die anti-autoritäre Einstellung wehrt Leistungsimperative ab. Sie richtet sich nicht eigentlich gegen bestimmte Persönlichkeitsmerkmale und personale Abhängigkeiten, sondern gegen die objektivierten Zwänge einer, wie die Formel heißt, autoritären Leistungsgesellschaft. Auch darin ist eine Erfahrung aufgenommen. Denn die Disziplinierungen, die in den industriell fortgeschrittenen Gesellschaften dem einzelnen nach wie vor auferlegt werden, haben nicht mehr den Augenschein einer Ökonomie der Armut für sich; sie müssen sich vielmehr, zumal in den Elternhäusern unserer aktivsten Studenten, gegen die Evidenz von Überfluß und potentiellem Reichtum behaupten. Nachdem sich im prototypischen Bereich der Sexualität bürgerliche Tugenden als ein System überflüssig gewordener Opfer und dysfunktionaler Verdrängungen lautlos aufzulösen beginnen, geraten die Werte possessiver Verdinglichung allgemein in den Verdacht, historisch überfällig und damit »repressiv« zu sein. Die Ethik des Leistungswettbewerbs und das Diktat der Berufsarbeit, überhaupt die Antriebe einer auf Statuskonkurrenz gegründeten Gesellschaft werden zumal in einer sozialen Umgebung fragwürdig, in der die Heranwachsenden weitab von der Produktionssphäre leben und der Wirklichkeit nur durch die Filterschicht von Konsumentenorientierungen und Massenmedien begegnen.

Gegenüber Formen der bürokratisierten Herrschaft gewinnt das Modell rätedemokratischer Willensbildung an Überzeugungskraft, je mehr die Rechtfertigungen für bestehende Normen auf undurchsichtige Weise mit traditionell eingespielten und der Diskussion entzogenen Positionsvorteilen verbunden sind. An dieser Verfilzung von funktionalen Imperativen mit naturwüchsiger Herrschaft, für die die Organisation der Lehre und Forschung in Universitäten genügend Beispiele liefert, bilden und bestätigen sich der Begriff von Technokratie – und der Haß gegen sie. Freilich mischt sich das berechtigte Mißtrauen gegen technokratische Entwicklungen, die Herrschaftsnormen durch Hinweis auf sogenannte Sachzwänge rechtfertigen, mit übertriebenen Verallgemeinerungen, die in einen Affekt gegen Wissenschaft und Technik als solche umschlagen können. Gerade unter den aktivsten Studenten finden sich manche, die auf psychisch bedingte Lernschwierigkeiten mit einer fast zwanghaften Abwehr von Kompetenzforderungen und Leistungsorientierungen antworten und dann bisweilen die Grenze zur erklärten Theoriefeindschaft überschreiten.

Diese Abwertung von Theorie und die eilfertige Unterordnung theoretischer Arbeit unter ad-hoc-Bedürfnisse der Praxis hängen mit einer dritten Intention zusammen. Die Parole der Neuen Unmittelbarkeit bezeichnet eine Einstellung, die die Bereitschaft, sich an verselbständigte Systeme anzupassen, radikal zugunsten unmittelbarer Befriedigung aufkündigt. Dem liegt die Erfahrung zugrunde, daß die komplexen Umwege in den Systemen zweckrationalen Handelns die Ziele immer weiter hinausschieben. Die Motive des Handelns werden heute immer mehr an die verallgemeinerten Medien der Verwirklichung beliebiger Ziele gebunden und durch abstrakte Anstrengungen für den Erwerb von Einkommen, freier Zeit, Ansehen, Einfluß usw. verbraucht – und das unter der Kruste einer spezifischen Langeweile. Darauf reagiert nun ein Teil der Studenten mit dem Anspruch, ästhetische Erfahrung, Triebbefriedigung und Expression hier und jetzt zur Geltung zu bringen.

Die Lebensform des Protestes ist durch sinnliche Qualitäten bestimmt; die hippiesken Züge haben sich alsbald von den Zentren der Hippiekultur abgelöst und verbreitet – sie sind nicht bloße Drapierung. Die Kerne der Protestbewegung – in den angelsächsischen Ländern vor allem, aber auch in der Bundesrepublik – sind Subkulturen, die die Vereinzelung der privaten Lernsituation zugunsten solidarischer Gruppenerfahrungen aufheben sollen. Damit erhalten Kategorien des geschwisterlichen Umgangs eine neue Bedeutung; zugleich tritt der bürgerliche Bildungsprozeß, der für den Jugendlichen die einsame Lektüre des gedruckten Wortes als Weg zur Individuierung gewiesen hat, in den Hintergrund. Natürlich machen die jugendbewegten Experimente mit Formen des »nichtentfremdeten« Zusammenlebens nicht nur sensibel für verkümmerte Erfahrungsbereiche der Interaktion, sie schaffen auch neue Konflikte. Zu ihrer Kehrseite gehören Aktionen, die kaum noch in einem politischen Kontext stehen und in der Tat einer unmittelbaren Triebbefriedigung ihrer Initiatoren, nämlich schlicht der ungehemmten Abfuhr von Aggression, dienen.

Die summarische Beschreibung der drei Intentionen kann zunächst nur ein Potential abgrenzen, mit dem niemand gerechnet hat, und das bis heute auch nicht befriedigend erklärt werden kann. Jenes Bündel von Grundorientierungen deckt sich freilich nicht mit den Interpretationen, die das Selbstverständnis der Protestgruppen bestimmen. Diese Rechtfertigungen sitzen locker auf den ihnen zugrunde liegenden Einstellungen. Ich halte es nicht für ausgeschlossen, daß die heute herrschenden Deutungen von nachwachsenden Generationen unbekümmert abgestreift werden, sobald sich das Protestpotential in unpolitische Bereiche verlagert (wofür es Anzeichen gibt). Ich möchte drei Rechtfertigungen unterscheiden. Die erste stammt aus dem Marxismus, die zweite aus anarchistischen Traditionen, die dritte aus Zusammenhängen der Kulturrevolution.

Erste und zweite Rechtfertigung: Imperialismustheorie und Neoanarchismus

Aus der marxistischen Überlieferung, die der »diskutierende« SDS vor allem in der ersten Hälfte der 60er Jahre aufgearbeitet hat, ist für das Selbstverständnis der Rebellen hauptsächlich ein Komplex wichtig geworden: die Imperialismustheorie. Zwar hat man 1966/67 Rezessionserscheinungen zum Anlaß genommen, um für die Bundesrepublik »das Ende der Rekonstruktionsperiode« zu verkünden; das ist inzwischen vergessen. Auch zehrt die Agitation nach wie vor von der alten Klassentheorie und rückt Notstandsgesetzgebung, Pressekonzentration, Hochschulreform und die Verfolgung politischer Straftaten in einen suggestiven Zusammenhang. Aber der innenpolitische Gebrauch marxistischer Schlagworte (um mehr handelt es sich nicht) würde nicht einmal für den internen Verkehr glaubwürdig sein, wenn nicht die Emanzipationsbewegungen der Dritten Welt der Imperialismustheorie neuen Auftrieb gegeben hätten. Der Vietnamkrieg hat für die deutschen Studenten, wie seinerzeit der Algerienkrieg für die französischen, die polit-ökonomischen Zusammenhänge des Dekolonisierungsprozesses zu Bewußtsein gebracht. Der politische Befreiungskampf in den ehemaligen Kolonialgebieten ist zugleich ein sozialer Befreiungskampf. Dessen erklärtes Ziel ist es, nach außen ökonomische Abhängigkeiten und im Innern eine die industrielle Entwicklung hemmende Sozialstruktur zu beseitigen. Die Imperialismustheorie, die für eine vergangene Phase der Ausbeutung entwickelt worden ist, erklärt freilich nicht mehr zureichend die wachsenden Disparitäten in der Entwicklung der reichen und der armen Nationen heute. Die Unterprivilegierung der

Entwicklungsländer wird sich in Zukunft immer weniger in Kategorien einer für die entwickelten Systeme notwendigen Ausbeutung fassen lassen. Aber alle Anzeichen sprechen dafür, daß die industriell fortgeschrittenen Gesellschaften, im Bereich des bürokratisierten Staatssozialismus nicht weniger als im Bereich des organisierten Kapitalismus, unfähig sind, aus sich selbst Motivationen zu schöpfen, die ausreichen, um eine wirksame, an den Interessen der Empfängerländer orientierte Entwicklungshilfe zu leisten. Eine überdimensionale Hungerkatastrophe ist abzusehen. Auch wenn die Imperialismustheorie keine triftigen Erklärungen mehr anbietet, bezeichnet sie doch sehr genau das erklärungsbedürftige Phänomen: daß die etablierten Gesellschaftssysteme außerstande sind, Probleme des Überlebens in anderen Teilen der Welt zu lösen. Eine internationale Klassenkampfsituation würde sich dann erneuern, wenn es China gelänge, ein für atomare Erpressungen hinreichendes industrielles Potential zu schaffen, ohne gleichzeitig die Form bürokratischer Herrschaft und jene Mentalität zu entwickeln, die bisher stets die Industrialisierung einer Gesellschaft begleitet haben.
Allerdings benutzen die militanten Studenten die Imperialismustheorie dazu, ihren eigenen Protest in einen falschen Globalzusammenhang einzuordnen. Sie fingieren eine welthistorische Einheit des Widerstandes gegen den Kapitalismus, der von den Guerillakämpfen in Südamerika und Asien über die Negerrevolten in den nordamerikanischen Städten und die Kulturrevolution in China bis zum Widerstand in den »Metropolen« reichen soll. In diesem Kontext verschwinden auch die klaren Unterschiede zwischen Motivation und Zielen der Studentenrevolten in reichen und in armen, in kapitalistischen und in sozialistischen Ländern. Die durch Diffusion zu erklärende Übereinstimmung der Parolen und Techniken täuscht darüber hinweg, daß die Studentenrevolten hier und dort so gut wie nichts miteinander zu tun haben. Dabei ist der Sonderfall Japan nicht einmal berücksichtigt.

Die anarchistische Überlieferung ist verwaschen. Sie ist von den Aktionisten zögernd und fragmentarisch angeeignet worden; denn die Konvergenzen sind erst nach und nach zu Bewußtsein gelangt. Ausgangspunkt der neoanarchistischen Überlegungen ist der Umstand, daß der in der europäischen Arbeiterbewegung organisierte Klassenkampf heute weitgehend stillgestellt ist. Die von kommunistischen Parteien betriebene Bündnispolitik, die eine Revolutionierung der Gesellschaft auf dem Wege parlamentarischer Machtübernahme anstrebt, hat sich als ebenso »systemstabilisierend« erwiesen wie der Reformismus linker Gewerkschaften und einer staatstragenden Sozialdemokratie. Erfahrungen dieser Art, die auf relativ hoher Stufe der Verallgemeinerung nicht falsch sind, verführen zu einer totalisierenden Betrachtungsweise. Das Institutionensystem der entwickelten Industriegesellschaften erscheint als ein fast statisches, jedenfalls gut integriertes Ganzes, innerhalb dessen jedes Element, soweit es überhaupt eine gesellschaftliche Funktion erfüllt, zwangsläufig auch der Systemerhaltung dient. Wer diese Perspektive annimmt, muß systemveränderndes Konfliktpotential grundsätzlich unterhalb der Ebene der »Apparate« suchen. Daraus ergeben sich zwei unorthodoxe Folgerungen. Die »Basis«, von der allein Veränderung ausgehen kann, ist nicht mehr der Produktionsprozeß, es sind vielmehr unmittelbar die Menschen, die den Handlungszwängen großer Organisationen unterworfen sind. Zudem fehlen die Zielgruppen, die durch ihre Stellung im Produktionsprozeß für mögliche Aufklärung designiert wären; revolutionäres Bewußtsein kann, an den Rändern des Systems, überall geweckt werden.

Der rationale Kern des neuen Anarchismus ist die Einsicht, daß die Latenz des Klassenkonfliktes eine Verlagerung der Konfliktzonen zur Folge hat.[1] Der Kampf um den Anteil

1 Vgl. dazu C. Offe, *Politische Herrschaft und Klassenstrukturen*, in: *Politikwissenschaft, Eine Einführung in ihre Probleme*, Ffm. 1969, S. 155 bis 189, und meine Abhandlung *Technik und Wissenschaft als ›Ideologie‹*, Frankfurt/Main 1968.

an sozialen Entschädigungen führt zu Konflikten nur in solchen Bereichen, die nicht hinreichend durch den verbandspolitischen Druck gegen Entwicklungsdisparitäten (und damit gegen eine relative Depravierung) abgeschirmt sind. Aber solche Konflikte können grundsätzlich das System nicht gefährden. Unübersehbar sind hingegen Konflikte, die innerhalb des staatlich regulierten Markt- und Verteilerbereichs durch soziale Entschädigungen wie Einkommen, arbeitsfreie Zeit und Sicherheit nicht befriedet werden können. Diese Konflikte entzünden sich an Bedürfnissen, die von der sozialstaatlichen Verwaltung nicht »erfaßt« werden. Dabei handelt es sich erstens um die sozialen Voraussetzungen humanen Zusammenlebens; die »Gemeinschaftsaufgaben« (wie Bildung, Gesundheit, Verkehr, Wohnung, Freizeit usw.) werden vernachlässigt, weil der Sektor öffentlicher Dienstleistungen gegenüber dem Bereich privatwirtschaftlicher Tätigkeit im institutionellen Rahmen des Spätkapitalismus nicht in dem heute nötigen Ausmaß erweitert wird. Und zweitens handelt es sich um die Möglichkeit der Willensbildung über Formen, Ziele und Inhalte humanen Zusammenlebens; auch dieses Bedürfnis nach Selbstbestimmung wird strukturell vernachlässigt, weil die Legitimationsschwäche des Spätkapitalismus auf der Grundlage einer entpolitisierten Öffentlichkeit ausgeglichen wird. Beide Kategorien von Bedürfnissen bilden sich im Erfahrungsbereich der Interaktion; hier entstehen deshalb Konflikte, die in autoritären Wohlfahrtsstaaten keine Lösung finden. Sie sind nicht unmittelbar politisch, sondern haben psychologischen Charakter.

Diese Überlegung spricht für die Annahme, daß das politische System nicht mehr durch gezielte Angriffe im Rahmen organisierter Gruppenkonflikte, sondern nur noch durch die Demoralisierung der Folgebereitschaft vieler Einzelner beunruhigt werden kann. Dazu bedarf es eines Potentials an Unzufriedenheit, das aus psychisch bedingten Konflikten hervorgeht und nicht durch materielle Entschädigungen beseitigt werden kann. Nicht materielles Elend, sondern ökonomische Entlastung vom statusorientierten Erwerbsdruck ist die Grundlage, auf der sich die kleinbürgerliche Struktur der Bedürfnisse auflösen kann. Doch diese Hypothese, die neoanarchistische Erwartungen allein plausibel machen könnte, schränkt zugleich den Bereich der Erwartungen drastisch ein. Die Struktur der Bedürfnisse, die sich unter marktwirtschaftlichem Konkurrenzzwang in Jahrhunderten herausgebildet hat, ist längst auch auf eine integrierte Arbeiterschaft übertragen worden. Wenn aber erst eine Psychologie des Überflusses für jene administrierten Arbeits- und Lebensformen empfindlich macht, innerhalb deren historisch der gesellschaftliche Reichtum akkumuliert worden ist; wenn erst, um zuzuspitzen, eine Psychologie des Überdrusses an erreichbarem Wohlstand für den vernachlässigten Bereich der praktischen Fragen »guten Lebens« (die heute nicht mehr traditionalistisch vorentschieden sind) sensibel macht – dann würde eine Revolutionierung der fortgeschrittensten Gesellschaften die Abschaffung der Armut nicht herbeiführen, sondern ihrerseits voraussetzen müssen. Vorerst könnte eine gegen sozialstaatlich verfügbare Kompensationsangebote immune Unzufriedenheit nur in kleinen privilegierten Gruppen entstehen. Auch während der Pariser Mai-Revolte hat sich die Resistenz der Arbeiterschaft, die auf konventionelle Fehler der kapitalistischen Planung zurückgeht, mit dem Aufstand der Studenten nicht eigentlich vereinigt; die Motivationen beider Seiten waren offensichtlich verschieden. Unter diesen Umständen bleibt der Anspruch auf Revolution, auch wenn er im Sinne des diffus dauerrevolutionären Lernprozesses einer wachsenden Menge psychologisch verunsicherter Individuen abgewandelt wird, eine Phrase. Die Revolutionsrhetorik bietet sich nur zu leicht für Projektionen an, die verhindern, daß die wirklichen Ursachen der Protestbewegung geklärt werden.

Die dritte Rechtfertigung: Kulturrevolution

»Kulturrevolution« ist das Stichwort für den dritten Interpretationszusammenhang. Es nimmt für die vielen ungenauen Anstrengungen, die auf »Abschaffung der Kultur« gerichtet sind, noch einmal revolutionären Ernst in Anspruch, obgleich eine gealterte Moderne das Denkmodell der »Abschaffung« längst um seine Glaubwürdigkeit gebracht hat. Die Mobilmachung der Jugend in China hat auf Befehl von oben ein Ende gefunden. Was diese fernöstliche Kulturrevolution tatsächlich bedeutet, ist schwer zu sagen. Um aber bei uns den Mao-Knöpfen und der Roten Fibel eine gewisse Aura zu geben, genügt die Vermutung, daß die chinesische Kulturrevolution dazu gedient hat, in der nachwachsenden Generation das Bewußtsein der revolutionären Ausgangssituation wieder wachzurufen. Wie dem auch sei, der Studentenprotest legt eine Deutung in Begriffen der Kulturrevolution ohnehin nahe – für die Beteiligten, denn der primäre Erfahrungsbereich von Schülern und Studenten ist eben der Umgang mit kulturellen Erzeugnissen und Institutionen, ebenso wie für die Beobachter, denn Folgen hatte die Protestbewegung bisher ausschließlich in der Sphäre des »Überbaus«.
Die kulturrevolutionäre Phraseologie, die übrigens nicht in den Reihen der Aktiven entstanden ist, sondern aus Anleihen bei der literarischen Nachhut des SDS bestritten wird, trifft zudem ein wirkliches Problem. Weil das Potential der Unzufriedenheit nicht aus ökonomischer Entfremdung, sondern aus einem psychologisch bedingten Unbehagen in der Kultur hervorgeht, verdanken sich die Definitionen des gegenwärtigen Zustandes nicht einem evidenten Pauperismus, sondern einer eher esoterischen Kulturkritik. Auch in der an Marx theoretisch anknüpfenden Überlieferung ist Kritik der Kultur nicht zufällig an die Stelle einer Kritik der Politischen Ökonomie getreten. Vor allem Adorno, Benjamin und Marcuse haben den affirmativen Charakter einer bürgerlichen

Kultur, die die Sorge für den Glücksanspruch der Individuen zugleich übernimmt und abnimmt, unnachgiebig kritisiert. Im schönen Schein der Fiktionen, die als das Höhere von der Sphäre der Bedürftigkeit abgetrennt sind und doch Erfüllung prätendieren, sind die über die materielle Produktion des Daseins hinausschießenden Bedürfnisse aufgehoben, nämlich ausgesprochen und zugleich virtualisiert. Diese Ambivalenz, die der Überlieferung ein sprengendes Potential trotz allem sicherte, ist mit der kulturindustriellen Verallgemeinerung der bürgerlichen Kultur getilgt worden. Die Affirmation des Bestehenden durch dessen tendenziöse Verdoppelung vollendet sich in der Massenkultur.

Die Momente einer wie immer irreführenden Transzendenz, die auch im Gegensatz zwischen hoher und niederer Kultur noch festgehalten waren, sind eingezogen. Das bis dahin Unversöhnliche, Kultur und Unterhaltung, ist fusioniert; und was zur Individuierung angehalten hatte, ist zur Ware der Pseudoindividualität geworden. Die vorgespiegelte Erfüllung ist nicht länger ästhetisch gebrochen, sondern unmittelbar affirmativ. Aber während Adorno in den rücksichtslosesten Gebilden moderner Kunst eine Kultur jenseits der Affirmation entdeckt, nämlich Werke, die im Modus der Kritik das Bestehende in seiner Negativität entblößen, hat Marcuse schon 1937 die Aufhebung des affirmativen Charakters der Kultur nur als Aufhebung der Kultur selber denken können. Heute meint er, in Graffitis und blumengeschmückten Barrikaden, im Reizkonsum einer demonstrativen Untergrundkultur, in der Unmittelbarkeit psychedelischer Erfahrungen den Anfang einer Kunst zu erkennen, die der Illusion entsagt und ins Leben übertritt. Was im schönen Schein der bürgerlichen Kultur verheißen und vorenthalten war, wird, so scheint es, entsublimiert und in der revolutionierten Gesellschaft selber verkörpert.[2]

2 H. Marcuse, *An Essay on Liberation*, Boston 1968; deutsch: *Versuch über die Befreiung*, Frankfurt/M. 1969.

Diese These ist vielstimmig aufgenommen und variiert worden. Freilich ist bei den Epigonen der Ausgangspunkt ein anderer als bei Marcuse selbst. Die, die das Ende der Kunst proklamieren, Künstler selber oder Literaten oder solche, die von der Verwertung der Kultur leben und die nun den Chor bilden für eine als Schein auftretende Revolution – sie gehen eher von einer resignierten Erfahrung aus. Der Zweifel an der Glaubwürdigkeit der ästhetischen Mittel, nicht Hoffnung auf die Einlösung symbolischer Gehalte motiviert die wortreichen Todeserklärungen. Die Radikaleren behaupten, daß man den Pinsel und die Feder aus der Hand legen müsse, weil die Kategorien des Schönen aus der Welt des Scheins in die der politischen Aktion übergegangen sind. Die Liberaleren, die wissen, daß man nach vollbrachten Erklärungen ins Atelier und an den Schreibtisch zurückkehrt, lassen Schlupflöcher: man darf, aber nur noch auf eigenes Risiko. Und die Konventionelleren schließlich glauben, daß der Kulturrevolution mit einer Überführung von Kunst in Agitation Genüge geschieht: statt Romanen Reportagen. Analoge Erklärungen, weniger gut formuliert, gibt es an den Universitäten. Hier geht es um die Abschaffung der Wissenschaft – während Kunst Ideologie ist, immerhin, ist Wissenschaft unmittelbar Repression. Die Neue Wissenschaft soll sich aus politischer Praxis, dem unvordenklichen Lebensstrom, gleichsam spontan ergeben.

Freilich erweitert auch die zum politischen Protest gewordene Kunst nur das kommerzielle Angebot und den Bestand der Museen. Die Kommerzialisierung erweckt noch die toterklärte Kunst von den Toten und liefert Nachschub für die Musealisierung der wiederbelebten. Konsequenter als die große Gebärde der Verabschiedung von Kultur ist darum die vorsätzliche Fusion von Kunst und Konsumgüterproduktion. Pop Art löst die bezeichneten Gegenstände aus ihren funktionalen Zusammenhängen: die trivialen Bestandteile einer technischen Zivilisation gewinnen als künstlicher Schutt sinnliche Qualität und unerwartete Prominenz. Das ist noch Kritik, wenn auch auf ihrer untersten Stufe. Eine affirmative Kultur, die auch das unterbietet, ist erst erreicht, wenn die abgeschaffte Kunst unvermittelt der Beschleunigung der Warenzirkulation dient – wenn sie den Verschleiß von Kleidern und Möbeln und Bettpfannen so weit mobilisiert, daß die ausgeliehenen Identitäten der Schnell- und Dauerkonsumenten zerfließen. Dieser schlechten Utopie der Unmittelbarkeit liegt eine von den militanten Studenten auch sonst in Anspruch genommene Psychologie der Regression zugrunde: mit der Rückkehr der Kultur zur zweiten Natur sind auch die Ichstrukturen abgeschafft. Bazon Brock vertritt die ehrlichste Version einer Abschaffung der Kultur, entwaffnend und selbstentlarvend in einem. Sie bringt nämlich die Kulturrevolution auf den Begriff (den es für die jungen Adepten auch nicht mehr geben darf). Der Protest gegen die Massenkultur, Kunst- und Wissenschaftsstürmerei machen aus den vermeintlichen Anhängern einer negativen Dialektik die treuesten Schüler McLuhans. Für sich selbst lösen sie das Problem der Abschaffung von Kultur, indem sie einen ungekränkten Konsumentenstatus einnehmen; das kulturrevolutionäre Bewußtsein verschafft ihnen nämlich die zweite Unschuld, mit der sie an der affirmativen Subkultur teilhaben.

Mir ist unverständlich, wie Intellektuelle, die in Hegelscher Tradition groß geworden sind und darum den Prozeß der »Aufhebung von Philosophie« kennen, Aufhebung von Kunst und Literatur, als hätten sie an jenem Modell nichts lernen können, naiv auffassen. Es ist wahr, daß seit einem halben Jahrhundert der explizite Zweifel an der Möglichkeit von Kunst das Medium gewesen ist, in dem künstlerische Produktivität sich Glaubwürdigkeit bewahrt hat. Vom Experimentieren mit den Mitteln der Darstellung (die Form als Inhalt) bis zur Herausstellung von Objekten des täglichen Gebrauchs (das Vorzeigen von Vorgeformtem statt Form) hat die bildende Kunst diesen Zweifel praktiziert. Auf anderen

Wegen, aber nach der gleichen Logik eines sich methodisch überbietenden Zweifels am eigenen Medium, haben Musik und Literatur (zumal in Reaktion auf die Künste der Reproduktion) eine Entwicklung genommen, die eine Konstellation noch kaum überschaubar verändert hat: die Konstellation zwischen ästhetischen Gebilden und imaginativ gestanzten Prototypen einerseits, der Zirkulationssphäre und dem Massenkonsum andererseits. Aber damit schließt sich nicht die Dimension, in der sich bisher ästhetische Erfahrung bewegt hat. Wie Aufhebung der Philosophie nicht deren Abschaffung bedeutet hat, sondern eine Umsetzung ihrer Intentionen aus dem unglaubwürdig gewordenen ontologischen Bezugsrahmen in den der Kritik, so ist auch die Krise der Kunst nicht als Aufhebung der Kunst at face value zu nehmen.[3]
Die kulturrevolutionären Abschaffungsparolen mögen hinreichen, Klaviere zu zerstückeln und Aggressionsphantasien zu enthemmen. Aber das Sprachsystem der Kunst verändert sich nur immanent, und zwar so, daß die Intentionen der alten Sprache in die neue eingehen können. Der Kulturstürmerei liegt die gleiche Verdinglichung zugrunde wie dem Fetischismus mancher Studenten, die dadurch, daß sie Seminareinrichtungen beschlagnahmen, die Produktivkraft Wissenschaft in Besitz zu nehmen glauben. Ich halte die Illusion für gefährlich: daß es nicht nur *bestimmte* Traditionen sind, die immer wieder aufgesprengt werden müssen, sondern die Kontinuität der Geschichte als solche; daß es nicht nur epochale Stellungen der Subjekte zu den Symbolsystemen ihrer Welt- und Selbstdeutung sind, die *immer wieder* preisgegeben werden müssen, sondern die symbolische Vermittlung als solche. Wer diesen Illusionen folgt, betreibt Ausbreitung des Irrationalismus. Heute kann abstrakte Aufhebung von Kultur nur bedeuten, daß die subjektiv freigesetzten »Glaubensmächte« und Expressionen der Übersetzung in revolutionierte, wieder

3 Vgl. K. H. Bohrer, *Unsere Kritiker üben Salto mortale*, in: *Merkur*, H. 250, Febr. 1969, S. 170 ff.

mitteilungsfähig gemachte Sprachsysteme, wir können auch sagen: der kritischen Aneignung entzogen und damit in dämonische Gewalten verkehrt werden.

Die tatsächlichen Erfolge

Die drei Interpretationen, die das Selbstverständnis der Protestbewegung, soweit sie sich militant versteht, bestimmen, haben rationale Elemente; aber insgesamt decken sie sich mit empirisch gestützten Realitätseinschätzungen so wenig, daß einige ihrer Verbindungen zu fixen Ideen werden. In aktionistischen Gruppen zumal haben sich Syndrome dieser Art schon terminologisch verfestigt. Ein Beispiel dafür bietet das im Anhang wiedergegebene Flugblatt einer Berliner SDS-Gruppe. Gegenüber den eingebildeten Erfolgen der Protestbewegung nehmen sich die tatsächlichen bescheiden aus. Sie sind gleichwohl erstaunlich. Die Protestbewegung hat das politische Bewußtsein der an Hochschulen der Bundesrepublik Studierenden entscheidend verändert. Die Umfragedaten, die vorliegen, lassen den Schluß zu, daß die Studenten in einem unerwartet hohen Ausmaß politisiert worden sind, ohne daß bisher eine Polarisierung in zwei Lager eingetreten wäre. Gemessen an den üblichen Kriterien der Einstellung zu politischen Fragen, ist das demokratische Potential an den Hochschulen stärker als je seit dem Ende des Krieges. Ja, die empirischen Anhaltspunkte sprechen für die Richtigkeit der Behauptung, daß heute zum ersten Mal seit den Tagen des Vormärz wieder eine »linke« Studentengeneration an deutschen Universitäten vorherrscht.
Die aktivsten Gruppen unter den Studenten haben mit Hilfe eines phantasiereichen Provokationismus den Handlungsspielraum getestet. Entgegen den resignierten Voraussagen und den einengenden Antizipationen (die auch ich vertreten habe), waren Vorstöße in die unbetretenen Zonen brüchig

gewordener Legitimationen erfolgreich. Die unbekümmerten Appelle an geltende Legitimationen haben dort einen folgenreichen Legitimationszwang geschaffen, wo sich Institutionen noch rühren lassen durch eine Konfrontation von Idee und Wirklichkeit. Das ist, trotz allem, in der Hochschule der Fall: Reformchancen, die über Rhetorik und Anpassungspragmatismus hinausweisen, haben sich nun, nach fast zweieinhalb Jahrzehnten, durch den Druck des Protestes ergeben.

Anstöße zu einer Demokratisierung empfangen unmittelbar die Kirchen auf der einen, der Kulturbetrieb auf der anderen Seite. Mittelbare Folgen sind Reformbestrebungen in Justiz und Presse. Die Impulse scheinen sich sogar auf die Mitbestimmungspolitik der Gewerkschaften und, an einzelnen Punkten, auf die innere Struktur der Parteien, wenn es um Fragen der Bildungspolitik geht, ausgewirkt zu haben. Eine politische Fernwirkung des Studentenprotestes könnte sich, wenn man in mittleren Fristen denkt, gerade dort einstellen, wo es die Aktionisten weder erwarten noch wollen: in Parteien, Gewerkschaften und anderen Massenorganisationen.

Diese Erfolge des Protestes, gewollte und nicht gewollte, sind ironisch. Denn die, die mit den neuen Techniken der Demonstration Erfolg hatten, wähnen sich als revolutionäre Kämpfer gegen faschistische Unterdrückung, während sie tatsächlich nichts anderes tun, als unvermutete liberale Spielräume polemisch auszunutzen. Weil die militanten Gruppen die Realitätsebenen von faktischer Macht und solchen Handlungen, die die Legitimation der Macht angreifen können, durcheinanderbringen, überschreiten sie unbedenklich den Wirkungsbereich der neuen Demonstrationsformen und setzen den provokativ erzielten Erfolg wieder aufs Spiel.

Eine kritische Leistung sehe ich darin, daß der Protest den Unterschied zwischen technischen und praktischen Fragen zu Bewußtsein gebracht hat. Der Angriff auf die Ideologie der Leistungsgesellschaft hat klargemacht, daß heute Bedürfnisse der Bürger nur innerhalb gewisser Definitionen anerkannt

werden. Einmal sind bloß diejenigen Gruppen in der Lage, ihre Interessen mit Aussicht auf Erfolg zu vertreten, die kollektive Leistungen mit systemgefährdenden Folgen verweigern können; im gegebenen politischen Rahmen können deshalb Bürger ihre Bedürfnisse nur im Maße ihrer Teilnahme an systemrelevanten Leistungen wirksam anmelden. Zum anderen sind diese Bedürfnisse selbst immer schon in Kategorien der wirtschaftlich und administrativ verfügbaren Entschädigungen operationalisiert. Die öffentlich zugelassenen Definitionen erstrecken sich darauf, was wir zum Leben brauchen (Einkommen, freie Zeit und Sicherheit), aber nicht darauf: wie wir leben möchten, wenn wir im Hinblick auf erreichbare Potentiale herausfänden, wie wir leben könnten. Das Bewußtsein, daß über solche praktischen Fragen überhaupt diskutiert werden kann, hat sich erst im Zusammenhang mit der Protestbewegung gebildet. So haben beispielsweise Experimente mit neuen Formen großfamilialen Zusammenlebens wieder an Aktualität gewonnen. Ein weiteres Beispiel sind die anti-autoritären Kindergärten, wobei ich nicht verschweigen möchte, daß mich die experimentelle Unbekümmertheit in Ansehung der fragwürdigen psychologischen Annahmen und vor allem der ungewissen Folgen für die Kinder irritiert.
Für einen eigentümlichen Erfolg der Protestbewegung halte ich schließlich die Politisierung von Privatkonflikten. Das Medium, in dem sich Auseinandersetzungen von politischer Tragweite abspielen, hat sich durch Psychologisierung verändert. Das ist ein neues Faktum. Bisher haben Revolutionen und erst recht pseudorevolutionäre Jugendbewegungen stets Motive abweichenden Verhaltens, also auch klinisches Potential, in sich aufgenommen. Die politische Rolle von Neurotikern ist nicht neu. Ebensowenig geht es darum, daß im politischen Kampf eine Seite klinische Begriffe einführt, um die andere zu diskreditieren. Auch das gibt es seit eh und je. Charakteristisch ist vielmehr, daß der Gebrauch psychopathologischer Begriffe heute für die Identifizierung und Er-

klärung eines politischen Sachverhalts nötig geworden ist. Nicht die politische Wirksamkeit psychischer Konflikte, noch die psychologische Umdeutung politischer Konflikte begründet die Eigentümlichkeit der Situation. Eigentümlich ist die kurzfristige Verschiebung der kulturell verbindlichen Grenze zwischen privaten und öffentlichen Konflikten. Heute können Schwierigkeiten auf politische Bedeutung Anspruch erheben und in politischen Begriffen gerechtfertigt werden, die noch vor zwei oder drei Jahren als Privatsache, als Konflikte zwischen Schüler und Lehrer, zwischen Mitarbeiter und Chef, zwischen Eheleuten, eben als ein Konflikt zwischen einzelnen Personen gegolten hätten. Psychologie scheint sich in Politik zu verwandeln – eine Reaktion darauf, daß Politik, soweit sie die Massen betrifft, längst in Psychologie umgesetzt worden ist?

Jene sanfte, durch Massenmedien ausgeübte soziale Kontrolle bedient sich der Ausstattungsstücke einer ausgehöhlten Privatsphäre, um politische Vorgänge als solche unkenntlich zu machen. Die entpolitisierte Öffentlichkeit wird vom aufgesetzten Privatismus der Massenkultur beherrscht. Personalisierung des Öffentlichen ist deshalb der Kitt in den Fugen einer relativ gut integrierten Gesellschaft, die die stillgestellten Konflikte abdrängt in Bereiche der Sozialpsychologie; dort werden sie in Kategorien abweichenden Verhaltens aufgefangen: als private Konflikte, als Krankheit und als Kriminalität. Diese Behälter scheinen nun überzulaufen. Die politische Aufwertung der Privatkonflikte mittlerer Reichweite bringt den kryptopolitischen Gehalt der abgeleiteten psychischen Störungen ans Licht. Diese neue Beleuchtung von Regressionsphänomenen (die ja die Handlungsfähigkeit der Protestbewegung nicht eben stärkt) nehmen allerdings einige zum Anlaß, um Lehren vom »neuen Menschen« zu konstruieren. Solche Versuche, für die der Analytiker Reich Pate stehen muß, halte ich selber für ein Symptom und nicht für den Begriff des neuen Sachverhalts.

Aus den tatsächlichen Erfolgen der Protestbewegung, die in Mißverhältnis zu den Vorstellungen der Akteure selber stehen und gleichwohl erstaunlich sind, ist eine Prognose für künftige Erfolgschancen nicht geradewegs abzuleiten. Chancen hat diese Bewegung nur dann, wenn sich die autonomen Kräfte gegenüber den impulsiv getriebenen durchsetzen. Ein Indiz dafür wird sein, ob die falschen Realitätseinschätzungen an der Erfahrung noch kontrolliert werden können, oder ob sie immer neue Projektionen aufsaugen. Diejenigen Züge des Aktionismus, die kaum anders als auf der Ebene von Persönlichkeitsstrukturen und in Begriffen der Psychopathologie untersucht werden können, gestatten leider nicht, *eine* Alternative von vornherein auszuschließen: nämlich die entpolitisierte Einkapselung des Protestes. Die Einstellungen, die ihn primär tragen, sind gegenüber den heute herrschenden politischen Deutungen indifferent. Der durchgescheuerte Baldachin der Globaldeutungen kann bald einstürzen. Vielleicht wird das Protestpotential dann in die unpolitische Arbeitsteilung einbezogen, die sich zwischen den beiden Statthaltern des antihistorischen Bewußtseins einspielt: zwischen wissenschaftlichem Positivismus und den jüngsten Richtungen der experimentellen Kunst, soweit sie sich als »underground« verstehen.

Auf der Flucht vor der Zirkulationssphäre, von der sie doch abhängen, ziehen sich die Anwälte eines neuen Subjektivismus in Randkulturen zurück, die gleichwohl durch Publizität abgestützt sind und daher mit den jugendlichen Konsumentenschichten stark kommunizieren. Die leicht zu kopierenden oder schon als Reproduktionen hergestellten Werke verbreiten sich schnell und bleiben doch dem Kontext einer bestimmten Lebensform verhaftet: eher Stimulantien als Werke im konventionellen Sinn. Sie können gelegentlich Museen sogar in altersspezifische Freizeitbasare verwandeln und sind dann Anlässe für passiv genossene Reizduschen, für gemeinsame Probierhandlungen, für eine Art reaktiver Spontaneität.

Diese Reizkulturen verhalten sich gegenüber Weltbildern, erst recht gegenüber politischen Deutungen, die globale Sinnzusammenhänge herstellen, resistent; am ehesten gehen sie noch mit religiösen Lehren zusammen, die mit autosuggestiven Übungen oder mit gymnastischen Praktiken verbunden sind. In den Vereinigten Staaten haben die Gurus gerade an der Westküste, in Zentren des Studentenprotestes, den stärksten Anhang gefunden.

Wenn man nur dieses Ende des Spektrums vor Augen hätte, ergäbe sich für die Zukunft des Protestes eine bedrückende Perspektive. Man könnte sich vorstellen, daß gerade autoritäre Wohlfahrtsstaaten, die sich durch geplanten technischen Fortschritt und mit Hilfe des Akklamationsmechanismus einer entpolitisierten Öffentlichkeit erhalten, in Zukunft ein Zusammenspiel zwischen dem Funktionalismus des gesellschaftlichen Apparats und dem neuen Subjektivismus der Freizeitkulturen hervorbringen werden. Diese Fiktion rechnet freilich mit Menschen, die vom einen Handlungssystem auf das andere zwanglos umschalten können – die Vermutung liegt nahe, daß die zahlreichen Wochenendhippies im East Village von New York Persönlichkeitsstrukturen haben, die zu einer solchen Arbeitsteilung disponieren.

Die Herkunft des Potentials

Das sind spekulative Überlegungen. Wir könnten den Bereich denkbarer Prognosen stärker einschränken, wenn wir kausale Hypothesen über die Entstehung des Protestpotentials zuverlässig geprüft hätten. Sie fehlen. Wohl gibt es genügend Erklärungsversuche; aber Erklärungen, die auf einen weltweiten Zusammenhang des antikapitalistischen Protestes zielen, scheinen mir ebenso unzureichend zu sein wie die, die die Diffusion von ansteckenden Protestmodellen für die Sache selbst ausgeben. Beide Erklärungsversuche differenzieren nicht zwischen den heterogenen Motiven in den verschiedenen Gesellschaftssystemen. Das erklärungsbedürftige Phänomen ist allein der Studentenprotest in den fortgeschrittenen kapitalistischen Ländern. Es läßt sich um so leichter isolieren, je weniger das nationale System durch tiefgreifende Krisen belastet ist: also beispielsweise in skandinavischen Ländern eher als in den USA, wo der Rassenkonflikt auch unabhängig von der neuen Protestbewegung erhebliche Probleme stellt. Aber nur hier liegen empirische Untersuchungen vor, die kausale Hypothesen stützen. Für die Bundesrepublik gibt es Umfragen, die jedoch deskriptive Ziele verfolgen.

Das Protestpotential wird offensichtlich in bürgerlichen Elternhäusern erzeugt, auch wenn es in Bildungssystemen und später in Berufssituationen erst aktualisiert wird, die unabhängiges Konfliktpotential enthalten. Ich möchte, in gebotener Vereinfachung, zwei Erklärungsversuche diskutieren. Der erste führt zu einer Interpretation, die den neuen Aktivismus als Ausdruck einer »befreiten Generation« (Richard W. Flacks) begreift; die andere Erklärung legt eine Interpretation nahe, die die jungen Aktivisten eher als Vertreter einer »vaterlosen Generation« (Alexander Mitscherlich) erscheinen läßt.[4]

Die These der »befreiten Generation«. Amerikanische Untersuchungen stimmen darin überein, daß die aktiven Studenten aus Elternhäusern stammen, die einen privilegierten Status haben. Die Familien- und Berufsorientierung der Kinder ist schwächer ausgeprägt. Ihre akademischen Leistungen liegen gemeinhin über dem Durchschnitt, die Dropout-Rate ist gering. Unter den Eltern befinden sich überproportional viele Angehörige der oberen Mittelschicht, insbesondere akademischer Berufsgruppen. Verglichen mit den Eltern konservativ ein-

4 Vgl. die Literatur bei: K. Keniston, *The Sources of Student Dissent*, in: *Social Issues*, Vol. 23, No. 3, 1967, S. 108 ff., und W. A. Watts, D. Wittaker, *Profile of a Non-Conformist Youth Culture*, in: *Sociology of Education*, Vol. 41, No. 2, 1968, S. 178 ff.

gestellter Aktivisten sind für sie höheres Einkommen, bessere formale Schulbildung, städtische Herkunft und ein geringeres Maß an Statusangst und -ehrgeiz charakteristisch. Außerdem besteht in diesen Familien eine akademische Tradition oft über mehrere Generationen. Auch die Mütter haben relativ häufig eine höhere Schule oder die Universität besucht und sind berufstätig.

Die Familienstruktur ist durch liberale und egalitäre Wertorientierungen der Eltern bestimmt. Der typische Mittelschichtenstil scheint in diesen Familien extrem ausgebildet zu sein. Zwischen den Eltern besteht ein balanciertes Verhältnis. Sie gehen auf die Intentionen des Kindes ein und prämieren dessen Selbständigkeit; sie verbalisieren und begründen ihre Erwartungen; sie strafen eher durch Liebesentzug als durch äußere Sanktionen. Der Protest der Jugendlichen, die aus solchen »progressiven« Elternhäusern stammen, entspringt nicht mehr dem seit Generationen eingeschliffenen Muster des bürgerlichen Autoritätskonfliktes mit einer starken Vaterfigur. Die Kinder identifizieren sich eher mit einer Mutter, die Rücksichtnahme auf andere vorlebt und den Sinn für die Unerträglichkeit von Repressionen schärft. Ein Ergebnis der individuierenden Erziehung ist jedenfalls Sensibilität für Verletzungen und expressive Qualitäten in zwischenmenschlichen Beziehungen.

Der Aufstand ist daher nicht eine Rebellion gegen die Eltern; es spricht vieles dafür, daß sich die aktiven Jugendlichen gerade für die Intentionen, die ihre Eltern freilich mehr verbal ausgedrückt als praktisch vertreten haben, mit Nachdruck engagieren (»living out expressed but unimplemented parental values«).

Die These der »vaterlosen Generation«. Das Bild der befreiten Generation ist auch dann, wenn wir uns der idealtypischen Vereinfachung bewußt sind, unbefriedigend. Offensichtlich deckt es nicht den Teil der Studenten (und vor allem die am Rande der Hochschulen angesiedelten Nicht- und

Nichtmehr-Studenten), die von Anbeginn zur Protestbewegung gehört haben. Kenneth Keniston hat für diesen Teil den Ausdruck »kulturell Entfremdete« eingeführt. Dieser Typus scheint, je mehr sich die Protestbewegung radikalisiert hat, wachsenden Einfluß auf die Aktionen selber gewonnen zu haben. Gewisse Züge (wie informationsarme Situationsdeutungen und projektive Handlungsorientierungen, starke narzißtische Besetzungen und mangelnde Affektkontrolle), die inzwischen gerade das Verhalten der aktionistischen Gruppen bestimmen, sind kaum zu erklären, wenn man nicht den dargestellten Sozialisationstypus als Grenzfall einer Typologie von Erziehungsmustern relativiert.

Der Gegentypus bezieht sich auf Studenten vergleichbarer sozialer Herkunft, deren Resistenz gegen die Belastungen des Massenstudiums jedoch geringer ist, was in der Regel zu höheren Dropout-Raten und schwächeren Leistungen führt.

Die Wertorientierungen der Eltern sind ebenfalls liberaler als bei den Vergleichsgruppen, drücken aber Unentschiedenheit angesichts eines verselbständigten Pluralismus unvereinbarer Werte aus. In gleicher Richtung verschieben sich die Erziehungstechniken, die zwar permissiv sind, aber Momente der Vernachlässigung enthalten und die für ein Autonomietraining unerläßlichen Einstellungen nicht einschließen. Die Balance in der Elternbeziehung ist so weit gestört, daß bei Koalitionsbildungen zwischen Kindern und einem Elternteil die Mutter bevorzugt ist; sie kann eine betont fürsorgliche Kontrolle übernehmen. Das Identifikationsmodell des Vaters bleibt unscharf, die Internalisierung von Vorbildern und Normen ist eher schwach, und die Ausbildung von Über-Ich-Strukturen wird gehemmt. Trotz dem Schein von Liberalität fördert ein solches Erziehungsmuster nicht die Autonomie der Ich-Organisation. Anstelle der Neuen Sensibilität tritt vielmehr eine neue Insensibilität, die sich gerade in der Unfähigkeit ausdrückt, von den Intentionen des anderen her zu handeln. Ein gewisser Narzißmus geht Hand in Hand mit

der unbekümmerten Instrumentalisierung der empfindlichsten Zonen zwischenmenschlichen Umgangs und einer Verletzung kulturell tiefsitzender Tabuierungen – wie etwa der der Integrität des menschlichen Leibes.
Die beiden umrissenen Sozialisationstypen sind Grenzfälle, die das Grundmuster der Familienstruktur und des Erziehungsstils bestimmter Mittelschichtgruppen nur variieren. Wahrscheinlich ergibt sich dieses Grundmuster aus jenem langfristigen Rationalisierungsprozeß, den Max Weber einst analysiert hat: das Protestpotential scheint sich am ehesten in den Subkulturen zu bilden, für die die privatisierten »Glaubensmächte« (und damit der in der bürgerlichen Gesellschaft herrschende Geltungsmodus von Überlieferung überhaupt) am nachhaltigsten erschüttert worden sind.[5] Wenn künftige Untersuchungen die angedeuteten sozialpsychologischen Konstruktionen bestätigen sollten, könnten jene beiden Typen der befreiten und der vaterlosen Generation helfen, das Janusgesicht des Jugendprotestes zu erklären. In der Protestbewegung haben sich von Anbeginn emanzipatorische Kräfte mit regressiven verbunden. Das hat auch die Diagnose für diejenigen erschwert, die in dem Protest die Aufnahme ihrer eigenen, inzwischen von Resignation bestimmten Kritik sehen mußten. Der Studentenprotest fand in der Bundesrepublik Unterstützung, mindestens Sympathien bei der Linken, wobei das Spektrum dieser Linken von den altsozialistischen Splittergruppen bis zu den etablierten Liberalen reicht. Die Technokraten des verselbständigten Protestes haben in dieser Linken einen Zersetzungsprozeß ausgelöst, der weniger auf konsequente Strategie als vielmehr auf die Ambivalenz des Protestpotentials selber zurückzuführen ist.

5 Vgl. P. L. Berger, *The Sacred Canopy*, N. Y. 1967, und meine Abhandlung *Technik und Wissenschaft als ›Ideologie‹*, Frankfurt/M. 1968.

Radikalität hält die wechselnden Inhalte des Protestes zusammen. Diejenige Taktik hat die bessere Chance, sich durchzusetzen, die kompromißlose Gesinnung in abstrakter Reinheit verkörpert – radikal ist, was nach dem Anspruch dieser Moral nicht überboten werden kann. Jugendbewegungen haben diesen Charakter stets. Darin liegt ein Grund für die Konflikte innerhalb der Linken. Der andere Grund ist darin zu sehen, daß die Aktionisten, je enger ihr Handlungsspielraum wird, um so eher auf Aktionsbereiche größter Toleranz und geringster Reaktionsbereitschaft angewiesen sind. Dort, wo relativ große Freiheitsgarantien bestehen, ist einerseits die Konkurrenz eines erfolgreichen Reformismus am gefährlichsten und umgekehrt die Basis für eine gefahrlose Anwendung von Techniken der Regelverletzung am breitesten. Zudem läßt sich in diesem weichen Gelände die Illusion eines Machtkampfes zwischen revolutionären Kräften und blinder Reaktion am leichtesten wahren: denn wie weit muß die »Faschisierung« fortgeschritten sein, wenn schon etablierte Linke, wie es scheint, dem politischen Gegner in die Arme getrieben werden. Darüber geht das Bewußtsein verloren, daß die Organe dieses Staates, und zwar in der Nachkriegsperiode deutlicher denn je in der deutschen Geschichte, auch freiheitssichernde Funktionen ausüben. Man kann nicht ernsthaft die autoritären Gefahren des bestehenden politischen Systems erkennen und bekämpfen, wenn das Klischee des faschistischen Staatsapparates nicht einmal mehr erlaubt, Unfreiheit von Freiheit zu unterscheiden und *die* Freiheiten zu erkennen, von denen der eigene Protest seit Jahren, und mit Aussicht auf Erfolge, lebt.

Die Konstellationen der Linken haben sich unter dem Druck des Aktionismus verändert. Die Traditionalisten, die eine kaum modifizierte Klassentheorie auch auf spätkapitalistische Gesellschaften anwenden, haben mit der Neugründung der Kommunistischen Partei ihre Zersplitterung überwunden und sogleich die alte Bündnispolitik wieder aufgenommen. Damit hat sich eine Gruppe formiert, die Parteien und Parlament als Rahmen für die politische Durchsetzung langfristig revolutionärer Ziele anerkennt. Der neue Impuls trägt freilich nicht weit; denn die DKP ist nicht unabhängig genug, um sich der Linie des italienischen Reformkommunismus anzuschließen: die Tschechoslowakei blieb tabu.

Anders hat sich die alte Garde der Neuen Linken verhalten; das sind diejenigen, die im SDS während der ersten Hälfte der 60er Jahre, als vorwiegend theoretisch gearbeitet wurde, aufgewachsen sind. Einige von ihnen, die als Assistenten an der Hochschule geblieben sind, haben für die Neueste Linke wichtige Funktionen übernommen. Zunächst haben sie die überraschende und unartikulierte Bewegung, die von aktivistischen Randgruppen des SDS ausging, kanalisiert. Alsbald sind jedoch die Interpreten selber ins Schlepptau genommen worden: sie mußten ad hoc für die Aktionen und Erfindungen der jungen Genossen Legitimationen finden. Die alte Neue Linke hat das Geschäft der nachträglichen Legitimationshilfe für Aktionen, auf deren Planung und Verlauf sie immer weniger Einfluß hatte, gelegentlich bis an die Grenze einer von Skrupeln nicht freien Preisgabe besserer Einsichten betrieben – und sich dabei verbraucht. Heute ist sie ohnehin überflüssig geworden für den verzweifelten Aktionismus derer, die sich auf Handstreiche spezialisieren und neuer Begründungen nicht mehr bedürfen.

Für die publizistische Verstärkerwirkung des Protestes und die Fortpflanzung kulturrevolutionärer Anstöße ist eine Gruppe von Journalisten, Künstlern, Literaten, Verlegern und Lektoren wichtig geworden. Hier haben virulente Einstellungen und Meinungen durch die Protestbewegung einen neuen Focus erhalten, hier hat die Ambivalenz des zugrunde liegenden Protestpotentials zu teilweise merkwürdigen Einschätzungen und Fehleinschätzungen geführt. Die relative

Entfernung vom Ort des Geschehens, die primäre Erfahrungen mit den Akteuren erspart, mag die meist abstrakte Bewunderung und eine zuweilen aufgeregte Solidarisierung erleichtert haben. Es hat neue Konvertiten und viele neue Begründungen für alte Konflikte gegeben. Aufgeklärte Geister waren unkontrolliert übereifrig, so wenn Karl Markus Michel Sätze von Ernst Jünger schreibt und Walter Boehlich mit revolutionärem Anspruch Vorgestriges verkündet. Und mancher linke Liberale hat aus freien Stücken die Rolle des nützlichen Idioten übernommen, die andere ihm zugedacht haben. Auf diese Sphäre mag noch am ehesten die ansonsten fragwürdige Diagnose zutreffen, daß der Protest die wissenschaftsferne, romantische Abwehrgebärde einer in ihren Funktionen sich bedroht fühlenden humanistischen Intelligenz sei.

Für die Protestbewegung in der Bundesrepublik ist schließlich auch die »Kritische Theorie« von Einfluß gewesen. Pauschale Zurechnungen halte ich freilich für naiv; die Vorstellung, daß eine Handvoll Autoren eine Welle des Jugendprotestes von San Francisco bis Tokio, von New York bis London, Rom und Paris hervorgebracht haben könnte, hätte Ähnlichkeit mit Omnipotenzphantasien. Ebenso unsinnig wäre es andererseits, einen Zusammenhang der Kritischen Theorie mit Auffassungen zumal der älteren und der durch ein Studium in Frankfurt oder Berlin geprägten Mitglieder des SDS in Abrede zu stellen. Aber ich möchte falschen Konstruktionen entgegentreten. Der einen Seite stellt es sich so dar, daß jene Theorie von den jungen Aktivisten nur beim Wort genommen und dadurch als haltloses intellektuelles Spiel entlarvt worden sei. Das ist die komplementäre Version zu dem Vorwurf der anderen Seite, die Lehrer zögerten, aus ihren Analysen die fälligen praktischen Konsequenzen zu ziehen. Eine Legende stützt so die andere.

An den Arbeiten des alten Instituts für Sozialforschung läßt sich ablesen, daß die kritische Anknüpfung an marxistische

Ökonomie, die zur Zeit der Weltwirtschaftskrise und des heraufziehenden Faschismus wesentliche Konflikte noch zu erklären schien, in den Hintergrund getreten ist. Seit dem Ende der Dreißiger Jahre sind es nicht die Antagonismen des Spätkapitalismus, sondern die Integrationsleistungen eines veränderten Systems, auf die sich in erster Linie die analytische Kraft richtet. In dem 1944 fertiggestellten Buch *Dialektik der Aufklärung* haben Horkheimer und Adorno die für Marcuse bedeutsam gewordene These entfaltet, daß technische Rationalität heute mit der Rationalität der Herrschaft selber verschmilzt. Diese Kritik der instrumentellen Vernunft verbinden sie mit einer Untersuchung der Massenmedien, welche im Scheine subjektiver Freiheit autoritäres Potential binden und zugleich stabilisieren: »In der Tat ist es der Zirkel von Manipulation und rückwirkendem Bedürfnis, in dem die Einheit des Systems immer dichter zusammenschießt.« Der charakteristische Vorgriff auf die Totalität des Lebenszusammenhanges hat den Vorzug, die Mechanismen der zwanghaften Integration eines hochgradig interdependenten Gesellschaftssystems freizulegen. Die totalisierende Perspektive erlaubt andererseits nicht, partielle Vorgänge so weit zu isolieren, daß sie in die Reichweite eines verändernden Zugriffs rücken. Forschungsstrategisch hat sie deshalb einen unbeabsichtigten Entmutigungseffekt, der das ganze Unwahre gegen praktische Veränderungen unterhalb des Niveaus der Veränderung des Ganzen immunisiert. Insofern war die Kritische Theorie, wenn man auf die indirekten Folgen achtet, eher von einem gewissen Attentismus begleitet; in dieser Weise ist sie auch in Deutschland nach dem Kriege rezipiert worden. Sie hat, wenn diese autobiographische Nebenbemerkung gestattet ist, unter uns Jüngeren eine politische Resignation bekräftigt, die sich mit der durch die Bundestagswahlen von 1953 besiegelten Niederlage der Opposition ausgebreitet hatte.

Die Mitglieder des alten Frankfurter Instituts haben auf den neuen Protest verschieden reagiert. Für Marcuse hat die

Jugendrevolte von Anbeginn einen anderen Stellenwert gehabt als für Adorno. In den USA hatte diese sich im Kontext der Bürgerrechtsbewegung entwickelt. Sie hatte an Konflikte angeknüpft, die das politische System der Vereinigten Staaten herausfordern. Das mag dazu beigetragen haben, daß gerade der Theoretiker, der die Gewalt der zwanghaften Integration jedes irgend abweichenden Motivs ohne Einschränkung betont und mit tiefem Pessimismus untersucht hat, nun plötzlich revolutionäre Hoffnungen auf die nichtintegrierten Randgruppen, vor allem auf die revoltierende Jugend, setzte. Marcuse muß freilich auf anthropologische Kategorien zurückgreifen und eine »biologische Grundlage für den Sozialismus« suchen, um solche Hoffnungen zu stützen.

Adorno hingegen hat seine Theorie streng gegen jeden Versuch abgeriegelt, der in seinen Augen Praktizismus darstellt. Die Tendenz, der sein beharrliches Denken stets gefolgt ist, hat sich nur versteift: er spürt den Repressionen des gesellschaftlichen Zwangszusammenhangs entlang den Entstellungen des objektiven Geistes gleichsam inwendig nach. Die Bezwingung des Labyrinths ist eher das Ziel dieser hermetischen Anstrengung als ein handfestes Praktischwerden der Philosophie. Dabei leitet den Hoffnungslosen das fast idealistische Vertrauen in die analytische, ja sprengende Kraft der enträtselnden Erkenntnis. Adornos Stellung zur Protestbewegung deckt sich mit der, die Horkheimer jüngst im Vorwort zur Neupublikation seiner Arbeiten aus den dreißiger Jahren formuliert hat: »Der Unterschied betrifft das Verhältnis zur Gewalt, die in ihrer Ohnmacht den Gegnern gelegen kommt. Offen zu sagen, die fragwürdige Demokratie sei bei allen Mängeln immer noch besser als die Diktatur, die ein Umsturz heute bewirken müßte, scheint mir um der Wahrheit willen notwendig zu sein.« Wenn Horkheimer und Adorno ein Versäumnis vorzuhalten wäre, dann allein die Ungewißheit, in der sie andere darüber gelassen haben, ob sie jene defensive Pragmatik genauso triftig aus theoretischen Einsichten wie aus nur zu gut fundierten lebensgeschichtlichen Erfahrungen gewonnen haben.[6]

Was tun?

Die Frage: was tun? kann heute nicht eindeutig beantwortet werden. Es bedarf gewaltsamer Interpretationen, um die Lage so eindeutig zu machen, daß sich eine affirmative Ant-

6 Zur Geschichte der kritischen Theorie vgl. A. Wellmer, *Kritische und analytische Theorie*, in: *Marxismusstudien* Bd. VI, Tübingen 1969, S. 187 ff.

Zwei Thesen, die ich von Anbeginn vertreten habe, zeigen, daß mein offen ausgetragener Konflikt mit einem frühzeitig erkannten Aktionismus in meinen Untersuchungen selber begründet ist. Wer nicht vorsätzlichem Analphabetismus anhängt, kann leicht feststellen, daß nicht eine Zeile und nicht ein Satz die diffamierende Konstruktion stützen, ich hätte die Scheinrevolution erst nahegelegt und dann »verraten«. – In soziologischen Untersuchungen und sozialphilosophischen Studien habe ich die Verfassung sozialstaatlicher Massendemokratien im Zusammenhang mit der Geschichte der bürgerlichen Gesellschaft analysiert. Daraus habe ich eine politische Folgerung ausdrücklich gezogen: die Tendenzen zur Aushöhlung der formal rechtsstaatlichen Demokratie, die dem autoritären Wohlfahrtsstaat innewohnen, sind nur aufzufangen, wenn die geschichtliche Transformation des liberalen Rechtsstaates in eine sozialstaatliche Demokratie auf der Grundlage und unter Ausschöpfung geltender Verfassungsnormen mit Willen und Bewußtsein fortgesetzt wird. Diesem Ziel dienen Anstrengungen, die einer strukturell gestützten Entpolitisierung der Öffentlichkeit entgegenwirken. Vor allem kann eine Verselbständigung zentraler Verwaltungsapparate nur dann vermieden werden, wenn sich eine demokratisierte Willensbildung auf die für die Gewichtung des wissenschaftlich-technischen Fortschritts maßgebenden Investitionsentscheidungen erstreckt. Ich war der konventionellen Auffassung, daß dieser Prozeß in den verbands- und parteiinternen Öffentlichkeiten einsetzen müsse. Die Protestbewegung hat zunächst andere, realistische Ausgangspunkte gefunden. Haltlos aber ist das revolutionäre Bewußtsein, mit dem die aktionistischen Gruppen ein Institutionensystem glauben überspringen zu sollen und zu können, das sie nicht mehr aus dem historischen Zusammenhang mit vergangenen Emanzipationsprozessen aufzufassen und zu differenzieren imstande sind. – In Untersuchungen zur Methodologie und Erkenntnistheorie habe ich andererseits versucht, den Status der von Marx einst intendierten und in verschiedenen Ansätzen fortgeführten Gesellschaftstheorie zu klären. Die wort umstandslos ergibt. Diesen zweifelhaften Vorzug bietet der Aktionismus: er erzeugt den Schein einer definierten Situation, in der nur noch taktische Fragen zur Diskussion stehen. Aber der Triumph, daß die verschüttete Ebene der »Organisationsfrage« wieder freigelegt ist, ist Bluff. Denn die vor-

für heutige Verhältnisse nötige Revision der Klassentheorie hat auch zur Folge, daß die etablierten Geistes- und Sozialwissenschaften nicht mehr schlicht als ›bürgerliche Ideologie‹ abgetan werden können. Die Kehrseite der Positivismuskritik ist nämlich die Einsicht, daß sich eine jede Theorie der Gesellschaft am Forschungsstand der empirischen Wissenschaften und vor dem Forum der zeitgenössischen Wissenschaftstheorie rechtfertigen muß. Kritik kann nicht den Anspruch auf Überschwenglichkeit stellen; sie muß sich dem Zwang zu immanent kritischer Anknüpfung gerade dort unterwerfen, wo sie strikte Erfahrungswissenschaft transzendiert. Das paßt denen nicht, die Wissenschaftskritik nur noch mit den Händen betreiben und mit Sprengkapseln an den Wissenschaftsprozeß von außen herantreten, als sei er ein Gebäude aus Stein. – Wichtig für die Umsetzung theoretischer Einsichten in Praxis ist darüber hinaus eine erkenntnistheoretische Folgerung, die ich seit den Anfängen meiner Beschäftigung mit Marx explizit gezogen habe. Eine Geschichtsphilosophie in praktischer Absicht muß dem ontologischen Gewißheitsanspruch entsagen. Sie folgt nämlich einer Logik von Versuch und Irrtum, die ich zuletzt im Zusammenhang mit Freuds Kulturtheorie so bezeichnet habe: »Die Ideen der Aufklärung stammen aus dem Fundus der geschichtlich überlieferten Illusionen. Die Aktionen der Aufklärung müssen wir deshalb als den Versuch begreifen, die Grenze der Realisierbarkeit des utopischen Gehalts der kulturellen Überlieferung unter gegebenen Umständen zu testen. Freilich verlangt die Logik von Versuch und Irrtum auf der Ebene praktischer Vernunft Einschränkungen, denen die Logik der erfahrungswissenschaftlichen Kontrolle entraten kann: bei einem Test, der die Bedingung einer möglichen ›Einschränkung des Leidens‹ erproben soll, darf das Risiko erhöhten Leidens nicht zum Bestandteil der Versuchsanordnung selber gemacht werden. Aus dieser Überlegung resultierte Freuds vorsichtig angedeuteter Vorbehalt gegenüber dem ›großen Kulturexperiment, das gegenwärtig in dem weiten Land zwischen Europa und Asien angestellt wird‹. Der Erkenntnisfortschritt in der Dimension der Wissenschaften wie der Kritik begründet die Hoffnung, ›daß es wissenschaftlicher Arbeit möglich ist, etwas über die Realität der Welt zu erfahren, wodurch wir unsere Macht steigern und wonach wir unser Leben einrichten können‹. Diese rationale Hoffnung ist es, welche die Intention der Aufklärung grundsätzlich von dogmatischen Überlieferungen scheidet, freilich auch nicht mehr: › Meine Illusionen sind gängigen theoretischen Fragen sind nicht nur nicht geklärt, sie sind nicht einmal analytisch klar gestellt.

Die Protestbewegung geht von den Hochschulen aus; die Reform der Hochschulen sollte ihr nächstes und realistisches Ziel sein. Die Dysfunktionalisierung des Lehrbetriebs ist keine irgend politisch vertretbare Taktik. Der SDS-Bundesvorstand hat nach dem mehr oder weniger metaphorisch gemeinten Vorbild der Partisanenstrategie aufgefordert, die Hochschule für den politischen Kampf umzufunktionieren.[7] Aber die

nicht unkorrigierbar wie die religiösen, haben nicht den wahnhaften Charakter. Wenn die Erfahrung zeigen sollte, daß wir uns geirrt haben, so werden wir auf unsere Erwartungen verzichten. Nehmen Sie doch meinen Versuch für das, was er ist . . .‹ – eben als einen, der praktisch widerlegt werden kann. Diese Vorsicht hemmt nicht die kritisch-revolutionäre Tätigkeit, wohl aber die totalitäre Gewißheit, daß die Idee, von der sie sich mit guten Gründen leiten läßt, unter allen Umständen realisierbar ist. Freud setzt Herrschaft und Ideologie zu tief an, als daß er anstelle einer Logik der begründeten Hoffnung und des kontrollierten Versuches Zuversicht hätte verheißen können.« – Nicht minder gefährlich als das objektivistische Mißverständnis einer hypothetischen Geschichtsinterpretation ist andererseits ein Subjektivismus, dem es auf geschichtliche Zusammenhänge überhaupt nicht mehr ankommt und der auf der Ebene von Interaktionen ungeachtet der unkontrollierten Folgen und Nebenfolgen experimentiert, als wäre zwischen Menschen und Ratten nicht mehr zu unterscheiden. Ich fürchte, daß die Taktik der Regelverletzung bei ihren Urhebern einem dieser beiden komplementären Irrtümer entspringt: dem Utopismus entweder des letzten oder des ersten Menschen

7 »Die sozialistische Politik an der Hochschule kann [. . .] nicht von der Notwendigkeit der Reform des bürgerlichen Studiums ausgehen, sondern trägt die Bedürfnisse der Revolte nach grundsätzlicher Veränderung der Gesellschaft, die ihr eigentliches Feld nach wie vor außerhalb der Universität hat, in die Universität hinein.

Sie benutzt die Universität, genauer, sie gebraucht die Wissenschaft, um ihren Kampf zu stabilisieren und zu organisieren. Diese Politik an der Hochschule ist gekennzeichnet durch:

– das systematische Stören des Lehrbetriebs als beständiges Problematisieren der Verwertungszusammenhänge von Wissenschaft;

– den Kampf um den Abbau der irrationalen Herrschaftsansprüche der Ordinarien und die Aufhebung der autoritären Arbeitsweise in den Seminaren und bei Forschungsprojekten;

Hochschule darf nicht für scheinrevolutionäre Abenteuer, selbst wenn sie weniger abenteuerlich wären, instrumentalisiert werden. Statt dessen sollte für die Hochschule ein institutioneller Rahmen geschaffen werden, der die Verfilzung von Lehre und Forschung mit Positionsinteressen innerhalb und partikularen Interessen außerhalb der Hochschule aufzulösen erlaubt. Dem dient eine Demokratisierung der Hochschule, wenn darunter verstanden wird: a) daß die Entscheidungsgremien für die am Lehr- und Forschungsprozeß beteiligten Gruppen auf allen Ebenen geöffnet werden; b) daß die Entscheidung aller praktisch folgenreichen Fragen an öffentliche Diskussion und zwanglose Willensbildung in diesen Gremien gebunden wird. Damit würden auch Studenten und wissenschaftliche Mitarbeiter die Chance erhalten, eine begründete materiale Wissenschaftskritik zu üben. Diese Wissenschaftskritik hat die Aufgabe, Lehre und Forschung unter dem Gesichtspunkt didaktischer bzw. methodologischer Voraussetzung zu reflektieren und sie im Hinblick auf die sozialen Verwendungszusammenhänge von wissenschaftlichen Qualifikationen und Informationen einem Rechtfertigungszwang auszusetzen.

Aus einer solchen Reorganisation der Hochschule könnten sich praktische Folgen für Lehre (1) und Forschung (2) sowie für die Stellung des Bildungssystems in der Gesellschaft (3) ergeben.

1. Zunächst müßte sich die Vorbereitung auf akademische

– die Initiierung von Satzungsdiskussionen mit dem Ziel, effektive Mitbestimmungsformen der Studenten (mindestens Halbparität) zu erkämpfen und gleichzeitig ›befreite Gebiete‹ in den Universitäten zu schaffen, in denen eigene Lehr- und Forschungsvorhaben durchgeführt werden können, die sowohl den Kampf außerhalb der Universität intensivieren, als auch innerhalb der Universität die Revolte stabilisieren;
– die Organisation von aktiven Streiks und die Aussperrung sich der Reform entziehender Professoren als Kampfmaßnahmen zur Durchsetzung der studentischen Forderungen.« *Neue Kritik*, Heft 51/52, Februar 1969. Vgl. auch das im Anhang abgedruckte SDS-Flugblatt.

Berufe von traditionellen Mustern lösen und der Einübung in eine kritische Berufspraxis weichen. Kritisch heißt hier die Verbindung von Kompetenz und Lernfähigkeit, die beides gestattet: den skrupulösen Umgang mit einem tentativen Fachwissen einerseits, und eine kontextempfindliche, gut informierte Bereitschaft zum politischen Widerstand gegen fragwürdige Funktionszusammenhänge des praktizierten Wissens andererseits. Die Perspektive erweitert sich, wenn man nicht nur an künftige Absolventen, sondern an das Echo denkt, das der Protest heute bereits in einzelnen akademischen Berufsgruppen ausgelöst hat. In diesen professionellen Erfahrungsbereichen sind am ehesten die Probleme greifbar, auf die die Vermeidungsstrategien und Entschädigungen des autoritären Wohlfahrtsstaates nicht reagieren. Hier müssen Organisationsformen für die Durchsetzung der praktischen Bedürfnisse gefunden werden, die bis jetzt durch die Maschen der organisierten Gruppeninteressen hindurchgefallen sind.

2. Eine Hochschule, die ihr unpolitisches Selbstverständnis abstreift, könnte ferner darauf Einfluß nehmen: a) daß eine graue Abwanderung der zukunftsrelevanten Forschung in außeruniversitäre Bereiche verhindert wird; b) daß die außerhalb der Hochschulen bereits etablierte und sehr schnell wachsende Großforschung in eine politische Gesamtwillensbildung einbezogen wird. Eine wissenschaftspolitisch aufgeklärte und handlungsfähige Hochschule könnte sich zum Anwalt dafür machen, daß zwischen alternativen Gewichtungen des wissenschaftlich-technischen Fortschritts nicht naturwüchsig unter industriell-militärischen Gesichtspunkten, sondern, in Abwägung der praktischen Folgen, politisch entschieden wird.

3. Von einer ihrer politischen Verantwortung bewußten Wissenschaft könnten schließlich Impulse auf die Bildungspolitik ausgehen. Die zunächst von Bedürfnissen der Produktion getragene Erweiterung des Bildungssystems stößt heute an Grenzen. Hier steht ein Interesse auf dem Spiel, das von kei-

ner der vorhandenen organisierten Großgruppen mit Nachdruck vertreten werden kann. Die jüngsten Stellungnahmen von Wissenschafts- und Bildungsrat zeigen vielmehr, daß die Expansion des Bildungssystems nach Maßgabe des »Bedarfs« aufgefangen und kanalisiert werden soll. Zur Diskussion steht aber, ob nicht der materialistische Zwang, der an dieser Stelle auch für die Masse der Bevölkerung transparent gemacht werden kann, gebrochen werden soll. Das Bildungssystem müßte sich auch über die mit den Bedürfnissen des Systems gesellschaftlicher Arbeit gesetzte Schranke hinaus ausdehnen können, wenn nicht der »Gebrauchswert Bildung« Gesetzen der Produktion von Tauschwerten unterworfen bleiben soll. Freilich würde sich dann die enge Relation zwischen dem Grad formaler Schulbildung und gesellschaftlichem Status lockern; die Leistungsideologie, die heute noch Grundlage für die Legitimation der Statuszuweisung ist, würde ausgehöhlt. Deshalb müßte aller Voraussicht nach eine konsequent betriebene Bildungspolitik zu systemgefährdenden Konflikten führen.

Es ist schwierig, die Größenordnung des Protestes richtig einzuschätzen. Mir will einerseits die Selbsteinschätzung der Protagonisten bodenlos erscheinen: die Studenten sind keine Klasse, sie sind in unseren Breiten auch nicht die Avantgarde einer Klasse, und erst recht führen sie keinen revolutionären Kampf. In Ansehung der Folgen des Aktionismus halte ich die in großem Stil betriebene Selbsttäuschung für verderblich. Andererseits würde ich eine historische ausgreifende Perspektive nicht scheuen. Einige Anzeichen sprechen dafür, daß sich die Basis, auf der die Neue Sensibilität und der Eifer praktischer Vernunft (samt ihren erschreckenden Deformationen) erzeugt werden, verbreitert und daß das Potential der Jugendbewegung wächst. Wenn dieses Potential sich nicht selbstzerstörerisch im Wege steht und wir Älteren nicht vollends ohne Verstand reagieren, kann es vielleicht zur Antriebskraft eines langfristigen Transformationsprozesses werden, der international die vorhersehbaren Katastrophen noch verhindert und im Inneren einen Schritt Emanzipation ermöglicht. Das kann niemand wissen, aber wir können es mit Vorsicht wollen.

Wir Älteren: damit meine ich genaugenommen die, die sich ohne Verdienst, allein ihres Jahrgangs wegen, während der Naziperiode nicht durch Teilnahme oder Stillhalten diskreditieren konnten und doch durch die deutliche Erinnerung an den Faschismus, der Folgen hatte für die Biographie jedes einzelnen, geprägt sind. Wir sollten weder kopfüber unsere Identität preisgeben – sei es durch den Loyalitätszwang des alten Parteigängers genötigt, sei es durch das Autodafé des späten Überläufers verführt. Noch sollten wir zwanghaft an den Formeln haften, die wir einer lehrreichen »reeducation« verdanken – das heißt Regeln fetischisieren, von denen wir doch prinzipiell nicht lassen dürfen.

Das Kategorienpaar »Revolution« und »Reform« war unter anderen historischen Bedingungen trennscharf; in industriell fortgeschrittenen Gesellschaften diskriminiert es nicht mehr zwischen möglichen alternativen Strategien der Veränderung. Der einzige Weg zur bewußten strukturellen Veränderung eines autoritär wohlfahrtsstaatlich organisierten Gesellschaftssystems, den ich sehe, ist radikaler Reformismus. Das, was Marx kritisch-revolutionäre Tätigkeit nannte, muß heute diesen Weg gehen. Das heißt: wir müssen Reformen um klarer und öffentlich diskutierter Ziele willen betreiben, auch und erst recht, wenn deren Nebenfolgen mit der Produktionsweise des bestehenden Systems unvereinbar sind. Die Überlegenheit einer Produktionsweise über die andere kann unter den gegebenen militärtechnischen und strategischen Rahmenbedingungen so lange nicht sichtbar werden, als ökonomisches Wachstum, Güterversorgung und Reduktion der durchschnittlichen Arbeitszeit, also technischer Fortschritt und privater Wohlstand, die einzigen Kriterien des Vergleichs zwischen konkurrierenden Gesellschaftssystemen sind. Wenn wir aber

Ziele, Formen und Inhalte des humanen Zusammenlebens nicht für nichts erachten, dann kann sich in den industriell fortgeschrittenen Gesellschaften die Überlegenheit einer Produktionsweise nur an dem Spielraum bemessen, den sie für eine Demokratisierung der Entscheidungsprozesse in allen gesellschaftlichen Bereichen eröffnet.

Bloßer Reformismus ist sich seiner als Selbstzweck gewiß und gibt heute schon das Versprechen für die Erhaltung des Status quo von morgen – ohne ihn zu kennen. Die vorweggenommene Affirmation schlägt auf das Beginnen zurück und verdirbt die notwendige Radikalität des unbeirrten Untersuchens wie des vernünftigen Wollens. Der traditionsreiche Vorwurf des »Sozialdemokratismus« trifft daran das Moment vorwärtsgewandter Rückversicherung zu Recht. Gegen diesen Opportunismus behalten die wichtigeren Argumente der Rosa Luxemburg nach wie vor ihr Recht, nicht aber tragen sie das alerte Schaugeschäft der Revolutionsdarsteller. Noch deren Pose erhält freilich einen Sinn, wenn wir sie als Geste ernst nehmen. Politische Veränderungen ändern nämlich nichts, wenn nicht mit den Kategorien des greifbaren Unheils, dem sie wehren sollen, auch die subtileren Befreiungen, Beglückungen, Befriedungen auf dem Spiel stehen. Dieses Wissen nicht preiszugeben und dennoch politisch zu handeln versuchen – das mag uns Älteren in der Defensive vorgeschwebt haben. Wäre es dieses paradoxe Bewußtsein, das die Protestbewegung nun ins Offensive wendet, so bliebe die an ihr geübte Kritik nicht vergebens.

1. Das chronische Leiden der Hochschulreform

Es folgen Auszüge aus der Einleitung zu einem Bericht über eine empirische Untersuchung, die das Institut für Sozialforschung *in Frankfurt am Main Mitte der fünfziger Jahre durchgeführt hat. Meine Einleitung ist in enger Kooperation mit Th. W. Adorno entstanden und in der Zeitschrift* Merkur *im März 1957 veröffentlicht worden. Der Aufsatz gibt einen Rückblick auf jene rhetorisch bestimmte Phase der Hochschulreform, die durch den wirksameren Pragmatismus des* Wissenschaftsrats *abgelöst worden ist. Er entwickelt die These, daß eine Hochschulreform ohne materiale Wissenschaftskritik nicht möglich ist.*

I

Die unbestrittene Tatsache des politischen Versagens der deutschen Universitäten vor und während der Hitler-Diktatur war es, die 1945 die Geister der Reform auf den Plan rief. Aber es blieb von Anbeginn bei dem Wunsche, der Institution in Anpassung an die veränderten politischen und wissenschaftlichen Verhältnisse wieder die Form zu verleihen, die sie vor anderthalb Jahrhunderten, zur Zeit der ökonomischen und politischen Emanzipation des Bürgertums, angenommen hatte.

Im Heidelberger Kreis, unter der Ägide von Karl Jaspers, entstand das erste *Studium generale*, mit dem Zentrum einer »Zeitschrift für die Einheit der Wissenschaften im Zusammenhang ihrer Begriffsbildung und Forschungsmethoden«. Zur gleichen Zeit versuchten die Initiatoren der Alpbacher Ferienkurse das auf dem Wege persönlichen Zusammentreffens in Form von Kolloquien zu erreichen, was Jaspers einem literarischen Symposion vorbehielt: die Regeneration der Universitas litterarum. »Die Zukunft der Universitäten beruht auf der Wiedererneuerung ihres ursprünglichen Geistes«, formulierte Jaspers unmittelbar nach dem Zusammenbruch in seiner Programmschrift zur Idee der Universität (Berlin 1946). Erste Aufgabe der Hochschulreform schien die Besinnung auf die autonome Bildungskraft der Wissenschaft, auf das »wissenschaftliche Ethos«, das alle humanen Energien des Geistes freisetzen würde, wenn es nur erst seine Stätte, die Universität, von den trüben und trübseligen Schatten wissenschaftsfremder, vor allem politischer Ein- und Übergriffe gereinigt hätte.

Diesem liberalen Bildungshumanismus trat ein anderer zur Seite, der sich auf neuscholastische Katholizität berief und die Einheit der Wissenschaften aus dem Universalismus nicht so sehr der Philosophie des deutschen Idealismus als vielmehr des erneuerten thomistischen Systems begründen wollte. So entstand in Mainz ein weitgespanntes Studium generale in Form der freien Wahl von vier allgemeinbildenden Vorlesungen während der ersten drei Semester und in Tübingen neben einem wöchentlichen Dies academicus das Leibnizkolleg, das zwischen Schulabschluß und Universitätsbeginn in drei Trimestern das verkürzte Programm einer Artistenfakultät bot. Romano Guardini und Theodor Steinbüchel waren hier die Initiatoren. Gleichzeitig entschloß sich die Universität Freiburg zu einem um den Kern eines Dies universitatis vielfach gegliederten Studium generale[1].

Früh schon sind diese allein oder doch vornehmlich auf den philosophischen Anspruch der Universitas litterarum begründeten Bemühungen ihrer politischen Indifferenz wegen kritisiert worden. Unterstützt von den angelsächsischen Besatzungsmächten, bestand diese Kritik auf einer Erweiterung des Studium generale im Sinne einer »general education«, die darauf drängen sollte, daß der Student seine staatsbürger-

1 Vgl. dazu W. Killy, *Studium generale und studentisches Gemeinschaftsleben,* Berlin 1952.

lichen Funktionen rational und verantwortlich auszuüben lerne. Für diese Absicht ist das sogenannte Blaue oder Hamburger Gutachten repräsentativ, das 1948 auf Veranlassung des britischen Militärgouverneurs von einem unabhängigen »Studienausschuß für Hochschulreform« ausgearbeitet wurde und den fortan maßgebenden Reformvorschlag darstellen sollte. Auf ähnlicher Linie hält sich der sogenannte Chicago-Frankfurt-Plan, ein Vergleich der deutschen und amerikanischen Erfahrungen mit den Studia humanitatis, wie es hier vorsichtiger heißt, der im Jahre 1952/53 in Frankfurt im Rahmen eines Interfakultätsseminars von fünf Chicagoer, sieben Frankfurter und einem Schweizer Dozenten durchgeführt wurde[2]. Die Kräfte, die das Hamburger Gutachten trugen oder ihm nachträglich sich anschlossen (so die Gewerkschaften in der Oberaudorfer-Entschließung 1950), gerieten zwar in den Verdacht des Modernismus oder der Anglophilie; allein der Gedanke, daß die Universität auch außerhalb des wissenschaftlichen Unterrichts auf die Studenten pädagogisch einzuwirken habe, setzte sich, als Programmpunkt wenigstens, auf den in Hinterzarten 1952 und in Honnef 1955 abgehaltenen offiziellen Reformtagungen durch[3]. Auch die Humboldtsche Universität bezog ja de facto ihre bildende Kraft nicht aus der kritischen Einübung des wissenschaftlichen Handwerks allein, sondern übertrug einen Teil ihrer Erziehungsaufgaben der persönlichen Kommunikation von Studenten und Dozenten. Die institutionalisierten Formen dafür, das Seminar, der Haushalt des Professors und in gewissem Sinne die Korporationen sind indes dafür in ihrer gegenwärtigen Gestalt weithin untauglich geworden. Um so stärker das Ungenügen an einer ausschließlichen Wissen-

2 Vgl. W. Rüegg, *Humanismus, Studium generale und Studia Humanitatis in Deutschland*, Genf und Darmstadt 1954.

3 Vgl. G. Tellenbach, *Probleme der deutschen Hochschule*, Freiburg 1953; H. Heimpel, *Probleme und Problematik der Hochschulreform*, Göttingen 1956.

schaftsbildung und der Impuls, die Universitas litterarum durch die konkrete Lebensgemeinschaft einer Universitas magistrorum et scholarum zu ergänzen. Daher auch die Versuche, an die Tradition der mittelalterlichen Bursen und Kollegien anzuschließen: 1954 wohnten in der Bundesrepublik bereits 10 Prozent aller Studenten in Studentenheimen, freilich eher in lockerer Gemeinsamkeit denn in der Gemeinschaft, derentwillen einst diese Einrichtung betrieben und begründet wurde.

Das Studium universale ist inzwischen auf den meisten Universitäten zur rituellen Darbietung gesondert plakatierter Vorträge erstarrt, die Reform der Technischen Hochschulen beschränkt sich auf das Unikum einer sogenannten technischen Universität[4], und das »Leben« der studentischen Gemeinschaften gerinnt mehr und mehr in den Korporationen alten und veralteten Stils. Diese Andeutungen stehen hier für die Bilanz des Versuchs, durch eine wiederhergestellte Einheit der Wissenschaften und die Erneuerung der Hochschule als Gemeinschaft das Verhältnis von Universität und Gesellschaft in Balance zu bringen: nämlich der Universität die Bildungsfähigkeit und die politische Verantwortung zurückzugeben, mit der sie ihre Freiheit wahren und ihre Mitglieder zur Einrichtung und Einhaltung einer demokratisch organisierten Gesellschaft erziehen sollte.

Inzwischen ist die Reform der Hochschule in der Theorie vornehmlich auf fiskalische und wissenschaftsorganisatorische Rationalisierungen reduziert worden, in der Praxis auf eine dilatorische Behandlung mancher nützlichen und im Rahmen einer planvollen Hochschulpolitik eigentlich routinemäßigen Aufgaben. Hier wie sonst mißlingt heutzutage eine Reform nicht mehr geradehin, vielmehr wird sie als Dauerreform institutionalisiert und so gleichermaßen aufgeschoben wie aufgehoben. Kennzeichnend für den gegenwärtigen Stand ist der

4 Die Technische Hochschule in Berlin nennt sich so.

Vorstoß von Helmut Coing[5], der die Gravamina der Hochschulfinanzierung statistisch unterbaut und, mit dem Hinweis auf die mangelnde Ausstattung der Forschungsinstitute, auf die Lücken in der Forschungsorganisation, auf das quantitative Mißverhältnis von Lehrkörper und Studentenschaft und schließlich auf die materiellen Notstände unter den Studenten selbst, ebenso nüchtern wie eindringlich den Appell an die potentiellen Geldgeber wiederholt: die Aufgaben einer finanziellen Sanierung der Hochschulen nehmen, je überfälliger sie werden, den Namen der Hochschulreform nachgerade für sich allein in Anspruch. Die Sache selbst aber verschwindet vielfach hinter dem Dogma, das in Honnef bereits zu den »Konventionen«, das heißt zu den ausdiskutierten und fortan undiskutierbaren Voraussetzungen einer jeden künftigen Reform gezählt wurde. Es lautet: »Die deutsche Hochschule in ihrem Kern ist gesund.«[6] Wo ein solches Dekret noch Zweifel läßt, springt der in der Deutschen Historischen Schule entwickelte und unsere offizielle Historie bestimmende Evolutionsbegriff ein, um Anspruch und Namen der »Reform« auch noch für den ordentlichen Geschäftsgang einer bloß finanziellen Abgeltung und Abdeckung der inneren Widersprüche im Universitätsleben aufrechtzuerhalten: »[...] insofern ist die Hochschulreform keine Aktion, die gelingt oder mißlingt, sondern ein immerwährender Prozeß, eine immerwache Sorge um das alte Gute, den Gerüsten vergleichbar, auf denen die mittelalterlichen Dome zugleich verändert und bewahrt wurden.«[7]

Es ist abzusehen, daß eine großzügige finanzielle Sanierung zu einer Neugliederung des Lehrkörpers, zur Vermehrung der Assistentenstellen, zur Verbesserung des Stipendienwesens führen kann, aber die Struktur der Universitäten, die der reformatorische Elan der ersten Nachkriegsversuche we-

5 Vgl. *Die Gegenwart*, 2. Juni-Heft 1956, S. 367 f.

6 Vgl. H. Heimpel, *Probleme und Problematik der Hockschulreform*, S. 7.

7 H. Heimpel, *Schuld und Aufgabe der Universität*, Göttingen 1954.

nigstens modifizieren wollte, unberührt stehen läßt. Denn diese Versuche sind nicht zufällig, etwa aus Gründen persönlichen Versagens oder des materiellen Notstandes wegen, gescheitert. Wenn Jaspers andrerseits glaubt, in seinem Diskussionsbeitrag zum Coing-Aufsatz[8] auf einem »Prooimion« bestehen zu sollen, »das den Geist des ganzen Unternehmens entwickelt«, so darf füglich bezweifelt werden, daß in diesem Falle dem Geist geschenkt wird, was dem Geld versagt bleibt. Denn was ist es, das »stehen bleibt« und das nun der »Geist«, das dem wissenschaftlichen Erkennen verbundene Ethos, bewältigen müßte? Stehen bleibt, woran der Geist, und das war eben jener Geist der ersten Reformversuche, vergeblich sich abgearbeitet hat und worin offenbar ein Objektives, ein vom gesellschaftlichen Lebenszusammenhang erzeugter und nicht ohne ihn aufzuhebender Widerstand sich festsetzt und fortsetzt. Stehen bleibt unerfüllt zunächst das Programm einer *Einheit der Wissenschaften*, die seit dem Tode Hegels mit fortschreitender Spezialisierung ihres Apparates der Synthese beharrlich sich entziehen; sodann das Programm der *Einheit von Lehre und Forschung*, das mit der Entwicklung reiner Forschungsinstitute auf der einen und der »Verschulung« des Lehrbetriebes, der Übermittlung je fertig vorgegebener Kenntnisse auf der anderen Seite der reformerischen Initiative ebenso beharrlich sich verweigert; und schließlich das Programm der *Lehr- und Lernfreiheit*, das durch ein sinnvolles Verhältnis in der Zahl der Lehrenden und Lernenden allein nicht garantiert werden kann, weil das Gesetz der großen Zahl eher noch die Bürokratisierung befördert; ein Mißstand, in dem übrigens schon der preußische Kultusminister Carl Heinrich Becker einen partikularistischen Fachimperialismus der Professoren mit übertriebener Fakultätentrennung, Stoffüberlastung und innerakademischem Berechtigungswesen erkannte. In diesen drei Vorgängen reproduziert die Hochschule das, was man ihre inneren Widersprüche nen-

8 Vgl. *Die Gegenwart*, 3. Juni-Heft 1956, S. 405 ff.

nen kann. Da ist einmal der Widerspruch der *Spezialisierung:* je mehr die gleichmäßige Vergegenständlichung aller Natur- und Lebensbereiche Umfang und Ergebnis der Wissenschaft im ganzen erweitert, um so mehr begründet jede einzelne Wissenschaft ihre Autonomie auf eine Beschränkung, auf die Spezialität je isolierter Felder und aparter Methoden, was die Konsistenz des Zusammenhangs der Wissenschaften untereinander zunächst gefährdet. Dann der Widerspruch der *Bürokratisierung:* die Differenzierung des wissenschaftlichen und organisatorischen Apparates verurteilt den einzelnen Forscher mit der Subsumtion unter ein arbeitsteiliges System ebenso zur Beschränkung, wie sie der Forschung gerade zu unbeschränktem Fortschritt verhilft. Schließlich der Widerspruch der *Scholarisierung:* je genauer und je schneller die Wissenschaften fortschreiten, um so weniger können sie die, die ausgebildet werden wollen, in der Mehrzahl an ihrem eigentlichen Leben teilnehmen lassen; je vielfältiger das Angebot ihrer Ausbildungschancen im ganzen, um so einseitiger und schulmäßiger ist die Ausbildung, die sie jedem einzelnen vermitteln können. In diesen drei Vorgängen reflektiert sich ein objektiver Prozeß, dem die Universität mit allen anderen Institutionen so wenig von außen unterliegt, wie er sich in ihrem eigenen Gefüge vielmehr von innen heraus durchsetzt.

Daran ist zu erinnern, wo immer an den Geist und an das Persönliche appelliert wird. Wenn es feststeht, daß eine finanzielle Sanierung die Hochschulen nicht von einem Bann befreit, den sie mit der übrigen Gesellschaft teilt, dann darf liberaler Optimismus daraus nicht schon ableiten wollen, daß die Hochschule kraft der Spontaneität ihres geistigen Lebens vom Wiederholungszwang ihrer inneren Widersprüche genesen wird, wo jener nur hinreichend Nahrung und Spielraum gewährt würde. So meint es Jaspers, wenn er von der »Chance durch Freilassen« spricht und dafür plädiert, die Verwaltung möchte selber vom Geist der Universität ergriffen und mit ihm solidarisch werden. Hellmut Becker[9] hat diesen Gedanken einer Verbindung von staatlicher Finanzhilfe und kultureller Freiheit entfaltet. Gegen die Kulturverwaltung setzt er eine Kulturpolitik, die das Unplanbare noch in seiner Freiheit plant und die auch das an Freiheit und Selbstverantwortung gebundene akademische Unternehmen finanziert. Unsere Universitäten sind nach diesem Modell konstruiert, sind Staatsanstalten und Selbstverwaltungskörperschaften in einem[10]. Das zeigt sich auch darin, daß der Staat die planmäßigen Professoren mit Beamtenrechten ausstattet, ohne sie mit der Auflage der damit sonst verbundenen speziellen Weisungen zu versehen. Allein, wenn Schleiermacher im Einvernehmen mit Humboldt die Freiheit der Wissenschaften gegen das administrative Reglement verteidigt, so verteidigt er die Autonomie der Hochschule in einem anderen Sinne, als dies heute, und sei es mit den gleichen Worten, geschehen könnte. In der Zeit des Frühliberalismus, des selbständigen Unternehmertums fügte sich die Hochschule mit ihrem Anspruch auf Autonomie und mit der institutionellen Form der Selbstverwaltungskörperschaft den Gesetzen ihrer Zeit. Heute aber, da sich die freie Warenproduktion in eine von zentralen Verfügungsstellen geplante verwandelt hat, sperrt sie sich mit dem gleichen Anspruch und der gleichen institutionellen Form gegen das Gesetz unserer Zeit. Ihr Insistieren auf verwaltungsfreien Reservaten, auf institutionell ausgesparten Spielräumen für unabhängige Forschung und Lehre hat etwas Illusionäres, da doch längst auch die methodisch vorgehende Wissenschaft genauso wie der berufsorientierte akademische Unterricht von dem Gesetz erfaßt ist, dem sie eigensinnig sich entziehen möchte; andererseits bekundet

9 H. Becker, *Kulturpolitik und Schule*, Stuttgart 1956.

10 Seit der Beckerschen Hochschulreform ist die Formel maßgebend: »Die Universität ist eine Veranstaltung des Staates und hat zugleich nach Maßgabe der Gesetze die Rechte einer Körperschaft des öffentlichen Rechtes.« Vgl. dazu Hans Gerber, *Hochschule und Staat*, Göttingen 1953.

sich freilich darin so etwas wie ein archaisches Moment, das auf eigentümliche Weise mit der Humanität verflochten ist. Freiheit ist etwas Altmodisches, und wenn sich akademische Freiheit im liberalen Wortlaut auf ihre verbürgten Rechte beruft und sich sperrt gegen die Verwaltung dessen, was im Kern nicht verwaltet werden kann, dann bieten sich als wirksame institutionelle Instrumente kaum andere als die unzeitgemäßen Reste korporativer Privilegien.

So notwendig und schleunig die Universität materiell auf *einen* Stand mit den fortgeschrittensten Institutionen der Gesellschaft gebracht werden sollte, so zweischneidig ist eine Synchronisierung der organisatorischen Formen, denn die entwickelte Industriegesellschaft bietet deren vornehmlich bürokratische an.

Eine solche betriebsmäßige Gleichschaltung der Hochschulen hat uns die in der DDR durchgeführte sowjetische Reform vorgeführt. Die Universität: Dozenten, Assistenten und Studenten bezahlen dort ihre finanzielle Sanierung je auf ihre Weise mit der Subsumtion unter ein ideologisch gesteuertes bürokratisches Regiment. Die Zulassung zur Universität richtet sich nach entsprechend dem voraussichtlichen Bedarf errechneten Fachkontingenten (und nach Gesichtspunkten gesellschaftlicher wie ideologischer Auslese). Studiert wird jeweils *ein* Fach nach einem streng geregelten Stundenplan. Der Student absolviert Berufsvorbildung und Berufsausbildung in einem. Das Fachstudium wird ergänzt durch ein obligatorisches Studium dessen, was unter dem Titel Marxismus-Leninismus betrieben wird.

Aspiranten halten anhand der vorgeschriebenen Lehrbücher Überblicksvorlesungen. Tatsachenvermittlung setzt sich an Stelle der methodischen Anleitung. Forschung und Lehre sind getrennt. Die Hochschule wird zur obersten Berufsschule. Vier vom Staatssekretariat ernannte Protektoren besetzen die Schlüsselpositionen in Universitätsverwaltung, Forschung und Erziehung. Im ganzen funktioniert die Hochschule tendenziell nach den Gesetzen eines modernen, rationell verwalteten Großbetriebs in staatlicher Regie[11].

Wir glauben uns an dieses Beispiel einer gleichgeschalteten Wissenschaft halten zu dürfen, weil darin gesellschaftliche Tendenzen, die auch in den Ländern der westlichen Industriegesellschaft wirksam werden, zu einem fast reinen Modell sich entfaltet haben. Die Differenz der politischen Formen in Ost und West und deren Gewicht sei unbestritten; allein, die gleichen Widersprüche, in die sich das Verhältnis von Wissenschaft und Gesellschaft verstrickt, sind hier tendenziell zu beobachten, wo sie dort bereits in kodifizierter Gestalt offen sich festgesetzt haben. Wissenschaft reagiert auf Verwaltung, gleichgültig, wer die Verwaltung autorisiert und ausübt. Obwohl die in ihren Teilbereichen weitgehend verwissenschaftlichte Gesellschaft ihre Weise der Produktion und Organisation von der Wissenschaft sich vermitteln läßt, darf die Wissenschaft selbst, die doch das leistet, ihren Betrieb nicht in den gleichen Formen organisieren, wenn anders sie der Gefahr entgehen will, ihre kritische Substanz zu verderben; wo Wissenschaft in ihrem eigenen Apparat strikt die Rationalisierung der »gleichzeitigen« Institutionen abbildet, die ihre Rationalität von der Ratio der Wissenschaft selber einst bezogen und immer noch beziehen, verfällt sie der Sterilität.

Die Einsicht, daß Wissenschaft einer gewissen Unzeitgemäßheit institutionell sich versichern muß, bedarf strenger Nüchternheit. Sie hat sich auf das karge, jeden romantischen Schleiers bare und dabei einigermaßen abstrakte Argument zu beschränken, daß gegenwärtig die auf den Universitäten etablierten Wissenschaften zur Gesellschaft sich in Spannung halten müssen, sollen nicht deren Verhältnisse die kritischen Kräfte ganz in Fesseln schlagen. So mag der progressive Geist auch in den Universitäten ein Bündnis eingehen mit gewissen archaischen Elementen ihrer inneren und äußeren Verfassung (Vorlesungsstil, Senatsverfassung, Selbstverwaltungsprivile-

11 Vgl. M. G. Lange, *Totalitäre Erziehung*, Frankfurt 1954.

gien usw.), um für die Freiheit – die nur auf Umwegen ihren kürzesten Weg findet – verwaltungsfreie Reservate herauszuschinden. Aber auch dann wird Wissenschaft den objektiven Tendenzen der Zeit nicht ganz und nicht einmal ausreichend sich entziehen können, zumal sie bereits unwiderruflich als die zentrale Vermittlungskategorie einer verwissenschaftlichten Gesellschaft selbst funktioniert. Wenn die Hochschulreform in der Dimension, in der sie nach 1945 ansetzte, gescheitert ist, so darum, weil sie sich selbst als eine exklusive Reform mißverstand und übersah, daß die hochgradige Interdependenz der Prozesse innerhalb einer vergesellschafteten Gesellschaft scheinbar exterritoriale Gebiete ebensowenig anerkennt, wie deren isolierte Umgestaltung duldet. Daher scheint heute vor allem eine soziologische Reflexion der Stellung unserer Hochschulen am Platze zu sein.

II

Auch wenn ein *historischer Rückblick* auf die griechischen Akademien und auf die Entwicklung der europäischen Universitäten seit dem 13. Jahrhundert zu einer Deutung in verfallsgeschichtlichen Kategorien wenig Anlaß gibt, so scheint doch mit dem Übergang zum Spätkapitalismus im Universitätsleben eine Art Verfall selbst nach den Kategorien sich abzuzeichnen, die auf den Universitäten mittlerweile sich eingespielt hatten. Die Hoffnung, in der Schleiermacher und Humboldt die Berliner Universität, das Muster aller deutschen Universitäten fortan, gründeten; die Hoffnung, daß in Zukunft die Einflußsphäre der Staatsgewalt immer mehr sich zusammenzöge, trog. Die Perspektive des aufsteigenden Bürgertums, das mit Recht von der Freisetzung der Wirtschaft wie der Wissenschaft und von der politischen Aktion eines der Staatsvormundschaft gegenüber mündig gewordenen Individuums für sich und die Nation, mit der es sich gleichsetzte, nur das Beste erwartete, sollte bereits in der zweiten Hälfte desselben Jahrhunderts umschlagen und den Blick auf eine veränderte Situation freigeben: mit der Konzentration des Kapitals und der Verwandlung der anarchischen in eine von zentralen Verfügungsstellen aus geplante Warenproduktion schieben sich die in der frühkapitalistischen Phase so wie in Hegels Rechtsphilosophie noch geschiedenen Sphären des »Staates« und der »bürgerlichen Gesellschaft« ineinander. Diese Verflechtung zerstört auch die für jene Zeit charakteristische relative Autonomie der »kulturellen Sektoren«, von der Wissenschaft und Universität ein gewisses Maß an Bewegungsfreiheit immerhin bezogen.

Der Staat wurde zwangsläufig mächtiger als sein absolutistischer Vorfahre, denn sein Einfluß und seine Kontrolle erstrecken sich heute in alle gesellschaftlichen Bereiche. Insofern ist von einer *Verstaatlichung der Gesellschaft* nicht zu Unrecht die Rede. Zugleich aber verliert der Staat an Macht, weil die außerstaatlichen Gewalten der pluralistisch organisierten Gesellschaft ihrerseits die staatlichen Instanzen, sei es über das Parlament und die Verwaltung oder über die Regierung, unmittelbar unter Druck setzen, weshalb als die Kehrseite jenes Prozesses die *Vergesellschaftung des Staates* sich erweist. Die Universität kann sich der neuen Verflechtung sowenig wie irgendeine andere Institution entziehen. Sie fügt sich doppeltem Zugriff: der Staat und die Wirtschaft treten an die Universitäten gewissermaßen als Großeinkäufer heran; und diese reagieren mit einem System der Staatsexamina und dem der bald ebenso zahlreichen Diplome, die für freie Berufe qualifizieren. Auch die eigentlich wissenschaftlichen Examina empfangen von der Kundschaft der Universität den Stempel hoher Werbequalität, der heute die Doktores nur so ins Kraut schießen läßt[12]. In anderer Hinsicht

12 Freilich erfreute sich der Doktortitel in Anknüpfung an die ungebrochene Tradition des absolutistischen Beamtenstaates auch vor seiner inflationären Verbreitung eines großen Prestiges; nur konnte sich dieses Prestige häufiger als jetzt auf wirkliche Leistungen berufen.

funktioniert der Staat als Interessenwalter der Wirtschaft, indem er Technische Hochschulen unterhält und eigens Institute außerhalb des Rahmens der Universität etabliert, die, entlastet von der Lehre, industriewichtigen, freilich auch anderen Forschungen sich widmen können. Allein, seitdem die Wirtschaft an einer Wissenschaft, die als Hilfswissenschaft für Arbeitsvorbereitung und Verwaltung ihre Nützlichkeit längst erwiesen hat und mit deren Hilfe man Maschinen bauen, Betriebe organisieren, Menschen auslesen und neuerdings in ungeahntem Maß manipulieren kann, unmittelbares Interesse gewann, tritt sie nicht mehr nur als Abnehmer, sondern auch als Auftrag- und Geldgeber der Universitäten auf, sofern sie nicht überhaupt dazu übergeht, die Forschung in eigene Regie zu übernehmen. In den USA wächst die Industrieforschung der entsprechenden Universitätsforschung bereits über den Kopf, während in Deutschland immer noch über den ›Stifterverband für die Deutsche Wissenschaft‹ und ähnliche Organisationen nicht weisungsgebundene Gelder aus der Industrie den Universitäten zufließen[13].

Der Prozeß der Vergesellschaftung, in deren Zuge Wirtschaft und Universität, Produktion und Forschung sich verflechten, spiegelt sich in einer Veränderung der Wissenschaft selbst. Wenn auch die mit Descartes sich selbst reflektierende moderne Wissenschaft von Anbeginn die technische Umsetzung ihrer Resultate, kurz: Anwendbarkeit implizierte, hatte doch der deutsche Idealismus, dem wirtschaftlich zurückgebliebenen Zustand des Landes gemäß, den Begriff des Wissens so weit wiederum in sich, die reine Kontemplation, zurückgenommen, daß ihm das Verhältnis von Wissenschaft und gesellschaftlicher Praxis als ein höchst vermitteltes sich darstellte: die Wissenschaft soll im Sinne dieser Konzeption nicht unmittelbar der Reproduktion der Gesellschaft dienen, sondern der ihr immanenten tendenzfreien Gesetzlichkeit überlassen wer-

13 Vgl. H. Becker, *Organisation und Finanzierung der deutschen Forschung*, in: *Deutscher Geist zwischen gestern und morgen*, Stuttgart 1954.

den, um am Ende doch ihre Kräfte in den Fortschritt der Nation einfließen zu lassen. Man hat mit Recht gesagt, daß Galvani die Elektrizität nie würde entdeckt haben, wenn er von Anfang an auf so etwas wie Glühbirnen oder Telefone aus gewesen wäre. Heute jedoch, im Zeichen von Los Alamos, wissen die große Verwaltungen sehr wohl, was sie von der Wissenschaft wollen, so daß Zeitpläne für die wissenschaftliche »Entwicklung« bestimmter Verbindungen, Gleichungen und Elemente nichts Ungewöhnliches mehr sind[14]. Zumal sich das Verhältnis von Wissenschaft und Technik in unserem Jahrhundert bereits vielfach umkehrt und der Fortschritt der Forschung abhängig wird vom Fortschritt in der Konstruktion von Apparaten und Instrumenten. Jedenfalls bewährt sich der technologische Typ der Wissenschaft gesellschaftlich unmittelbar; sie wird fungibel und damit recht eigentlich reif zur Vergesellschaftung.

Freilich – je anwendbarer die Resultate, um so reiner die Theorien: mit der Praktikabilität wächst paradox die Entfremdung der Theorie von der Praxis. Zwar überwindet die neue Wissenschaft die sprichwörtliche Weltfremdheit ihrer scholastischen Vorläuferin, aber ihre Weltlichkeit erringt sie um den Preis einer anderen Weltfremdheit. Hielten sich auch die mittelalterlichen Universitäten von der Praxis der Handwerker und der Kaufleute weit entfernt, so bot doch der normative Charakter des – selbst in der medizinischen Fakultät noch auf den Buchstaben begründeten – Wissens Gewähr dafür, daß die Wissensvermittlung stets auch Anweisung für den lebensgeschichtlichen Umgang in sich barg. Genau diese Anweisung zum rechten Leben, dieses freilich auch im Mittelalter schon von der Ethik zugleich angezogene und vergegenständlichte Abzielen auf die Lebensführung des einzelnen und der Gesellschaft, das so gut wie allen wissen-

14 Bekanntlich verdankt die Kybernetik ihre rapide Entwicklung ebenso wie die Atomforschung den vom Staat vertretenen Interessen der Kriegführung sowie den dafür mobilisierten Kapitalreserven.

schaftlichen Mitteilungen damals eigen war, wurde nun von der neuen Wissenschaft abgelegt. Das, was auf mittelalterlichen Universitäten gelehrt wurde, zerfällt einmal in die Lehrsätze und ihre Erläuterungen, die die theoretischen Prinzipien entwickeln, und zum anderen in die Übung, diese Prinzipien auf die Fälle des konkreten Lebens anzuwenden. Eben diese kasuistische Anwendung der Theorie, die noch in Kants Bestimmung der Urteilskraft eingeht[15], sicherte einen gesellschaftlichen Bezug, den die mechanistische Anwendung der neuen Wissenschaft, den die Technik unterbricht. Die von Kasuistik gereinigte Theorie versteift sich vielmehr auf eine Wertfreiheit, die nun so etwas wie Werte erst freisetzt und verselbständigt und entweder einer subjektiven Moral oder aber einer objektiven Metaphysik – wie die Beispiele Schelers und Nicolai Hartmanns bezeugen – zur Pflege überläßt. Die anwendbar gewordene Wissenschaft ist neutral gegenüber einer gesellschaftlichen Praxis, die nun ihrerseits ohne wissenschaftliche Anleitung über das Wie der Anwendung befindet. Sie bezahlt ihre Praktikabilität damit, daß sie sich zur »reinen Theorie« der lebendigen, zwecksetzenden Praxis entfremdet.

Bei neutralisierten Wissensinhalten indes wird die bildende Kraft der Wissensvermittlung problematisch. Auch ein philosophischer Zusammenhang, in den sie allenfalls nachträglich eingereiht werden können, bleibt ihnen äußerlich. Die Apologeten haben sich daher angewöhnt, an Stelle der Inhalte die Weise ihrer Ermittlung, das methodische Vorgehen des Forschers und die Haltung der Wissenschaftlichkeit in abstracto als die Bildungskraft der Universitäten zu reklamieren; sie beschwören »die Fähigkeit, zugunsten objektiver Erkenntnis die eigenen Wertungen für je einen Augenblick zu suspendieren, von der eigenen Partei, dem eigenen gegenwär-

15 »Man könnte sagen, durch Verstand sind wir imstande zu erlernen, durch Urteilskraft, vom Erlernten Gebrauch zu machen« (*Nachlaß* 40, 2409, Ausgabe der Preußischen Akademie).

tigen Willen absehen zu können, zugunsten unbefangener Analyse der Tatsachen ...« (Jaspers). Aber es ist schwer einzusehen, warum die Einübung in eine Forschung, die ihrem Wesen nach der Existenz des Forschers äußerlich bleiben muß, für ihn und sein Verhalten im außerwissenschaftlichen Bereich dennoch nicht folgenlos bleiben, dennoch ihn »bilden« soll. Mit dieser Unstimmigkeit mag es zu tun haben, daß Jaspers zur Begründung des Bildungsanspruches auch der heutigen Universitäten doch schließlich auf den »Gehalt der Wissenschaften« rekurriert. Freilich gesteht er sich sogleich ein, daß die Inhalte der Naturwissenschaften »verhältnismäßig gleichgültig« geworden sind, so daß am Ende nur der Appell an den Bildungswert der geisteswissenschaftlichen Gehalte übrigbleibt. Wie aber ist es damit in Wirklichkeit bestellt?
Die moderne Industriegesellschaft verlangt funktionsnotwendig vier Wissenschaften als »Lieferanten«: von den alten die Jurisprudenz und die Medizin, von den neuen die Natur- und die Sozialwissenschaften; zu den letzteren gehören auch Psychologie und Soziologie in ihrem zur Tabellenwissenschaft entwickelten Stadium. Sie dienen der Menschenauslese und -behandlung und haben, zusammen mit der Logistik, als letzte aus dem funktionsunfähig gewordenen Kern der philosophischen Disziplinen in den Bereich des Praktikablen sich retten können. Jener Kern der philosophischen Fakultät, der zu Humboldts Zeit noch der Kern der ganzen Universität war, ist heute an die Peripherie gerückt. Es handelt sich um die Geisteswissenschaften, die sich dem naturwissenschaftlichen Modell der Exaktheit nicht fügten und damit freilich oft auch objektiv, wie die Gleichgültigkeit so mancher geistesgeschichtlicher Untersuchungen beweist, in Verzug gerieten und irrelevant wurden. Schon um die Mitte des vorigen Jahrhunderts begann daher die Spaltung der alten Artistenfakultät in solche Disziplinen, die der Forderung der Gesellschaft nach Praktikabilität des Wissens gehorchten, und in solche, die sich dem versagten; und zwar sollte diese Spaltung zwischen der

neu entstandenen naturwissenschaftlichen und der also halbierten philosophischen Fakultät tiefer reichen als die zwischen den anderen seit jeher getrennten Fakultäten. Auf die Geisteswissenschaften der reduzierten philosophischen Fakultät und auf die Künste, von denen Wissenschaft mit dem Augenblick ihrer Institutionalisierung in der platonischen Akademie bereits sich getrennt hatte, zieht sich nunmehr die »Kultur« zusammen. Sie werden defensiv und zum Träger des Kulturprotestes. Die Gesellschaft freilich weiß sich auch dagegen zu schützen: sie verurteilt die also in Rückstand geratenen Kulturträger zum Musealen, um sie alsdann sich zu assimilieren. Die unnütze Kultur wird noch als solche zur Sehenswürdigkeit verfestigt und gewinnt gerade in dem, was der Anwendung sich ebenso entzieht wie dem Tausch, den Vorzug des Marktgängigen. Durch eine ubiquitäre Kulturindustrie wird sie in den Prozeß der Vergesellschaftung selbst da, wo sie ihm widersteht, noch einbezogen[16]. Solcherart entschärft, darf Kultur gar aufrücken in den Stand der Bildungspflege. Als deren Instrument im Rahmen der Universität war das Studium generale geplant. Die neutralisierten Wissenschaften, selbst der Bildungskraft beraubt, können den seitens der Gesellschaft gleichwohl aufrechterhaltenen Bildungsanspruch der Universität nur noch durchsetzen, indem sie sich um eine weitere, gleichsam um eine Spezialwissenschaft für Generelles ergänzen. Ihr fällt die Aufgabe zu, die bildenden Gehalte der Geisteswissenschaften von den Toten zu erwekken und das Nicht-Lernbare gleichwohl in lernbarer Form zu präsentieren.

III

Wie nun spiegeln sich der Prozeß der Vergesellschaftung einerseits und die entsprechende Neutralisierung der Wissenschaf-

16 Die Entfaltung des Zusammenhangs bei Th. W. Adorno, *Kulturkritik und Gesellschaft*, in: *Prismen*, Frankfurt 1955.

ten sowie die ergänzende Reaktivierung philosophischer Restbestände andererseits im *Universitätsbetrieb* selbst? Verlangt von seiten einer verwalteten Gesellschaft, angeboten von einer praktikabel gewordenen Wissenschaft und darum von den Universitäten in erster Linie vermittelt werden Kenntnisse, die auf ihre Funktion hin ohne weiteres durchsichtig sind. Wo eine Gesellschaft Angestellte braucht statt mehr oder weniger autonom Disponierende, frißt sie sich in den inneren Betrieb der Universität so weit ein, daß sich die Berufsvorbildung (an der die Humboldtsche Universität hartnäckig festgehalten hatte) in Richtung auf die Berufsausbildung verschiebt, die eng an den aktuellen Bedürfnissen der beruflichen Praxis orientiert sein soll. Die Entfremdung der Arbeit in der durchfunktionalisierten Gesellschaft, welche die Bestimmung der Menschen von ihrem Berufe trennt, perfektioniert sich in der Tendenz dieser Berufe, bereits in ihren Ausbildungsgängen sich ganz gegen andere abzuschließen. Heimpel zitiert dafür aus seinem Erfahrungsbereich Beobachtungen an Lehramtskandidaten, Archivaren und wissenschaftlichen Bibliothekaren. Umgekehrt bestimmt der funktionelle Charakter der akademischen Berufe manche Ausbildungsgänge, die von der Materie her verschiedenen Disziplinen und gar verschiedenen Fakultäten zugehören, wiederum zu einer verblüffenden Angleichung.

Die Versachlichung des vermittelten Wissens und die Verfachlichung der darauf sich stützenden Ausbildung haben zur Folge, daß die Einheit von Forschung und Lehre nur noch fiktiv aufrechterhalten werden kann. Diese Einheit gründet sich auf die Einsicht, daß Wissen sinnvoll stets nur in seiner Bewegung ergriffen und daher nicht in einer zu Zwecken der Lernbarkeit abgerichteten Gestalt schulmeisterlich wie eine Ware ausgeliefert werden kann. So soll sich die Lehre des Professors vom gewöhnlichen Unterricht dadurch unterscheiden, daß sie die mitgeteilten Inhalte auf die methodischen Grundlagen ihrer Ermittlung hin transparent macht. Die Wiederholung dessen, was andere erforscht haben, soll zurückstehen hinter der Entfaltung des Problemhorizonts und der Anleitung zur methodischen Arbeit. Wissensbesitz soll zurückstehen hinter einem Wissen, das der Lehrer in »Fluß hält« und das den Studenten anregt teilzunehmen. Das bedeutet für beide Teile ein Maß an Freiheit, das der Universität von innen, durch den immer schwerfälligeren Apparat der Wissenschaften, und von außen, durch die Ausbildungswünsche der Berufssphäre, immer mehr eingeschnürt wird. Beide Einschränkungen sind wohl auch im naturwissenschaftlichen Bereich mit der Disziplin der Sache selbst kaum mehr vereinbar. Wie dem Forscher die ehedem weitreichende Selbständigkeit in der Organisation des internen wissenschaftlichen Betriebes genommen ist, so wird dem Studenten durch Zwischenprüfungen, durch zensierten Zugang zu gewissen Vorlesungen und Übungen und vor allem: durch den mehr oder minder reglementierten Stundenplan, den ein Fachexamen heute vorschreibt, die Freiheit des Lernens (und die, nicht zu lernen) aufs ärgste beschnitten. Eine andere Frage ist es, ob man diese Entwicklung auch noch beschleunigen und, wie Ortega y Gasset bereits 1930 vorschlug[17], die Forschung grundsätzlich auf Institute außerhalb der Universität abziehen soll; oder ob man, wie mühsam auch immer, gegen den gesellschaftlichen Trend an der gefährdeten Einheit von Lehre und Forschung nur um so ernsthafter festhalten soll.

An dieser Stelle sei nur vermerkt, daß uns eine solche Empfehlung alles andere als reaktionär zu sein scheint, da die Universität, auch die Humboldtsche, nirgends das Programm jener Einheit eigentlich durchzusetzen vermochte. Auch hat sie dieses Programm stets als eine Erziehung des Studenten zur Kritikfähigkeit und nie so verstanden, wie man es ihr oft angekreidet hat: als wollte sie den Forschertyp als solchen auf den Studenten abbilden, gar jeden neugebackenen Stu-

17 Vgl. Ortega y Gasset, *Schuld und Schuldigkeit der Universität*, München 1952.

denten zu einem kleinen Forscher machen. Die Einheit von Lehre und Forschung baut vielmehr auf dem Verluste dessen auf, was ihr als Intention unterlegt wird: nämlich der Bildung auf einen inhaltlich fixierten Typus hin. Während des 19. Jahrhunderts bis in die Anfänge des unsrigen hinein haben sich neben und gegen den Bildungsanspruch der humanistischen Universität (»allein aus dem Geiste der Kritik«) Modelle der alten Führungsschichten als Auslese- und Erziehungsideale erhalten. Wenn auch die ständisch gebundenen Typen des Kavaliers, des Gentleman oder des ›homme de lettres‹ und des Advokaten im Stil des französischen 18. Jahrhunderts schon zerbröckelten, so verlangte etwa die höhere Beamtenlaufbahn immer noch, daß man einem Typus, eben dem des preußischen Beamten, entsprach, und dies verlangte sie eher als bestimmte Fertigkeiten: der Vorrang von Herkunft und Erziehung erklärt übrigens die gesellschaftliche Auslese der juristischen Fakultät noch bis 1914. Heute dagegen beschränkt sich die hochschulmäßige Fachausbildung tendenziell auf die Vermittlung von genau umschriebenen Fertigkeiten ohne Bindung an ein gesellschaftlich geprägtes Modell, das die Studenten auch »persönlich« bestimmen könnte.
Gerade das unpersönliche Profil der heute üblichen Wissensvermittlung provoziert nun das der *»Verschulung«* der Universitäten komplementäre Bestreben, aus dem Reservoir des geisteswissenschaftlichen Restbestandes den ideologisch aufrechterhaltenen Bildungsanspruch wenigstens als eine Art Appendix zum Nützlichen noch zu erfüllen. Damit kommt die Universität einem Bedürfnis der Gesellschaft entgegen; denn die Berufssphäre erwartet, wie unsere Expertenbefragung im einzelnen nachweist, zwar einerseits und in erster Linie den Nutzen der Fachschule, zugleich aber als eine Art Schutz gegen die Reibungen im Personellen und als Mittel zur Prestigesteigerung, die wieder leicht in bare Münze sich umsetzen läßt, die Vermittlung von etwas, das man vage genug mit Niveau, Überblick, Fähigkeit zur Menschenführung,

kurzum: Persönlichkeit benennt. Die Fragwürdigkeit der sogenannten *Persönlichkeitsbildung* liegt darin, daß das abstrakte, von seiner realen Wirksamkeit abgespaltene Dasein eines Menschen zu seiner Aufgabe, womöglich zu seiner Würde gemacht wird. Noch Goethe und Hegel waren sich recht genau dessen bewußt, daß Kategorien der Innerlichkeit nur durch selbsttätige Entäußerung, daß die Personen nur in ihrem aktiven Verhältnis zu den realen Aufgaben der bürgerlichen Gesellschaft sich bildeten. Zwar wirkte auch zu dieser Zeit schon Rousseaus Unterscheidung von ›homme‹ und ›citoyen‹ im Sinne einer Verherrlichung des Menschen, der sich durch sein bloßes Sein repräsentiert, so bei Hölderlin, der »Menschen« gegen »Berufe« setzt, so bei Schiller, für den gemeine Naturen mit dem zahlen, was sie tun, edle aber mit dem, was sie sind. Marx dagegen kritisierte die rousseauistischen Prämissen und radikalisierte Hegels Gedanken dahin, daß sich der Mensch in seiner Arbeit selbst erst erzeugt. Mit Nietzsche geht diese Einsicht wieder verloren: »Was jemand ist, fängt an sich zu verraten, wenn sein Talent nachläßt, wenn er aufhört zu zeigen, was er kann.« So glaubt Nietzsche, auch darin seinem Lehrer Schopenhauer treu, daß Wertbezeichnungen sich überall zuerst auf das beziehen, was ein Mensch »ist«, und erst später und in einem abgeleiteten Sinne auf seine Handlungen. In diesem Verhältnis spricht sich etwas von dem gesellschaftlichen Prozeß aus, der mit der Entfremdung der Arbeit den Menschen real versagt, in ihr sich zu finden. Denn während desselben Jahrhunderts hatte sich objektiv der gesellschaftliche Charakter der Entäußerung verändert. Konnte Hegel noch im Anblick einer überwiegend vorindustriellen Produktionsweise die Entäußerung des Menschen zugleich als Aneignung des Gegenstandes begreifen, und in beidem eine Versöhnung von Subjekt und Objekt, die partiell in der handwerklichen Bearbeitung der Dinge vor Augen stand – so mochte es Nietzsche, dem Zeitgenossen der »Gründerjahre«, begegnen, daß sich unter der Herrschaft der entfremdeten

gesellschaftlichen Verkehrsformen die Entäußerung des Menschen in einem fremdgesteuerten Verhalten verliert, ohne die Möglichkeit, der vergegenständlichten Fähigkeiten und Leistungen in der Versöhnung mit dem bearbeiteten Gegenstand wieder Herr zu werden. Die Forderung, Persönlichkeiten zu bilden, konnte als eine unreflektierte Forderung so lange sinnvoll vertreten werden, wie souveräne und autonome Menschen eine Art von gesellschaftlicher Notwendigkeit besaßen, wo gewissermaßen das individuelle Bewußtsein selbsttätig zwischen den gesellschaftlichen Gesamtprozeß und die je zu bewältigenden Einzelaufgaben eingespannt war.
Unter den gegenwärtigen Bedingungen nähert sich die Allgemeinbildung bedenklich dem Quiz-Ideal einer mit dem Schein der Universalität verklärten Informiertheit über hauptsächlich geisteswissenschaftliche Materien, vorab in Philosophie, Kunstgeschichte und moderner Literatur, wie unsere Studentenbefragung zeigt; diese Art Informiertheit fügt dem entfremdeten Verhältnis der Fachwissenschaft zu ihrem Gegenstand nur ein weiteres hinzu, soweit sich nicht die dazutretende Spezialwissenschaft für Generelles überhaupt auf die Ausbildung von Leuten beschränkt, die über das besondere Monopol Allgemeinbildung verfügen und es an Stellen, wo man deren bedarf, einsetzen können. Ein wie auch immer aufgezogenes Studium generale muß sich um so eher in Formen einer solchen Branche festfahren und verfahren, als es nicht mehr an die Bildungstradition der hochbürgerlichen Familie anschließen kann. Dabei handelt es sich weniger darum, daß im Zuge wachsender beruflicher Mobilität oder wachsender Demokratisierung der Hochschule an Stelle einer relativ geschlossenen Bildungsschicht nun in Mehrheit universitätsfremde Familien ihre Kinder zum Studium schickten. Die Statistik ihrer gesellschaftlichen Herkunft zeigt, daß sie die Veränderungen gegenüber der Jahrhundertwende innerhalb relativ konstanter Schichten halten. Wenn schon von Bildungsverfall nicht zu Unrecht die Rede ist, dann betrifft er in erster

Linie die früheren Bildungsschichten selbst. Freilich erklärt sich dieser Schwund an Erfahrungshorizont nicht so sehr aus einer partikularen Veränderung der Familienstruktur, sondern, wenngleich durch diese vermittelt, aus der allgemeinen Tendenz zur verwalteten Welt, der zunehmenden Reglementierung der Individuen in Bereichen, in denen sie vordem noch spontan handeln und sich auf das, was sie »von Hause mitbekamen«, stützen mußten.

Wo sich die Forschung zur Dienstleistung und die Lehre zum Unterricht verwandelt und die Universität in Forschungsinstitut und Schule zerfällt, von denen eins so auftragsgebunden arbeitet wie das andere; wo der Universitätsbetrieb im organisatorischen Gefüge einer großen Bürokratie sich angleicht – da verändert sich auch der Sinn der wissenschaftlichen Tätigkeit, der Professoren wie der Studenten. Wissenschaft wird tendenziell Arbeit von der Art, wie sie heute allerorten vergeben und getan wird. Und die, die sie tun, werden so zu Angestellten wie die anderen auch. Mit dem Argument »Studium ist Arbeit« konnte daher der sozialistische Studentenbund kürzlich seine zunächst noch absonderlich klingende Forderung nach einem Studienhonorar begründen, das dem Studenten die soziale Anerkennung seiner faktisch längst schon bezogenen Stellung als Angestellter nicht mehr länger versagt. In England und Schweden ist das Stipendienwesen bereits so weit ausgebaut, daß ein Studium auf Kosten des Staates fast die Regel ist, während der Präsident der ›Deutschen Forschungsgemeinschaft‹ noch vor zwei Jahren feststellen konnte, daß in der Bundesrepublik das Studium von nur einem Prozent aller Immatrikulierten aus öffentlichen Mitteln sinnvoll gefördert wird. Gewiß dürfte die sprichwörtliche Armut der Studenten (eine sogenannte klassische Operette trägt bekanntlich den Titel des Bettelstudenten) in früheren Zeiten eher noch ausgeprägter gewesen sein als heute im Zeichen des Werkstudententums. Die gern idealisierte Asozialität, das Bild vom fahrenden Scholaren, verweist auf eine Stellung, die vielfach dem des Lumpenproletariats entsprochen haben mag. Und schließlich haben sich selbst die Exponenten der deutschen Klassik, wenn nicht als Werkstudent, so doch als Hauslehrer kärglich genug verdingen müssen, der, nach der Äußerung des Herrn Gontard zu Hölderlin, als eine Art »Bedienter« angesehen wurde. Aber die Beispiele des erfolgreichen Sichdurchhungerns entbehren heute, in einer Zeit der Überproduktion und der Angst vor einer Überfüllung des Arbeitsmarktes, der letzten Plausibilität. Das tiefere Motiv indes, das so etwas wie »Armut und Würde« heute überhaupt unmöglich und es daher auch den Werkstudenten schwer erträglich macht, den Kontrast zwischen der eigenen Lebenshaltung und der sonst heute üblichen auszuhalten, finden wir in der genannten Angleichung der akademischen an die in Verwaltung und Industrie geübte Arbeitsweise. Nur eine Arbeit, wie der Künstler sie als einziger heute noch festhält; nur eine, die der Selbsttätigkeit des frei sich entfaltenden Individuums einen gewissen Spielraum läßt und dessen Neigungen, Interessen, Talente – sein subjektives Bedürfnis – nicht ganz verleugnet, kann zur Askese anhalten und zu jenem Opfer, das als Sublimierung jedem Akt geistiger Bewältigung innewohnt. Aber auf der einen Seite die Arbeitsweise eines Angestellten ausüben und gleichzeitig auf der anderen Seite sich den Reizkonsum, der jene Arbeitsweise erst vollständig macht, versagen, führt zu einem Widerspruch, der seiner Auflösung zutreibt. Freilich wird auch eine staatlich garantierte soziale Sicherheit nicht mehr, wie noch das Privatvermögen der Väter vielen studierenden Söhnen des vergangenen Jahrhunderts oder auch den Privatdozenten, die ökonomische Basis eines autonomen Denkens zurückgeben, das wir mit wissenschaftlichem Geist gleichzusetzen immer noch geneigt sind. Auch dann wird der Student für gewöhnlich seine Studienzeit auf die gesellschaftlich geforderten, sogenannten praktischen Ziele abstellen und, mag er mit noch so guten Vorsätzen zur Universität kommen, bald auf »risikofreies« Studieren sich verlegen wollen; denn für die Ausbildung, selbst wo sie aus öffentlichen Mitteln bestritten wird, gilt in besonderem Maße die kapitalistische Gleichung, daß Zeit Geld sei[18].

In einem mit der akademischen Arbeitsweise und der tendenziellen Angleichung der Studenten an den Angestelltentypus verändert sich auch ihr Verhältnis zu den Professoren. Die sokratische Beziehung ohne Autorität, wie sie Jaspers mit Anspielung auf Kierkegaard für das Verhältnis von Professor und Student bestimmt, verwandelt sich in das Verhältnis von Verkäufer und Käufer, wo der Gegenstand der akademischen Mitteilung nicht um seiner selbst willen, geschweige denn in gemeinsamer Arbeit studiert wird, sondern seinen einzigen Sinn aus der beruflichen Verwendbarkeit bezieht und sich zum Pensum verwandelt[19].

IV

Nach alledem ist festzuhalten: die Schäden, an denen die Hochschulreform von Anbeginn laboriert, ohne ihnen grundsätzlich beikommen zu können, beziehen ihre Hartnäckigkeit aus einer Gesellschaft, die zwar ihre entlegensten Felder noch verwissenschaftlicht, aber gleichzeitig Wissenschaft so entschärft, daß diese aufhört, ein Ferment des Lebens zu sein. Hochschulreform kann daher sinnvoll nur heißen: die besten Traditionen der Universität mobil machen, um ihr eine bestimmte Doppelbödigkeit zu erhalten.

18 In diesem Zusammenhang sind Vorschläge erwägenswert, die darauf abzielen, die Universitäten von der Berufsausbildung zugunsten ihrer traditionellen Aufgabe reiner Berufsvorbildung zu entlasten. Vgl. dazu Hans Heigert, *Die verlorene Hochschulreform,* in: *Der Monat,* Mai 1956, und Hans Wencke, *Die Deutsche Hochschule vor den Ansprüchen unserer Zeit,* Göttingen 1955.

19 Vgl. M. Horkheimer, *Gegenwärtige Probleme der Universität,* Frankfurt a. M. 1953.

Selbstverständlich muß die Universität als Institution der bestehenden Gesellschaft sich an diese so weit anpassen, daß ihre und ihrer Mitglieder ökonomische Basis gesichert ist. Überfällig ist vor allem die Vermehrung der Planstellen für Lehrkräfte und Assistenten und ein großzügiger Ausbau des Stipendienwesens. Soweit die Universität jedoch ihre »Gleichzeitigkeit« mit der Gesellschaft wörtlich nimmt und deren Formen ungebrochen nachahmt, wird sie auch die Elemente verabschieden müssen, die ihr bislang in den würdigen Gestalten akademischer Lehrer immer noch ein Bild von dem gaben, was sie sein kann und soll. Es gilt also, dieser Gleichzeitigkeit nach außen sich ebenso zu versichern wie nach innen einer entsprechenden Ungleichzeitigkeit, indem die Universität in ihrem internen Betrieb den einen Anspruch mit dem nötigen Ernst aufrechterhält, nämlich: daß sie es mit mündigen Menschen zu tun hat, selbstverständlich auf, aber auch vor dem Katheder. Es ist oft bemerkt worden, daß die Situation der Studenten wesentlich eine festgehaltene Kindersituation sei. Zwar nicht mehr ans Elternhaus gebunden, aber noch nicht ins Erwerbsleben entlassen, den speziellen Bedingungen eines Berufs noch nicht subsumiert, sind die Studenten mit der Möglichkeit als ihrem Privileg ausgestattet, sich von der Konkurrenz der Interessen und Ideologien zu distanzieren. Und doch gelten sie nicht mehr als Schüler, sondern als Erwachsene, an deren Verantwortung alle möglichen Mächte und Interessenten, an die auch der Staat appelliert. Wenn überhaupt irgendwem, dann bliebe den Studenten, sofern nur ihre ökonomische Unabhängigkeit gesichert ist, ein bescheidenes Maß an Exterritorialität zugebilligt, ohne daß ihre Freiheit sogleich als Narrenfreiheit oder als die der Kinder wieder unter Kuratel gestellt würde[20]. Entwicklungsverzögerung ist, wie die Anthropologie nachgewiesen

20 Vgl. W. Dirks, *Die Verantwortung der Studenten gegenüber Volk und Staat,* in: Guardini – Dirks – Horkheimer, *Die Verantwortung der Universität,* Würzburg 1954.

hat[21], offenbar das Gesetz, unter dem die Menschen und die menschliche Gesellschaft die Kräfte ihres Fortschritts sammeln. Wieviel mehr ist es heute von Bedeutung, wo es ausdrücklich des Festhaltens an einer Unmündigen-Situation bedarf, um nach den Regeln der Mündigkeit behandelt zu werden. Denn der Anspruch, den eine Universität gegen ihre von innen sich durchsetzende Tendenz der »Verschulung« aufrechterhält, soll ja gerade verhindern, daß dem Studenten im unmittelbaren Anschluß an das Elternhaus das Maß an Versagung und Unfreiheit auferlegt wird, welches den voll funktionsfähigen, den »eingeschalteten« Erwachsenen im Sinne des Sprachgebrauchs ihre Mündigkeit so schwer, wenn nicht gar unmöglich macht. Es scheint, als müsse sich heute der Fortschritt auf die Stützen der Regression verlassen, als müsse sich Erwachsenheit mit den Privilegien der Infantilität ausstatten, um nicht unter die Räder zu kommen.

Wenn eine Reform der Prüfungsordnung dazu beitragen könnte, den Anspruch der Mündigkeit zu befestigen, sie wäre das Dringendste, was überhaupt zur Erledigung anstünde. Noch dienlicher scheint uns Heimpels Petitum des »exemplarischen Lernens«, sofern es drei Momente in sich schließt: einmal die Befreiung von Stoffballast und flüchtigem Überblick über das vergegenständlichte Ganze, den »Mut zur Lücke«; sodann die Einheit von Forschung und Lehre, indem ein solches Vorgehen dem Professor gestattet, das Vorgetragene auf den Weg hin, auf dem er es gewonnen hat, durchsichtig zu machen; und schließlich die daraus sich ergebende Freiheit des Lernens, die den Studenten zur Selbständigkeit des Urteils instand setzt und anhält.

Damit sind wir auf das verwiesen, was die Wissenschaft von sich aus beizutragen hätte, nämlich: statt einer verlorenen

21 Zuerst: L. Bolk, *Das Problem der Menschwerdung*, Jena 1926; daran anschließend eine breite Kontroverse; zuletzt: A. Gehlen, *Der Mensch*, Bonn 1950, und A. Portmann, *Biologische Fragmente zu einer Lehre vom Menschen*, Basel 1951.

Universitas litterarum nachzuhängen auf ihre, und das heißt jede Spezialwissenschaft auf ihre eigenen, Grundlagen zu reflektieren und in einem ihr Verhältnis zur gesellschaftlichen Realität zu kritisieren. In den Naturwissenschaften zeichnet sich eines bereits deutlich ab: daß nur noch die Fachleute, und unter ihnen die führenden Forscher, in der Lage sind, aus der methodischen Transparenz ihres Faches, wenn nicht die im herkömmlichen Sinne philosophischen, so doch die philosophisch relevanten Konsequenzen zu ziehen. Alle Versuche von seiten der Schulphilosophie, die Erkenntnisse in Relativitätstheorie, Atomphysik, organischer Chemie, Virenforschung, Morphologie, Tierpsychologie usw. dem überlieferten Kategoriensystem zu integrieren – Versuche selbst, die die Erschütterung der klassischen Grundlagen ernst nehmen und auf eine konventionelle Interpretation verzichten –, erreichen vorerst wenig mehr als die von Naivität nicht freien Spekulationen philosophierender Spezialwissenschaftler; die nämlich verlängern nur zu oft ihre fachwissenschaftlichen Einsichten metaphysisch oder antimetaphysisch, anstatt sie fachimmanent zu radikalisieren, und fallen daher philosophisch weit unter das Niveau, das sie in ihrem Fach erarbeitet haben.

Aber noch ein weiteres bahnt sich an. Die Reflexion auf die Grundlagen drängt zur Kritik des Verhältnisses von Wissenschaft und Gesellschaft. Und wiederum muß diese Kritik von den einzelnen Wissenschaften selbst ausgetragen werden, denn sie basiert auf der Einsicht in die drastische Unvertretbarkeit des Forschers als Person gerade in den Wissenschaften, die bisher Unpersönlichkeit zur ersten methodischen Voraussetzung machten. Seit die Gesellschaft die technische Umsetzung der atomphysikalischen Berechnungen und Experimente offensichtlich in Formen betreibt, die ebenso traditionell wie gefährlich sind; seit die wissenschaftlich neu entfalteten Produktivkräfte im Rahmen der bestehenden Ordnung offensichtlich in irrationalen Verhältnissen gefesselt bleiben; seit Atomenergie vorwiegend in Waffen statt in arbeitersparende Energiezufuhren verwandelt wird, ist den Naturwissenschaften, und nicht nur den hochexplosiven unter ihnen, die Auflage erteilt, den Bann der methodischen Neutralität wenigstens von den möglichen gesellschaftlichen Konsequenzen in der Verwaltung ihrer Ergebnisse abzuziehen. Wenn man Landgrebes Deutung der Heisenbergschen Unbestimmtheitsrelation trauen darf, kann sogar erwartet werden, daß heute bereits die Reflexion der Grundlagen von sich aus auf die Reflexion der gesellschaftlichen Anstalten drängt, unter denen physikalische Forschung betrieben wird: »Vom Sein der Natur kann nicht mehr ohne Bezugnahme auf das Sein des Menschen gesprochen werden.«[22]

Diese Implikation der Grundlagendiskussion mit dem kritischen Verhältnis der einzelnen Wissenschaft zur Gesellschaft im ganzen ist bei den Geisteswissenschaften ohnehin gegeben. Das Scheitern des hochschulreformerischen Versuchs, Bildung und staatsbürgerliches Bewußtsein zu befördern, bewahrte sie vor einer öffentlichen Rechenschaftslegung gleichzeitig über ihr Vermögen der Selbstreflexion wie über das, die gesellschaftliche Situation mit ihren Instrumenten kritisch zu durchdringen. Deshalb lag hinter der Ablehnung des Studium generale nicht nur die sinnvolle Abwehr einer kurzschlüssigen Flucht in einen didaktischen Seitenweg. Sie war selber eine Flucht: und zwar vor der *Notwendigkeit, die Kritik der Wissenschaften zum Kernstück der Reform zu machen.* Als repräsentatives Beispiel sei hier nur die Wissenschaft zitiert, in deren Bereich unsere Untersuchung gehört, die einzige, bei der die Reflexion auf die Grundlagen mit der Kritik ihres Verhältnisses zur Gesellschaft unmittelbar zusammenfällt. Dessen ungeachtet hält sich die Soziologie, wo sie ihre Wissenschaftlichkeit als Wertfreiheit versteht, in Besinnungslosigkeit gerade darüber, daß der Absolutismus der quantifizie-

22 L. Landgrebe, *Philosophie der Gegenwart*, S. 91 ff.

renden Methoden einerseits und die funktionalistischen Grundlagen ihrer Hypothesen- und Theorienbildung andererseits ein harmonisiertes Modell des Bestehenden bereits voraussetzen, weshalb das, was ist, eben weil es ist, von ihr kritisch nicht mehr transzendiert werden kann.

Es gilt also, den einen Gedanken des Studium generale, nämlich die Kritik der Wissenschaften, allen organisatorischen und pädagogischen Reformen vorangehen zu lassen, aus den Scherben des ganzen Unternehmens zu retten und von dem abzuheben, was eine »Kulturfakultät« (Ortega y Gasset) als Dachorganisation der Spezialwissenschaften fälschlich sich zumutete und was sie für Lehrende wie Lernende schließlich hätte werden müssen: Weltanschauung im Digest-Stil. Eine Kritik der Wissenschaften darf sich nicht vorgängig und nicht vorschnell einer Einheit der Wissenschaften versichern wollen, die nicht darum schon zu haben ist, weil man ihrer dringend bedarf. Es war falsch, bei diesem Unternehmen an der traditionellen Entgegensetzung von Allgemeinbildung und Spezialisierung festzuhalten. Spezialisierung in einer Wissenschaft derart, daß man durch primäre Kenntnis ihrer Phänomene und durch handwerkliche Einübung in ihre Methoden wenigstens in *einem* Bereich souverän sich zurechtzufinden und womöglich überhaupt etwas zu finden vermag, ist nicht gleichzusetzen mit dem Erwerb der Qualifikation für einen bestimmten Beruf. Bezeichnenderweise geht es, unserer Untersuchung zufolge, denen, die sich der Kritik an dem Bestehenden entschlagen, so als sei dies den Menschen schlechthin ein Vorgegebenes, nur um berufliche Eingliederung, nicht um Spezialisierung als solche. Ihrem Verhalten kämen eher Tendenzen derer entgegen, die Wissenschaft in einen Methodenkanon auflösen und diesen fetischistisch handhaben möchten; so nämlich, daß der Gegenstand hinter der Organisationsanweisung – die ihrem Sinn nach doch nur dazu herhalten soll, den Gegenstand zum Vorschein zu bringen – erst vergleichgültigt wird und schließlich als qualifizierter ganz verschwindet. Eine Selbstkritik der Wissenschaften müßte dem gegenüber damit beginnen, die *Spezialisierung zu radikalisieren*, um so den Methodenfetischismus auf seine Wurzeln zurückzubringen, nicht wiederum mit einem Streit um die Methode, sondern um das, was die Methode zeigen soll. Anstatt die Spezialisierung bei dem Grad, an dem sie fertige Berufstechniken liefert, stillzustellen und dann womöglich mit Allgemeinbildung zu firnissen, sollte sie bis zur Selbstreflexion vorgetrieben werden. Die genialen wissenschaftlichen Fortschritte, die am Ende auch die Grenzen der zugehörigen Disziplin durchbrachen, sind von radikalen Spezialisten mit hoch spezialisierten Organisationen erreicht worden: von Leuten wie Albert Einstein, Sigmund Freud, Konrad Lorenz – und nicht von solchen, die sich von Anbeginn auf philosophische »Interpretation« verlegten und damit endeten, das, was die Branche überwinden sollte, selbst als Branche zu etablieren. Diese Aufgabe der Selbstreflexion glaubte noch der Neukantianismus für alle Wissenschaften der Philosophie reservieren zu können. Heute kann von einem solchen Anspruch, jedenfalls für die Naturwissenschaften, wahrscheinlich auch für die Medizin, nicht mehr die Rede sein. Das Privileg der *»Grundlagenforschung«* hat nun eine jede Wissenschaft für sich selbst und, über sich selbst hinaus, für den Bereich der benachbarten Wissenschaften auszuüben. Und wo es die Philosophie behält, wie im Falle der philologisch-historischen und der sozialwissenschaftlichen Disziplinen, da handhabt sie es nicht mehr wie früher in einsamer Autonomie, sondern im dialogischen Kontakt mit diesen Wissenschaften selbst.

Allein, diese Selbstreflexion soll nicht etwa bei einer neuen, einer pluralistischen Wissenschaftslehre sich genügen lassen, sondern bis zu dem Grunde vorstoßen, da sie begreift, daß sich eine mit der Praxis versöhnte Theorie bei der Praktikabilität nicht bescheidet. Freilich darf diese Aufklärung der aufgeklärten Wissenschaften sich nicht in einen Kult der politischen Tat noch in einen solchen irrationaler Existenz ablenken lassen, wenn anders die Universität nicht ein zweites Mal Stätte von Rektoratsreden werden soll, die den akademischen Machtergreifungen aus dem Jahre 1933 gleichen.

2. Diskutieren – was sonst?

Im Herbst 1962 habe ich zu der von C. Grossner und A. Oetker initiierten Schrift 4 Daten – Standorte – Konsequenzen *einen Beitrag über die Rolle politischer Studentengruppen geschrieben. Er ist, wie ich glaube, typisch für die erste Hälfte der 60er Jahre: gegenüber den ersten Anzeichen eines neuen Aktionismus habe ich mit einem prononcierten Hinweis auf den minimalen Handlungsspielraum reagiert. Die inzwischen entwickelten Formen des Protestes haben die Einflußchancen in unvorhergesehenem Maße erweitert, ohne freilich außerhalb des Hochschulbereichs die bezeichneten strukturellen Einschränkungen für Initiativen »von unten« wirklich zu berühren.*

Man hatte sich Mut zur Politik geschworen, den Abschied vom Elfenbeinturm löblich proklamiert – das war auf dem Studententag in Berlin 1960. Als anderthalb Jahre später eine Mauer quer durch die Stadt gezogen wurde, mochte sich ein mutiger VDS-Vorsitzender dessen erinnert haben: die festgefahrene Außenpolitik der Bundesregierung schien schnelle und gründliche Revision zu verlangen. Eine noch im Oktober einberufene Delegiertenratssitzung einigte sich auf eine Reihe kritischer Forderungen: Anerkennung der Oder-Neiße-Grenze; Austritt aus der NATO. In einem Aufruf an die Deutsche Studentenschaft war von Disengagement in Mitteleuropa und von Kontakten zur DDR die Rede. Eine Kundgebung sollte in der Paulskirche stattfinden – an der traditionellen Gedächtnisstätte der Vergeblichkeit aufgeklärter Opposition in Deutschland. Die Wahl des Tagungsortes nahm die Frustration vorweg – und dabei blieb es. Der Bonner Himmel, dessen Decke über einer verzögerten Regierungsbildung trügerisch aufgerissen war, hatte sich alsbald wieder zugezogen. Von dem Mut zur Politik blieb eine folgenlose Deklamation übrig, noch eine Deklamation. Und wieder einmal dominierte das ungute Gefühl, daß Studenten auf dieser Ebene Politik nicht machen können. Können sie es überhaupt?

Von der guten Absicht gelenkt, über das Verhältnis der Studenten zur Politik zu urteilen, stolpert man nur zu leicht in einen Tümpel von Gemeinplätzen. Politische Bildung, ohnehin ein Hort für die Kraftlosigkeit des Meinens und die Ohnmacht des Sollens, hat auf hohen Schulen erst recht den Ton der politischen Ermahnung. Sie teilt die Untugend einer vom Handeln abgefilterten Kultur. Die Liturgie der staatsbürgerlichen Verantwortung verrät nicht eigentlich, worin diese sich bewähren könnte, wenn nicht in der wiederholten Liturgie selbst. Der Appell an die politische Beteiligung muß dechiffriert werden wie der Sinn eines Anakoluths: wann und woran, wie und wofür sollten sich Studenten als solche politisch beteiligen?

Wie die Dinge bei uns liegen, können Studenten nicht mehr und nicht weniger »tun« als jeder normale Staatsbürger sonst: sie verfügen weder über soziale Macht noch über ein Prestige, das diesen Mangel kompensiert. Sie haben weder Einfluß auf Apparate, noch Zugang zu Technikern, die ein Veto effektiv machen würden. Nicht einmal ihre Presse durchbricht die Glaswände des Sanatoriums, das eine milde Gesellschaft für die verspätete Pubertät jugendlicher Intellektueller eingerichtet zu haben scheint. Studenten sind nicht von dem Los dispensiert, das den unorganisierten Staatsbürgern beschieden ist. Die Abstraktionsebene, auf der ein verselbständigtes politisches Geschehen intellektuell verarbeitet werden kann, schneidet sich im allgemeinen nicht mit der Ebene unseres praktischen Verhaltens; und wo sich zufällig Schnittflächen doch ergeben, bleibt die herausfallende Handlungschance unübersichtlich in den praktischen Folgen. Wenn Herr Schlamm im Schatten der Mauer die Studenten zum Aktivismus aufruft, bedient er sich entweder einer unverbindlichen Phraseologie – oder er ist klug genug zu wissen, daß auf den Spielwiesen zwischen den Organisationen und in den Vorgärten der professionellen Politik der Aktionsspielraum des puren Handelns auf den Umgang mit Plastikbomben eingeschränkt ist.

Freilich könnte die Frucht des Schlammschen Appells eines Tages gerade im Gesinnungspotential der politischen Gleichgültigkeit von Studenten aufgehen, für die das allgemeine Interesse abstrakt bleibt, weil sie es mit bestimmten Interessen nicht verknüpfen können. Die Durchgangssituation des Hochschulstudiums scheint dafür wenig konkrete Anknüpfungspunkte zu bieten. Der Kommilitonen aufgeklärtes Selbstinteresse an Examensvorbereitung und künftiger Karriere ist als solches unpolitisch. Organisationsbedürftige Interessen, die in der Nachkriegszeit bestanden haben, sind gesättigt oder, soweit sie noch bestehen, ohne politischen Zündstoff: der studentischen Selbstverwaltung sind ja nicht viel mehr Funktionen verblieben als Mensaaufsicht und die Vermittlungsdienste eines Büros für Auslandsreisen.

Mit dem Blick auf eine fortschreitende Verwissenschaftlichung der politischen Praxis mag man einwenden, daß doch die Wissenschaft selbst zur Substanz des Handelns geworden sei: nicht Straßendemonstrationen oder Partisanenkämpfe, sondern Untersuchungen im Labor und Beratungen im Ministerium verändern das politische Gleichgewicht. Die These ist, wenn man den Wunschtraum einer Technokratie durch Wissenschaft davon abzieht, nicht falsch. Aber hier, wie bei Hegel, müßte die Substanz des Handelns ihrer selbst als Subjekt des Handelns erst bewußt werden. Das positivistische Selbstverständnis unserer Wissenschaften, dem sie bisher ihren Fortschritt verdankten, verhindert indessen eine Reflexion auf die praktischen Folgen der technisch umgesetzten Erkenntnisse, jedenfalls im Rahmen dieser Wissenschaften selbst. Solange diese Absperrung aufrechterhalten wird, so lange bleibt jede praktisch noch so folgenreiche Wissenschaft selbst unpraktisch

– und alle politische Bildung auf Universitäten eine aparte Angelegenheit.

Jene aktiven Minderheiten, von denen vor Jahren die Parole ausging, vom Elfenbeinturm Abschied zu nehmen, rekrutieren sich aus Mitgliedern der studentischen Selbstverwaltung und der an den Hochschulen registrierten politischen Gruppen. Das Dilemma der Selbstverwaltung, für die sich die Masse der Studenten nicht interessiert, ist bekannt. Während sie in den ersten Nachkriegsjahren, unter dem starken ökonomischen Druck und in einer politisch hellhörigen Umgebung, mit ihrer Arbeit der »sozialen Betreuung« am Aufbau der Universität im ganzen aktiven Anteil hatte, erhielt einige Jahre später die ausdrückliche Beschränkung auf »studentische Angelegenheiten« einen definitiv anderen Sinn. Schon 1952 bemerkt Ulrich Gembardt in dieser Wendung das kaum verhüllte Eingeständnis, »daß man darauf verzichtete, in der Universität und im öffentlichen Leben mitzureden. Übrig blieb das Spiel und Übungsfeld zur Perfektion demokratischer Spielregeln und Praktiken«. Zu Beginn des Jahres 1960 beschließt der Bonner AStA seinen Rücktritt mit der spektakulären Begründung: »Seit Jahren kämpft die Studentengemeinschaft um die Anerkennung ihrer Mündigkeit. Seit Jahren weigert sich die Universität hartnäckig, der Studentenschaft den ihr zukommenden Platz in der Universitätskorporation einzuräumen.« Inzwischen hatte man sich mit der Betriebsstruktur der Hochschule soziologisch beschäftigt. Man hatte eingesehen, daß die Aktivität der Studentenvertretung an Interessen anknüpfen muß, die sich unmittelbar aus dem Arbeitsprozeß ergeben: aus dem Status der Studierenden im Instituts- und Seminarbetrieb, in der Klinik und im Labor. Auf breiter Basis sollen daher die Fachschaften an einer Selbstverwaltung der großen Institute teilnehmen; bei Entscheidungen über die Verteilung der Arbeitsmittel, über Lehrpläne, Prüfungsordnungen und Fragen der Berufsvorbereitung sollen sie gehört werden. Dem liegt die Überlegung zugrunde, daß heute die großen Institute faktisch die Selbstverwaltungseinheiten der Universitäten bilden. Eine »Demokratisierung« auf dieser untersten Ebene würde die beherrschende Stellung der Institutsdirektoren bedrohen und die Autonomie der Fakultäten nach innen explizit in Frage stellen. Sie stößt deshalb auf ebenso energischen Widerstand wie andere, nicht ganz so begründete Versuche, auf der obersten Ebene, also im Senat, die Kompetenzen der Studentenvertretung zu erweitern.

Wenn ich es recht sehe, zielen in den letzten Jahren alle diese von seiten der Studenten vorgetragenen Reformvorschläge auf eine »Demokratisierung der Hochschule« – eine Konzeption übrigens, die in einer wissenschaftlich fundierten Denkschrift des SDS ohne Scheu bis in ihre Konsequenzen verfolgt ist.

Dieses bemerkenswerte Dokument ist gleichwohl praktisch ohne Folgen geblieben – der Parteivorstand, dem es zugedacht war, hat es nicht einmal entgegengenommen. An diesem Beispiel zeigt sich die andere Barriere, an der sich eine offiziell ermunterte politische Beteiligung aktiver Minderheiten stößt.

Die politischen Studentengruppen sind Statthalter einer historischen Niederlage: in jener Phase, als noch eine westdeutsche Rektorenkonferenz entschieden gegen jedes Wiederaufleben der Korporationen Stellung nahm, entstanden, haben sie fast als einzige die Restauration der traditionellen »Lebensgemeinschaften« überlebt. Je mehr diese die Abhängigkeitsverhältnisse von Schule und Elternhaus auch auf der Universität perpetuieren, um so peinlicher, sollte man meinen, wird auf Mündigkeit im akademischen Nachwuchs der Parteien geachtet. Diese bieten den Studenten ja nicht nur einen pragmatischen Weg zu einer effektiven Einflußnahme auf politische Entscheidungen, sie sind auch ihrerseits auf den Zustrom aus den intellektuellen Vorhöfen angewiesen. Aber Parteivorstände denken darüber anders. Wissenschaftliche

Analyse, vorbehaltlose Diskussion langfristiger Reformen und eine von taktischen Rücksichten freie Kritik an tagespolitischen Entscheidungen kann anscheinend die parteiinterne Öffentlichkeit nicht mehr aushalten. Vielleicht ist die Bürokratisierung auch schon so weit gediehen, daß man Sachfragen prinzipiell den beamteten Referenten überlassen möchte.

Auf jenem Studententag in Berlin hat Hellmut Becker die innere Spannungslosigkeit unserer Demokratie als ihre eigentliche Gefahr diagnostiziert. Studenten halte sie wie Indianer in Reservaten, mit dem Recht, dann und wann politische Kriegstänze aufzuführen – »aber diese Indianer werden nicht wie aktive Minderheiten behandelt«. Wenn wir die Mündigkeit der Studenten nicht respektieren, sie nur noch als Fiktion sorgfältig bewahren, kann sie auch nicht gedeihen. Erst vorgeschossene Mündigkeit weckt diese selbst.

Den Studenten Mut machen zur Politik kann nicht heißen: ihren Aktivismus herausfordern. Es kann nur heißen: sie ermutigen, zu diskutieren und wiederum zu diskutieren, was politisch geschieht, was nicht geschieht. Nur stete Reflexion kann die gelegentliche Demonstration im Ernstfall rechtfertigen. Die kompetenzfreie Verantwortlichkeit für das Ganze wird erst im Bewußtsein der minimalen Handlungschancen unerbittlich. Politische Selbstverständigung und politische Aufklärung, unablässig betrieben, resultieren in politischem Handeln nur dann und wann – wenn überhaupt. Aus den Exempeln ist zu lernen. Ein Minister Schlüter war nur zu stürzen, weil Rektoren und Dekane ihre Ämter niederlegten. Die Proteste gegen atomare Aufrüstung verklangen ohne Echo, als sich die SPD von der Bühne zurückzog. Das Honnefer Modell wurde schleunigst realisiert, als angedrohte Vorlesungsstreiks den Lehrbetrieb blockieren sollten.

Wer aber nicht will, daß sich die Studenten als Tarifpartner der Kultusminister gewerkschaftlich organisieren, und wer gleichwohl an ihre politische Beteiligung unermüdlich appelliert, wird ihnen schwerlich auf die Dauer versagen, woran sie sich einzig beteiligen können: Mitgestaltung der Universität, in deren Lebensprozeß sie einbezogen sind, und Mitwirkung bei der Willensbildung der politischen Parteien, für die sie den akademischen Nachwuchs stellen.

3. Vorwort zu: W. Nitsch, U. Gerhardt, C. Offe, U. K. Preuß, *Hochschule in der Demokratie*

Im Spätherbst 1961 hat der SDS eine Denkschrift veröffentlicht. Sie enthielt einen Diskussionsbeitrag sozialistischer Studenten zur Auseinandersetzung um Reform und Demokratisierung unserer Hochschulen. Wer die Grenzen kennt, innerhalb deren Studentengruppen eine langfristige systematische Arbeit überhaupt leisten können, mußte diese Denkschrift als ein ungewöhnliches Zeugnis wissenschaftlichen Engagements und politisch wachen Bewußtseins respektieren. An dem geistigen Niveau und an der intellektuellen Redlichkeit ihrer Autoren ließ sie keinen Zweifel. Ungeachtet dieser Legitimation hat damals die Sozialdemokratische Partei Deutschlands nicht gezögert, sich von ihrem Studentenverband offiziell zu trennen.

Vier Studenten jener Gruppe, die mit der Ausarbeitung der Denkschrift befaßt war, legen jetzt ein Buch vor. Es stützt sich auf den alten Text, aber aus Kapiteln einer Denkschrift ist fast eine Reihe von Dissertationen geworden. Als Außenstehender kann ich daran kein Verdienst beanspruchen. Gerne erläutere ich aber das lebhafte Interesse, mit dem ich den Untersuchungen gefolgt bin.

Eine eigentümliche Arbeitsteilung scheint sich heute anzubahnen. Die unermüdliche Rhetorik der Hochschulreform hütet den großen Anspruch der Universität, während administrative Notmaßnahmen für eine äußerliche Anpassung an handgreifliche Bedürfnisse sorgen. Die Ideen hängen so hoch, daß sie einer ungerührten Praxis als Alibi dienen können. Dieser unfreiwilligen Komplementarität fügt sich dieses Buch nicht ein. Es ist von Studenten geschrieben, und das heißt: die Hochschule erscheint aus der ernüchternden Perspektive von unten.

Von zwei Gesichtspunkten läßt sich die Analyse leiten. Im Inneren wird die Hochschule als eine Institution aufgefaßt, in der eine hierarchische Organisation der Herrschaft mit den von Forschung und Lehre immanent geforderten Formen der Kooperation zusammenstößt. Nach außen wird die Hochschule aus einem funktionellen Zusammenhang begriffen, der sich aus den Interessen und Konflikten einer industriellen Gesellschaft ebenso wie aus den Bedürfnissen einer sozial rechtsstaatlichen Demokratie ergibt.

Ich habe den Eindruck gewonnen, daß in diesem Rahmen besonders drei Komplexe vorzüglich analysiert worden sind: jene Interessen von Studierenden und Assistenten, die unmittelbar an den Arbeitsbedingungen in Instituten und Seminaren festgemacht sind; sodann der Zusammenhang zwischen wissenschaftlicher Reflexion und handlungsorientierender Bildung, der die Institutionalisierung eines abgespaltenen Erziehungsauftrages jenseits der Wissenschaft verbietet; und schließlich die grundgesetzlich garantierte Freiheit der Wissenschaft, die heute im Sinne subjektiver Teilhabe- und Teilnahmerechte interpretiert werden muß.

Die Lektüre mag für die, die eine große Tradition ungebrochen fortzusetzen meinen, provozierend sein. Aber nur darum ist diese Kritik so unerbittlich, weil sie ihre Maßstäbe dem besseren Geist der Universität selber entlehnt. Die Verfasser identifizieren sich mit dem, was die deutsche Universität einmal zu sein beanspruchte.

(Januar 1965)

4. Zwangsjacke für die Studienreform. Die befristete Immatrikulation und der falsche Pragmatismus des Wissenschaftsrates

Am 14. Mai 1966 hat der Wissenschaftsrat Empfehlungen zur Neuordnung des Studiums an den wissenschaftlichen Hochschulen *verabschiedet. Von Studenten sind sie als der Beginn einer technokratischen Hochschulreform aufgefaßt worden. Ihre Befürchtungen richteten sich vor allem auf das Disziplinierungsinstrument der befristeten Immatrikulation. Mit Bezugnahme auf die folgenden Teile der Wissenschaftsrats-Empfehlungen habe ich in der Zeitschrift* Der Monat *(November 1966) eine Kritik veröffentlicht:*

Aus den ›Empfehlungen zur Neuordnung des Studiums an den wissenschaftlichen Hochschulen‹, verabschiedet in der Vollversammlung des Wissenschaftsrates am 14. Mai 1966:
»Man stellt es den Studenten anheim, sich selbst einzuschätzen, verschiebt im übrigen die Auslese auf das Examen und findet das Risiko, in dem das Studium damit steht, durch den hohen Wert der akademischen Freiheit gerechtfertigt. Wenn dieses Verfahren sich auch in der Vergangenheit bewährt hat, so ist doch sicher, daß die wissenschaftliche Hochschule unter den heutigen und den künftigen Bedingungen des Studiums sich die bisherige Praxis fernerhin nicht leisten kann« (S. 19).
»(Der Wissenschaftsrat) schlägt folgende Gliederung der Ausbildungsfunktionen der wissenschaftlichen Hochschulen vor:
das Studium für alle Studenten, das mit einer die Berufsfähigkeit bestätigenden Prüfung abschließt;
ein Aufbaustudium für Studenten, die an der Forschung interessiert und für sie befähigt sind;
ein Kontaktstudium, das als Angebot an im Beruf stehende

Absolventen der wissenschaftlichen Hochschulen diesen die Möglichkeit geben soll, ihre wissenschaftliche Ausbildung in Abständen aufzufrischen« (S. 16).

»Die Begrenzung der Studienzeit hat zur Folge, daß die Studenten nur für die Dauer des Studiums und der anschließenden Prüfung immatrikuliert werden und daß bei einer vierjährigen Studiendauer die Immatrikulation nach viereinhalb Jahren erlischt.« »Studienfachwechsel in der zweiten Phase des Studiums und zweimaliger Studienfachwechsel sollten seltene Ausnahmen sein, die besonderer Genehmigung bedürfen« (S. 29).

»Für das Aufbaustudium wird eine besondere Zulassung notwendig sein. Voraussetzung für sie ist der Abschluß des Studiums in einer der dafür vorgesehenen Formen [...]. Ist die Examensnote nicht mindestens gut, so sollte die Zulassung von einer Kollegialentscheidung abhängig gemacht werden« (S. 31).

Bislang haben die Empfehlungen des Wissenschaftsrates die Struktur der bestehenden Universität kaum berührt. Seit 1960 sind zahlreiche neue Lehrstühle eingerichtet und die Stellen des Mittelbaus erheblich vermehrt worden. Dabei ging es um eine quantitative Anpassung des Ausbildungssystems an eine mittlerweile schnell gewachsene Zahl von Studenten. Auch die konservativen Empfehlungen zur Neugliederung des Lehrkörpers dienten eher dem Ausbau der bestehenden Hochschulen als ihrer Reform: die alte Verteilung der Kompetenzen und Abhängigkeiten, also die Ordinarienuniversität, wurde mit geringfügigen Korrekturen noch einmal bestätigt. Nun hat aber der Wissenschaftsrat Vorschläge zu einer Neuordnung des Studiums vorgelegt, die, in die Praxis umgesetzt, unsere Universitäten von Grund auf umkrempeln müßten.

Die hochschulpolitische Lage

Die bisher wirksame Konstruktion des Wissenschaftsrats, die maßvoll reformfreudige Professoren mit den Vertretern der Ministerien von Anbeginn zusammenführt, läßt erwarten, daß diese ernstliche Anstrengung zu einer Reorganisation der Hochschulen auf dem listigen Wege über eine Studienreform Folgen haben wird. Zwanzig Jahre lang hat, unter der Dunstglocke einer unermüdlichen Reformrhetorik, die schiere Trägheit der Korporation dem Ansinnen einer planvollen Umgestaltung widerstanden; lieber ließen sich die Universitäten, im Vertrauen auf die Unversehrtheit ihres gesunden Kerns, von den Zwängen unkontrollierter Umstände zu kurzfristigen Anpassungsreaktionen nötigen. Am Ende schien sich die Meinung durchzusetzen, man solle die Hochschulen ihrem Immobilismus überlassen – die Reformgesinnung sollte in andere Kanäle, die sich mit der Gründung neuer Universitäten aufgetan hatten, abfließen.
In dieser Situation erneuert der Wissenschaftsrat den allgemeinen Anspruch auf Hochschulreform. Diesmal können seine Empfehlungen freilich nicht durch die Ministerien durchgesetzt werden. In erster Linie sind die Fakultäten selber der Adressat. Die Vorschläge können nicht ohne die Initiative, die Erfahrung und die Phantasie der Lehrstuhlinhaber verwirklicht werden. Für die Realisierung der Pläne ergibt sich daraus eine Gefahr. Auf der einen Seite besteht ein bekanntes und sozialpsychologisch leicht erklärbares Gefälle der Reformbereitschaft zwischen Front und Etappe. Innerhalb der Fakultäten scheint sich an einer defensiven Einstellung, die gelegentlich von Gesellschaftsbildern des absteigenden akademischen Mittelstandes abgestützt ist, durch den Professorenschub der letzten fünf Jahre nicht allzuviel geändert zu haben; die Empfehlungen werden hier nicht mit Begeisterung aufgenommen. Auf der anderen Seite hat der Wissenschaftsrat, vielleicht auch in Sorge um die Effektivität

seiner Vorschläge, die Neugliederung der Studiengänge mit einer bürokratischen Auflage versehen, die durch geneigte Ministerien leicht zu erfüllen wäre und in jedem Fall spektakuläre Folgen haben müßte: er empfiehlt die obligatorische Begrenzung des Studiums auf vier Jahre. Die Studenten sollen nur noch befristet immatrikuliert werden. Jeder soll das Recht zu studieren verlieren, wenn er nicht spätestens im neunten Semester ein Examen ablegt, das seine akademische Berufsfähigkeit bestätigt. Das bedeutet, nach geläufigen Begriffen, die generelle Einführung der Zwangsexmatrikulation. Die Gefahr zeichnet sich ab: wenn zögernde Fakultäten die ohnehin milde formulierten und schonend dosierten Empfehlungen des Wissenschaftsrates »weich« interpretieren und so den Gehalt der Reform entschärfen, wenn aber gleichzeitig kaum veränderte Studiengänge durch eine obligatorische Verkürzung der Studienzeit äußerlich zurechtgestutzt werden, dann muß sich der Sinn des akademischen Studiums vollends verkehren.
Es wäre unbillig, diese Gefahr allein den Zögernden und den Widerstrebenden zur Last zu legen. Auch wenn meine Stilisierung die gegenwärtige hochschulpolitische Lage trifft, bleibt zu untersuchen, ob nicht Reserve gegenüber dem Gutachten in seiner vorliegenden Fassung aus guten Gründen geboten ist. Ich vertrete hier die These, daß der Wissenschaftsrat zu unbedenklich und gleichzeitig nicht radikal genug verfährt.

Die Intention der Empfehlungen

Der Wissenschaftsrat sieht den Kern der Schwierigkeiten, mit denen die Studenten und ihre Lehrer heute zu kämpfen haben, in der falschen Liberalität der deutschen Universitätstradition, die jedermann zumutet, sein Studium in eigener Verantwortung zu planen. Dem ehrwürdigen Grundsatz der akademischen Freiheit wird deshalb das Prinzip einer sinnvoll institutionalisierten Planung der akademischen Freiheit entgegengestellt. Neben intensiven Beratungen des einzelnen Studenten und Vorkehrungen für die rationelle Nutzung der vorlesungsfreien Zeit gehören dazu vor allem gegliederte Studiengänge und transparente Prüfungen nach einzelnen Studienabschnitten. Schon der im vergangenen Jahr vorgelegte Bericht des Gründungsausschusses für die Universität Konstanz wies in die gleiche Richtung. Und das Beispiel der neuen juristischen Fakultät Gießen zeigt, daß die geforderte Studienreform manchenorts schon im Gang ist.

Ein durchdachtes Unterrichtssystem mit Studienplänen und entsprechend koordinierte Lehrveranstaltungen sollen die Studenten so weit verpflichten und orientieren, daß ein gestrafftes Grundstudium fast in der Art des reformierten Oberstufenunterrichts an Gymnasien durchgeführt werden kann. Nach den Vorstellungen des Wissenschaftsrats schließt diese erste Phase in der Regel nach vier Semestern mit einer Zwischenprüfung ab. Die zweite Phase des Studiums dauert ebensolang; sie ist nicht in gleicher Weise reglementiert und läßt einen etwas größeren Spielraum für die individuelle Wahl von Interessengebieten; aber auch dieser Studienabschnitt, mit dem für die Masse der Hochschulabsolventen das Studium abschließen soll, ist unter dem Gesichtspunkt der Berufsvorbildung klar organisiert. Staatsexamen, Magister- und Diplomprüfung sind gleichwertige Studienabschlüsse, die die Berufsfähigkeit bestätigen, aber noch nicht zur Weiterführung des Studiums berechtigen. Zum Aufbaustudium bedarf es einer besonderen Zulassung. Erst während dieses letzten Studienabschnittes, der einem Vertiefungsstudium, aber auch einem Wiederaufnahme- oder einem Zweitstudium dienen und mit der Promotion abschließen kann, darf der Student damit rechnen, ohne pädagogische Rücksichten und Reglementierungen auch am Prozeß der Forschung teilzunehmen. Ihm wird also strenggenommen erst am Ende seines berufsvorbildenden Studiums (doch nur, wenn er zusätzliche Qualifikationen für ein Aufbaustudium nachweist) die »Reife« zuerkannt, die bisher mit dem Abitur bestätigt wurde.

Die Intention der Empfehlungen verrät, wenn ich sie recht verstehe, einen Pragmatismus am falschen Platz. Einerseits formuliert der Wissenschaftsrat Desiderate einer überfälligen Neuordnung des Studiums. Denn in vielen Fächern fehlt ein unter Gesichtspunkten des Studienganges sinnvoll koordiniertes Angebot an Lehrveranstaltungen und eine hinreichende Anleitung für den Lernenden, den Aufbau seines Studiums nach eigenen Interessen und Fähigkeiten zu planen. Andererseits will sich aber der Wissenschaftsrat nicht mit Vorkehrungen begnügen, die jedem Studierenden eine zureichende Chance der notwendigen Orientierung sichern, damit er die ihm zugebilligte akademische Freiheit nutzen kann; er verlangt statt dessen eine institutionalisierte Planung für Studenten, denen der Anspruch auf akademische Freiheit entzogen wird. Auf deutschen Universitäten war es, seit den Tagen der preußischen Reformer, Grundsatz, noch dem jüngsten Studenten Mündigkeit anzusinnen. Der Wissenschaftsrat mißtraut der bildenden Kraft des Vorschusses auf eine antizipierte Mündigkeit, die sich als solche unter dem Schutz dieser Fiktion erst entfalten sollte. In Zukunft behalten die Absolventen wissenschaftlicher Hochschulen für die Dauer ihres berufsvorbildenden Studiums einen Schülerstatus. In diesem Zusammenhang erscheint die obligatorische Begrenzung der Studienzeit als ein konsequenter Bestandteil des Gesamtplans.

Eine Neugliederung des Studiums, die dem vermeidbaren Leerlauf der Vergeudung der Kräfte und einer falschen Verteilung der Gewichte zugunsten der Effizienz von Forschung und Lehre steuert, müßte eine Planung des Studiums ermöglichen, aber sollte sie diese Planung den Studenten abnehmen? Das Gutachten erweckt den Eindruck, als sei das eine ohne das andere nicht möglich.

Was der Wissenschaftsrat nicht untersucht

Der Wissenschaftsrat hat eine Reihe von Überlegungen nicht angestellt, jedenfalls gibt er es nicht zu erkennen. Unter den Beispielen für die Neuordnung der Studiengänge, die den Empfehlungen angefügt sind, finden sich ingeniöse, wohl auch von den Ulmer Gründungsplänen inspirierte Vorschläge zu einer umfassenden Reform der Ausbildung an medizinischen Fakultäten. An diesem einen Beispiel zeigt sich, daß mit dem bloßen Zwang zur stärkeren Reglementierung, mit formalen Hinweisen auf Studienpläne und auf kontrollierte Abschlüsse von gegliederten Studienabschnitten nicht viel gewonnen ist. Der Wissenschaftsrat weiß das. Aber wenn es ihm nicht in erster Linie um den unmittelbaren Erfolg einer Studienzeitverkürzung zu tun ist, warum enthält er sich dann der substantiellen Vorschläge zur Studienreform; warum verzichtet er darauf, für alle zentralen Fächergruppen ähnlich zu verfahren wie für die Medizin? Die Studienabschnitte und ihre formalen Abschlüsse haben verschiedenen Stellenwert je nach der logischen Struktur der Wissenschaft und den entsprechenden Methoden der Lehre, je nach dem spezifischen Verhältnis eines Faches zur Berufspraxis und den entsprechenden Formen der praktischen Vorbereitung auf den Beruf. Nur ein systematischer Vergleich der fälligen Reformen in den Ausbildungsgängen der medizinischen und der naturwissenschaftlichen, der juristischen und der sozialwissenschaftlichen, der historischen und der philologischen Fächergruppen hätte überdies deutlich machen können, daß eine Neugliederung des Studiums in vielen Fällen auch eine Reorganisation der Unterrichtsmaterie, sei es mit Rücksicht auf die Verlagerung von Schwerpunkten der Forschung, sei es im Hinblick auf eine veränderte Berufspraxis, einschließen muß.

Ein anderer Punkt, mit dem sich der Wissenschaftsrat nur sehr beiläufig befaßt, ist der Zusammenhang einer Neugliederung des Studiums mit einer Reform der Lehre. Die

Koordinierung der Lehrveranstaltungen im kodifizierten Rahmen von vorgeschriebenen Studiengängen ist mit dem herrschenden Prinzip der Freiheit der Lehre nicht umstandslos zu vereinbaren. Wenn das Studium nach den Empfehlungen des Wissenschaftsrats ohne eine neue Definition der Stellung und der Aufgaben der Dozenten neu gegliedert würde, müßte die beanspruchte Einheit von Forschung und Lehre ganz fiktiv werden. Alle Dozenten würden mehr oder weniger in die Rolle von akademischen Räten gedrängt und in ihren Forschungen gehemmt. Einer kompromißlosen Verschulung des Hauptstudiums käme die Aufteilung in zwei Kategorien von Lehrern entgegen. Die Studienprofessoren übernähmen die ganze Last der normalen Ausbildung, während sich die Professoren alten Stils auf die Betreuung des Aufbaustudiums beschränken dürften und auf diesem gehobenen Niveau zur Aufrechterhaltung der traditionellen Einheit von Forschung und Lehre privilegiert wären. Diese Lösung ist unannehmbar, solange wir den Studenten die akademische Freiheit und damit das Recht, auch an Prozessen der Forschung teilzunehmen, belassen und nicht einer Elite nach dem Abschluß ihres berufsvorbildenden Studiums vorbehalten wollen. Dann dürfen die Lehrverpflichtungen nicht auf den akademischen Mittelbau oder auf eine neue Klasse von Professoren, die von Forschung dispensiert wären, abgewälzt werden. Den Professoren und Dozenten können aber, ohne Schaden für die Forschung, die neuen und ernst zu nehmenden Belastungen nur zugemutet werden, wenn die faktische Beschränkung ihrer Lehrfreiheit durch großzügige Beurlaubungen ausgeglichen wird. Kompensationen dieser Art spielen mit Recht in dem Gründungsplan für die Universität Bielefeld eine wichtige Rolle.

Noch einen dritten Punkt vernachlässigt der Wissenschaftsrat. Soweit zu erkennen ist, hat er über die Ursachen der durchschnittlichen Studienzeitverlängerung, die während des letzten Jahrzehnts zu beobachten war, nur Vermutungen angestellt; auf empirische Untersuchungen stützt er sich nicht.[1] Statt dessen ist abstrakt von »Bedingungen« die Rede, die den Grundsatz der akademischen Freiheit, im 19. Jahrhundert noch eine Antriebskraft für das Studium, heute in ein Hemmnis verkehrt hätten. Dieser Prozeß sei irreversibel. Nun mag es sein, daß die Abiturienten, die jetzt zur Hochschule kommen, nicht mehr in gleicher Weise ausgestattet sind wie junge Studenten während des 19. Jahrhunderts. Heute rekrutiert sich die Studentenschaft der Bundesrepublik zwar immer noch nicht aus dem breiten Reservoir der Arbeiterschicht, aber der Zugang zu den Universitäten ist immerhin bis in die untere Mittelschicht hinein geöffnet. Die soziale Zusammensetzung der Studentenschaft ist also nicht mit der geringen Selektion von Söhnen aus bürgerlichen Häusern zu vergleichen, die einst die Universitäten bezogen. Die vom Neuhumanismus geprägte Tradition und das Sprachmilieu der Elternhäuser, die sozialen Vorbilder und die Erziehungstechniken, die dort herrschten, haben damals auch Qualifikationen gefördert und Einstellungen prämiiert, die auf Prinzipien wie das der akademischen Freiheit eher zugeschnitten waren. Es mag sein, daß jene spezifischen Wertorientierungen und tiefsitzenden Leistungsmotivationen, die zu Bildungsprozessen alten Stils befähigen, unter denen, die heute ihr Studium beginnen, relativ weniger oft zu finden sind als unter Studienanfängern vor, sagen wir, einem Jahrhundert. Wenn es sich wirklich so verhalten sollte, wäre aber zu erwägen, ob nicht in Kompensation der sozial gewandelten Verhältnisse, unter denen die Masse der künftigen Studenten aufwächst, das Schulsystem Aufgaben übernehmen kann und soll, die das bürgerliche Elternhaus einmal erfüllt hat. Es

1 Inzwischen ist der Bericht über eine vom Wissenschaftsrat veranlaßte Untersuchung erschienen: Kath, Oehler, Reichwein, *Studienweg und Studienerfolg. Eine Untersuchung über Verlauf und Dauer des Studiums von 2000 Studienanfängern des Sommersemesters 1957*. Institut für Bildungsforschung, Berlin 1966.

wäre etwa zu bedenken, ob eine Reform durch Verschulung der Universität ohne Rücksicht darauf in Gang gesetzt werden soll, wieviel eine reformierte Schule der Hochschule an Reglementierung ersparen könnte.

Die Abschaffung der Studienfreiheit

Der Wissenschaftsrat läßt sich auf Diskussionen über die Grundsätze der deutschen Universitätstradition, die er durch effiziente, den Erfordernissen eines rationalisierten Großbetriebs angemessenere Organisationsprinzipien ersetzt sehen möchte, nicht ein. Verständlicherweise ignoriert er die folgenlose Reform- und Klage-Literatur, die freilich nicht immer nur verstockt oder mit der Leidensfähigkeit der schönen Seele Ideen Humboldts, Schleiermachers, Fichtes und Schellings anhängt. Allein, indem der Wissenschaftsrat diese Diskussion vermeidet und ohne viel Aufhebens die akademische Freiheit der Lernenden ebenso wie das Prinzip der Bildung durch Wissenschaft beiseite schiebt, gibt er Argumenten, die bisher oft genug nur zum Vorwand des Immobilismus gedient haben, ein gewisses Recht zurück. Wenn die Neugliederung des Studiums mit dem bürokratischen Zwang vorgeschriebener und nicht bloß zur Orientierung angebotener Studiengänge, wenn sie zudem mit der Sanktion einer ebenso obligatorischen Befristung des Studiums verknüpft wird, dann kann mit guten Gründen die Tradition für die Rechtfertigung eines Widerstandes gegen diese Reform angerufen werden.
Wenn wir den Empfehlungen des Wissenschaftsrats folgen, wird die Universität für die Masse der Studenten zwingend und mit Ausschließlichkeit Anstalt zur Vorbereitung auf einen akademischen Beruf; die andere Funktion, die auf deutschen Hochschulen bis heute mit der Funktion der Berufsvorbildung nicht nur nominell verbunden war, wird abgetrennt. Das Recht auf Teilnahme an Prozessen der For-

schung nach Maßgabe individueller Bildungsinteressen ist dann nicht nur faktisch, sondern formal einer Minderheit der Studenten vorbehalten. Wie groß immer heute die Zahl der Studenten sein mag, die dieses Recht in Anspruch nehmen, wesentlich ist, daß allen die Chance, zu wählen, rechtlich garantiert ist. Gewiß muß diese Berechtigung an Kriterien der Eignung gebunden sein. Und wahrscheinlich sind die Argumente derjenigen überzeugend, die das Abiturzeugnis nicht länger als Zulassung zur Universität, nämlich zu einer Anstalt der Lehre im Zusammenhang freier Forschung, akzeptieren möchten. In diesem Falle müßte die Universität selber über die Zulassung entscheiden; und es läge nahe, statt eine Aufnahmeprüfung zu Beginn des Studiums einzuführen die endgültige Zulassung zu einem uneingeschränkten Studium von der Zwischenprüfung am Ende eines gestrafften viersemestrigen Grundstudiums abhängig zu machen.
Aber der Wissenschaftsrat möchte uns überdies glauben machen, daß der Abschluß eines berufsbezogenen Studienganges eine notwendige – und nicht einmal die zureichende – Bedingung für ein freies Studium ist. Die vorgeschlagene Neugliederung des Studiums verbietet dem Lernenden, unabhängig von einem Examen, das die Fähigkeit zu einem akademischen Beruf bestätigt, wissenschaftliche Interessen außerhalb seines zunächst gewählten Studienganges zu verfolgen. Dieses Verbot schränkt die Möglichkeit ein, eigene Interessen an verschiedenen Gegenständen zu erproben und kennenzulernen; womit die wichtigste Voraussetzung für einen begründeten Studienfachwechsel entfällt. Auch entmutigt jenes Verbot, unter Anforderungen eines strammen Studienplans, die Reflexion auf Lernprozesse, die zunächst nur der Vorbildung zu einem akademischen Beruf, aber nicht der Kritik der methodologischen Voraussetzungen und der praktischen Folgen des Gelernten dienen.
Ein solches Verbot ist plausibel, wenn wir unsere Hochschulen eindeutig und ausschließlich unter dem Gesichtspunkt

der Effizienz, d. h. der machtpolitischen Stellung und der ökonomischen Leistungsfähigkeit unseres Gesellschaftssystems, einrichten wollen. In der Tat sind die Bildungsaufwendungen der Bundesrepublik im Vergleich zu anderen industriell fortgeschrittenen Ländern so alarmierend vernachlässigt worden, daß das Problem, wie wir möglichst schnell, möglichst billig möglichst viele und brauchbare Lehrer oder Ingenieure oder Ärzte produzieren können, immer mehr zu einer Existenzfrage wird. Der ökonomische Gesichtspunkt, wie wir die nicht ausgeschöpften Reserven an Bildungsfähigkeit wirksamer fördern und für die Anforderungen spezialisierter Berufspositionen wirtschaftlicher nutzen können, kann sogar Priorität beanspruchen. Aber setzt er, solange faschistoide Wertsysteme noch nicht wieder in Geltung sind (und davon gehen alle Beteiligten aus) andere, in der Tradition der deutschen Universität wohlbegründete Gesichtspunkte definitiv außer Kraft?

Die Kraft der antizipierten Mündigkeit

Das Prinzip der selbständigen Studienplanung und die Antizipation der Mündigkeit des Studenten können, unabhängig von ihren philosophischen Begründungen, als eine Verlängerung bürgerlicher Erziehungstechniken in den Bereich der Universität verstanden werden: die Herausforderung der Studienfreiheit setzte das Autonomietraining des Elternhauses fort. Diese Praxis bewährte sich vor allem dadurch, daß sie die wissenschaftliche Kreativität der Lernenden und Forschenden begünstigte. Das mag für manche Disziplinen auch heute noch gelten; aber die Bedingungen der Kreativität sind heute Gegenstand empirischer Untersuchungen; wir tun gut daran, deren Resultate abzuwarten.
Eine andere Auswirkung der Studienfreiheit verdient indessen nach wie vor unser Interesse: offensichtlich stimuliert sie

eine eigentümliche Verknüpfung von kognitiven Lernvorgängen und solchen Bildungsprozessen, in denen sich mit dem Stand der Informationen zugleich verfestigte Einstellungen ändern. Im Sprachgebrauch des deutschen Idealismus nannte man das Reflexion. Es scheint so, daß sogar die Hemmungen des Lernprozesses und die Desorientierungen, denen der Student unter dem Entscheidungszwang der akademischen Freiheit in einer unstrukturierten Lage ausgesetzt ist, zu heilsamen Problematisierungen führen können. Das Bildungspotential der Wissenschaften braucht nicht auf der kognitiven Ebene allein wirksam zu sein. Soweit es durch Reflexion auch in den lebensgeschichtlichen Zusammenhang des einzelnen eingeht, bewirkt es Verunsicherung und Revision gefrorener Traditionsmuster und führt zur kritischen Auflösung dogmatisch bindender Gewalten. Diese Form der Kritik und Selbstkritik eröffnet eine Dimension, die sich nicht mit der freilich unabdingbaren Rationalität der Beherrschung technisch verwertbaren Wissens deckt. Sie ist nicht nur ein Medium persönlicher Bildungsprozesse, auf die jeder, der den Kriterien der Eignung zum wissenschaftlichen Studium genügt, ein Recht haben sollte. Heute ist vielmehr jene Form der Kritik, weil wir uns eine unreflektierte Umsetzung der wissenschaftlichen Informationen in den Kontext der gesellschaftlichen Lebenspraxis nicht länger leisten können, auch ein politisches Erfordernis ersten Ranges. Es spricht einiges für die Vermutung, daß wir die praktischen Folgen des wissenschaftlich-technischen Fortschritts nicht eher beherrschen lernen, als bis wir diesen Fortschritt durch Reflexion gebrochen fortsetzen. Wenn diese Vermutung stimmt, kann auch der Hinweis auf die unbestreitbare Effizienz der straffer organisierten Hochschulsysteme in anderen Ländern den Zweifelnden nicht überzeugen.

Ich verkenne nicht den Vorzug der Beschränkungen, die sich der Wissenschaftsrat bei Abfassung seines Gutachtens auferlegt hat. Der Verzicht darauf, die Neugliederung des Studiums in ihrem materiellen Gehalt, im Zusammenhang mit einer Reform der Lehre und mit Rücksicht auf eine künftige Reform der Schule zu erörtern, macht sich ebenso wie die Enthaltsamkeit gegenüber Grundsatzdiskussionen auf der Ebene der pragmatischen Folgerungen bezahlt: der Wissenschaftsrat legt einen dürren und bündigen Organisationsplan vor und erläutert dessen Prinzipien an einigen plausiblen Beispielen. Wer aber von jenen Zusammenhängen nicht abstrahiert, bringt sich nicht schon dadurch um den Erfolg; er gelangt nur zu anderen, darum nicht ebenso pragmatischen Folgerungen. Meine Kritik läßt sich in einem Satz zusammenfassen: ich kann nicht einsehen, warum zwischen einer energischen Neugliederung des Studiums und der Abschaffung der Studienfreiheit ein Junktim hergestellt werden muß.

Das verhängnisvolle Junktim

Es geht nicht an, daß die Studienzeit obligatorisch begrenzt wird. Aus pragmatischen Gründen nicht: denn die befristete Immatrikulation würde uns des besten Kriteriums für den Erfolg der Studienreform berauben und dadurch eine zuverlässige Rückkopplung zwischen der Initiative der Fachvertreter und einer großzügigen, aber gezielten Hilfe der Ministerien erschweren. Aus prinzipiellen Gründen nicht: denn der bürokratische Zwang zur Einhaltung eines verbindlichen Studienfahrplanes beschränkt ohne Not den Spielraum, innerhalb dessen Interessen geweckt, Fähigkeiten okkasionell erprobt, Wünsche produktiv befriedigt und kritische Erfahrungen gesammelt werden können.
Es geht nicht an, daß das Hauptstudium allein am Ziel der akademischen Berufsfähigkeit ausgerichtet wird. Die Zulassung zur Teilnahme an Prozessen der Forschung kann nicht vom Abschluß eines berufsvorbildenden Studiums abhängig gemacht werden. Nichtobligatorische Angebote von alterna-

tiven Musterstudiengängen, die nach Forschungsrichtungen und beruflichen Orientierungen aufgefächert sind und auf dem Wege intensiver Beratung den Studenten nahegebracht werden, dürfen das Hauptstudium nicht von der Forschung fernhalten und in einem schlechten Sinne pädagogisieren.

Es geht nicht an, daß die Studienreform durchgeführt wird, ohne Stellung und Aufgaben der Dozenten neu zu definieren. Die Koordinierung der Lehrveranstaltungen im Rahmen eines geplanten Unterrichtssystems schränkt die Freiheit der Lehre faktisch ein. Damit gleichwohl die Einheit von Forschung und Lehre auch für den zweiten Abschnitt des Hauptstudiums gesichert bleibt, müssen von Anbeginn die kompensatorischen Ansprüche der Dozenten auf Forschungssemester und Befreiung vom Turnus geregelt werden. Wenn für die Planung des Studiengangs genügend flexible und überzeugende Modelle angeboten werden, wird sich die Masse der Studierenden vorerst dieser Orientierung gewiß nicht nur bedienen, sondern den Angeboten so folgen, als seien es Vorschriften. Aber manche werden auf der Grundlage jener Orientierung auch eigene Wege suchen, Risiken nicht scheuen und Umwege gehen. Sie werden vielleicht die Kenntnisse für ihre Examina nicht in den vorgesehenen Kollegs erwerben, sie können an einem besonderen Problem hängenbleiben, scheinbar esoterische Seminare oder gar keine mehr besuchen, und sicher werden sie nicht nach vier Jahren ihr Studium beenden. Vielleicht wechseln sie ihr Studienfach noch nach dem vierten Semester, vielleicht verlassen sie die Universität ohne formalen Abschluß nach einem mißlungenen Versuch zu promovieren. Ich gebe zu: so ergeht es heute vielfach auch denen, die lieber einen disziplinierten und übersichtlichen Studiengang gefunden hätten. Ihnen muß geholfen werden. Um aber die unproduktiven Umwege unnötig zu machen, muß man die produktiven nicht verbieten.

Das Instrument der befristeten Immatrikulation mag recht verschiedenen Interessen entgegenkommen, und die Tilgung archaischer Freiheit in den Schlupfwinkeln, wie es scheint, verrotteter Institutionen mag gerade den Progressiven einleuchten. Aber wollen wir wirklich die Universität in Stromlinienform? Ich befürchte, daß selbst die, die sie wollen, mit ihr nicht zufrieden sein werden. Gerade die bürokratischen Auflagen, mit denen die Studienreform gekoppelt ist, sind dazu angetan, das, was fällig und überfällig ist, zu blockieren.

5. Universität in der Demokratie – Demokratisierung der Universität

Die ›Universitätstage‹ 1967 der Freien Universität Berlin standen unter dem Titel Universität und Demokratie. *Für die Veröffentlichung meines am 20. Januar gehaltenen Vortrages in der Zeitschrift* Merkur *(Mai 1967) habe ich auf Veranlassung des Herausgebers die hochschulpolitische Lage, wie sie sich mir nach den ersten zwei Jahren der Protestbewegung darstellte, einleitend kurz charakterisiert.*

Von den Universitäten der Bundesrepublik gibt es Neues zu berichten: Konflikte spitzen sich zu, die nicht mehr allein auf der Ebene fehlender Lehrstühle und überfüllter Seminare entstehen und nicht mehr in administrativen Begriffen definiert werden können. An der Freien Universität Berlin haben sich die Auseinandersetzungen in aller Öffentlichkeit um publizitätswirksame Anlässe kristallisiert. Hier sind die Konflikte greifbar, die an anderen Hochschulen noch schwelen, aber rasch manifest werden könnten.

Das, was man im stereotypen Deutsch der Verlautbarungen nun schon seit Jahren »die Vorgänge an der Freien Universität« nennt, hängt gewiß auch mit berlin-spezifischen Umständen zusammen: mit einem überproportionalen Zuzug politisch wacher Studenten und einer relativ freiheitlichen Universitätsverfassung einerseits, mit einem aus Zeiten des Kalten Krieges hier besser als andernorts konservierten Verhaltenssyndrom andererseits – die Mauer wirft einen langen Schatten, und die Presse tut ein übriges, damit die Berliner das Frösteln nicht verlernen. Ihres lokalen Kolorits entkleidet, sind aber die an Westberlins Universität ausgebrochenen und offen ausgetragenen Konflikte die, die sich auch an anderen Universitäten anzubahnen scheinen: es geht, in gebotener Vereinfachung, um die politische Rolle der Studentenschaft, um die Reorganisation des Lehrbetriebs und um die Demokratisierung der Hochschule im ganzen. Berlin ist ein Modellfall.

Die politische Rolle der Studentenschaft, um die heute zwischen Studentenvertretung und Senat, zwischen einer aktiven, im allgemeinen recht qualifizierten Minderheit der Studenten und einer Mehrheit der Professoren gestritten wird, ist unproblematisch gewesen, solange die Studenten mit herrschenden Auffassungen konform gingen: solange die Resolutionen für die EVG und nicht gegen die atomare Bewaffnung der Bundeswehr ausfielen; solange die Solidaritätssammlungen für geflüchtete DDR-Studenten und nicht für Gegner der französischen Kolonialmacht in Algerien bestimmt waren; solange der Koreakrieg als Verteidigung der Freiheit galt und der Kampf der Amerikaner noch nicht, wie in Vietnam, als Intervention in einen Bürgerkrieg aufgefaßt werden mußte. Eine empfindlich reagierende Hochschulverwaltung sah sich aber nun genötigt, den politischen Bewegungsspielraum der Studenten, der so inopportun genutzt wurde, einzuschränken: die Reihe der »Affären«, die einmal durch einen Vortrag Erich Kubys, ein anderes Mal durch eine Vietnamdemonstration ausgelöst, einmal durch eine korporationsfreundliche Zulassungspolitik, ein anderes Mal durch ein Raumverbot des Rektors verschärft wurden, bezeichnet die Linie eines bis heute offenen Konfliktes. Er wird im übrigen von Grundsatzdiskussionen begleitet und interpretiert, die von konservativer Seite mit dem erklärten Ziel einer Entpolitisierung der Hochschule geführt werden.

Der universitätsinterne Streit ist mit einem Konflikt zwischen den politisierten Teilen der Studentenschaft und der Berliner Öffentlichkeit verquickt. Diese Öffentlichkeit wird durch eine scharfmacherische Presse beeinflußt, und sie versteift ihrerseits die Haltung der Behörden gegenüber den Studenten. Das zeigte sich noch während des letzten Semesters in Form von Demonstrationsverboten, in der autoritären Art des Eingreifens der Polizei und in einer dubiosen Beschlagnahmeaktion beim Landesvorstand des SDS.

Seit dem vergangenen Jahr verbindet sich die Auseinandersetzung um die politische Rolle der Studentenschaft mit den Diskussionen, die durch die Empfehlungen des Wissenschaftsrates zur Studienreform ausgelöst worden sind. Die Reorganisation des Lehrbetriebs berührt unmittelbar die Interessen und die Nöte der Studenten an ihrem Arbeitsplatz – soweit sie einen finden. Hier haben sich eigentümlich verquere Fronten gebildet, die den eigentlichen Konflikt häufiger verschleiern als zum Ausdruck bringen. Sogar der kritische Teil der Presse begnügt sich nur zu oft damit, durch unreflektierte Parteinahmen für den Wissenschaftsrat die verständlichen Ressentiments derer, die einmal von einer Alma mater stiefmütterlich behandelt worden sind, zu befriedigen – und sich durch die törichten Abwehrreaktionen eines seinerseits verletzten Traditionsbewußtseins bestätigt zu finden. In Wahrheit geht es darum, ob eine fällige und von vielen Seiten energisch unterstützte Neuordnung der Studiengänge innerhalb der bestehenden Autoritätsstrukturen bloß dazu benutzt werden soll, eine sehr schwerfällige Korporation auf Vordermann zu bringen. Dann müßte ein reglementierter Lehrbetrieb allein auf die Erfordernisse der akademischen Berufsausbildung für eine nach Kapazität und Bedarf begrenzte Leistungselite abgestellt werden. Obligatorisch begrenzte Studienzeiten, Ausschluß der Studenten von der Teilnahme an Forschungsprozessen und eine Entpolitisierung der Hochschule wären die Folge. An der Freien Universität ist der Eindruck entstanden, als ob die Wissenschaftsrats-Empfehlungen in diesem repressiven Sinne verwirklicht werden sollten. Zwei der Berliner Fakultäten haben sich beeilt, die Zwangsexmatrikulation einzuführen; die politische Bildungsarbeit der studentischen Vereinigungen wurde zeitweise eingeschränkt; und auf Vorlesungskritiken, die in einer Studentenzeitung anonym erschienen waren, haben betroffene Professoren mit dem vollen, unserem Berufsstand eigentümlichen Narzißmus geantwortet. Das hat wiederum anhaltende Proteste hervorgerufen, die im vergangenen Sommer mit einem Sit-in von dreitausend Studenten ihren Höhepunkt fanden. Inzwischen sind auf Senats- und Fakultätsebene gemeinsame Studienreformkommissionen eingerichtet worden, in denen Professoren und Studenten die Folgerungen, die aus den Wissenschaftsrats-Empfehlungen zu ziehen sind, diskutieren.

Die anhaltenden Konflikte, die sich an der politischen Rolle der Studentenschaft und an der Neuordnung des Studiums entzünden, bringen die Problematik einer Hochschulverfassung zu Bewußtsein, deren wichtigste Elemente aus dem frühen 19. Jahrhundert stammen. Gerade weil sich die erst nach dem Kriege und aus Protest gegen die Unterdrückung der Lehrfreiheit gegründete Berliner Universität eine liberalere Verfassung gegeben hat, die einige strukturelle Wandlungen, insbesondere die veränderte Stellung der Studentenschaft, berücksichtigt hat, ist dieses sogenannte Berliner Modell ins Kreuzfeuer geraten. Die eine Seite möchte die liberalen Neuerungen wieder rückgängig machen, die andere Seite dringt auf eine umfassende Reform. Mit Recht kann diese Seite darauf hinweisen, daß alle bisherigen und alle offiziell empfohlenen Reformen die inneren Strukturen der Hochschule unangetastet lassen. Noch im Januar dieses Jahres hat der akademische Senat der Freien Universität seine Auffassung von der Interessenharmonie aller Teile der Korporation bekräftigt: »Den Ordnungen der Freien Universität sind Verhaltensweisen fremd, die Studentenschaft und Universitätslehrer prinzipiell als Gruppen mit entgegengesetzten Interessen auffassen.« Demgegenüber erscheint den Studenten die Hochschule aus der ernüchternden Perspektive von unten als ein hierarchischer Herrschaftsverband. Für Verhandlungen mit dem Regierenden Bürgermeister über ein neues Hochschulgesetz, das der Berliner Senat vorbereitet, haben Vertreter des Allgemeinen Studentenausschusses ihre Konzeption von einer neuen, einer im strengen Sinne freien Universität mit wenigen Sätzen zusammengefaßt. In der Einleitung dieses Arbeitspapieres heißt es:

»Geht man in der Diskussion um die Hochschulreform von drei Prinzipien aus:

1. von der notwendigen Unabhängigkeit der Hochschule in ihrer wissenschaftlichen Arbeit von direktem staatlichen oder industriellen Einfluß –

2. von der Notwendigkeit, wissenschaftliche Arbeitsbedingungen an der Hochschule durch größtmögliche Kommunikation in allen Bereichen und Vermeidung willkürlicher Entscheidungen herzustellen –

3. von der Notwendigkeit, die Studierenden durch Information über und Teilnahme am Forschungsprozeß auszubilden und das Studium an zukünftigen Berufsbildern zu orientieren –

so zeigt sich, daß die Universität derzeit diesen Prinzipien nicht hinreichend entspricht. Denn

1. ist die Unabhängigkeit ihrer wissenschaftlichen Arbeit dadurch gefährdet, daß im Zusammenspiel mit privatindustriellen Geldgebern und auch durch die ›pressure‹ einzelner Ordinarien oder Institute im politischen Raum der Forschungsprozeß in eine gefährliche Abhängigkeit von außerwissenschaftlichen Instanzen gerät, ohne daß die notwendige Diskussion über die Verbindung der Wissenschaft zur Gesellschaft selbst vorher genügend geführt wäre;

2. wird die Diskussion über wissenschaftliche Methoden und Inhalte und damit auch über den Zweck des Studiums derzeit vor allem durch die Ordinarien- und Institutsstruktur der Hochschule behindert, die allein nach den Arbeits- und Prestigebedürfnissen der Lehrstuhlinhaber ausgerichtet ist. Vor allem die Freiheit der Ordinarien, über
den Institutshaushalt,

die Arbeit und den Einsatz des wissenschaftlichen Personals und über Art, Richtung und Auftraggeber der Forschung zu bestimmen,
hat häufig zur Folge, daß
a) die wissenschaftliche Forschung unsystematisch bleibt, weil ihre Ziele und Methoden ungenügend diskutiert werden;
b) die weisungsgebundenen und abhängigen wissenschaftlichen Mitarbeiter (Assistenten etc.) sowie die auszubildenden Studenten ungenügend am Wissenschaftsprozeß beteiligt werden;
c) der materielle Gewinn und die Publikation von Forschungsergebnissen den Professoren allein verbleibt, die auch schon die Auftragsverhandlungen nach Art eines wirtschaftlichen Unternehmens geführt haben.
3. Weil angesichts der unter 2. geschilderten Mängel die Forschungsarbeit des Ordinarius undiskutiert bleibt und auch die Lehre von den betroffenen Studenten nicht beeinflußt werden kann, ist der Nutzen der Forschung wie die wissenschaftliche Ausbildung der Studierenden oft nicht gesichert. Andererseits sind die beruflichen Anforderungen, auf die sich das Fachstudium in der Regel recht und schlecht bezieht, so wenig erklärt, daß die Pflichtbestandteile und Prüfungsordnungen der einzelnen Studiengänge veraltet sind und konservative gesellschaftliche Funktionen erhalten.
In dieser Situation ist die bloße Straffung des Studienganges nach willkürlichen und unerprobten Prinzipien eine schlechte Abhilfe.
Hingegen ergeben sich neben der Notwendigkeit des Ausbaus der Universitäten die drei den oben geschilderten Mängeln entsprechenden Forderungen:
1. Die Hochschule muß das Recht erhalten, die vom Staat gewährleisteten finanziellen Mittel unabhängig zu verwalten und über ihre Verwendung zu entscheiden; anzustreben ist also eine Einheit von akademischer und wirtschaftlicher Verwaltung. Die berechtigten Interessen der staatlichen Verwal-

tung an einer sinnvollen Nutzung der Mittel können am besten berücksichtigt werden, wenn die Entscheidungsstruktur innerhalb der Hochschule eine demokratische Entscheidung über die Ausgabe der Mittel gewährleistet und wenn zusätzlich das Kuratorium der Universität über Bedarf und Verwendung der Mittel mitentscheidet. Im Kuratorium ist wie seither die Öffentlichkeit vertreten.

2. Um eine verantwortungsvolle Verwaltung der öffentlichen Mittel innerhalb der Hochschule zu garantieren *und* um bessere wissenschaftliche Arbeitsbedingungen zu schaffen, müssen alle Personengruppen innerhalb der Hochschule gemäß ihrer differenzierten Funktion in Lehre, Forschung und Ausbildung beteiligt werden. Zu diesem Zweck muß das Lehrstuhlprinzip, das die patriarchalische Macht der Ordinarien noch heute garantiert, wegfallen. Fachprofessoren müssen in Abteilungen zusammenarbeiten und in interfakultativen Instituten Grenzgebiete pflegen.

3. Um die Teilnahme der Studierenden an und die Information über die Wissenschaft zu verbessern, müssen die Studiengänge neu gegliedert werden, neue Formen der Arbeit in kleinen Gruppen müssen an die Stelle einer Auslese durch Zwischenprüfungen oder Seminar-Eingangsprüfungen treten.

Es empfiehlt sich, einer Neuorganisation der Freien Universität einen Aufgabenkatalog voranzustellen, der in größerem Rahmen die Rolle der Universität und ihre Organisation definiert.

Die Freie Universität erfüllt ihre Aufgaben im Dienste der Erhaltung und Entwicklung der sozialen und rechtsstaatlichen Demokratie. Diese Aufgaben sind in Freiheit und Unabhängigkeit und im Zusammenwirken von Lehrenden und Lernenden:

– der wissenschaftlichen Forschung und Lehre zu dienen
– die Freiheit der Ausbildung und Berufswahl für den Hochschullehrerberuf zu sichern

– die Ausbildung und Fortbildung des Nachwuchses und der Angehörigen von Berufen zu ermöglichen, in denen eine wissenschaftliche Bildung erforderlich oder dienlich ist
– an der allgemeinen wissenschaftlichen und kulturellen Erwachsenenbildung mitzuwirken
– unter ihren Mitgliedern und im öffentlichen Leben die politische Bildung und Betätigung zu fördern, die der Ausgestaltung demokratischer und rechtsstaatlicher Verhältnisse durch die Anwendung wissenschaftlicher Erkenntnisse dienen.«
Wenn man dieses neue Berliner Modell, das mehr noch als das alte ein demokratisches Muster für die Verfassung deutscher Universitäten sein möchte, auf dem Hintergrund der angedeuteten Konflikte sieht, dann wird die Aktualität deutlich, die das Thema der diesjährigen Berliner Universitätstage – *Universität und Demokratie* – hatte. Bei dieser Gelegenheit habe ich einen Vortrag gehalten, dem der folgende Text zugrunde lag.

I

»In der Gegend von Sdeh Boker im Negev, dem großen Wüstengebiet Israels, will Ben Gurion eine Universitätsstadt gründen, die der Nutzung dieses Wüstengebietes dienen soll. Die neue Stadt wird für 10 000 Studenten und die entsprechende Anzahl akademischer Lehrer geplant und soll der israelischen Jugend durch das Erwerben der notwendigen Kenntnisse in Naturwissenschaft und Technik die Entwicklung der Wüste nahebringen. Vor allem ist an die Ausbildung von Kadern gedacht, die für eine zukünftige Industrie in der Wüste notwendig sein werden. Bei der Entwicklung einer solchen Industrie sollen insbesondere Unternehmen berücksichtigt werden, die große wissenschaftliche Kenntnisse und wenig Rohstoffe benötigen.«
Interpretieren wir diese Nachricht aus der FAZ vom 11. Ja-

nuar 1967 ohne Kenntnis der näheren Umstände richtig, dann soll hier eine Hochschule als Instrument für die industrielle Erschließung einer schwer zugänglichen Region dienen. Die Produktion soll von Anbeginn auf der Stufe der fortgeschrittensten Technologien aufgenommen werden. Für die Zukunft Israels ist das wahrscheinlich ein lebenswichtiges Projekt. Für uns aber ist eine Universität als Ausgangspunkt für die Industrialisierung eines Wüstenstrichs eine ungewöhnliche Vorstellung. Denn in einem hochindustrialisierten Land ohne im strengen Sinne unterentwickelte Regionen kann das die Aufgabe einer Universität schwerlich sein. Im Gegenteil: die Argumente, die für Regensburg oder Bielefeld als Standort neuer Universitäten ins Feld geführt wurden, verrieten mehr Bildungsromantik als Planungsstrategie. Gleichwohl ist das israelische Beispiel so abwegig nicht. Auch *unsere* Bildungsinstitutionen haben zunächst einmal Aufgaben im System der gesellschaftlichen Arbeit zu erfüllen.

Hochschulen müssen technisch verwertbares Wissen vermitteln, d. h. den Bedarf einer Industriegesellschaft an qualifiziertem Nachwuchs decken und zugleich für eine erweiterte Reproduktion der Ausbildung selber sorgen. Hochschulen müssen ferner technisch verwertbares Wissen nicht nur vermitteln, sondern auch erzeugen. Dabei handelt es sich um Informationen, die aus der Forschung in Kanäle der industriellen Verwertung, der Rüstung und der zivilen Wohlfahrt fließen; oder es handelt sich um Beratungswissen, das in die Strategien der Verwaltung, der Regierung und anderer Entscheidungsinstanzen, etwa privater Unternehmungen, eingeht. So ist die Universität über Lehre und Forschung unmittelbar mit Funktionen des Wirtschaftsprozesses verknüpft. Sie übernimmt aber darüber hinaus mindestens *drei* weitere Aufgaben.

Erstens hat die Hochschule dafür Sorge zu tragen, daß ihre Absolventen, wie immer das auch indirekt geschehen mag, mit einem Mindestmaß an Qualifikationen von der Art extrafunktionaler Fähigkeiten ausgestattet werden. In diesem Zusammenhang heißen extrafunktional alle die für die Ausübung einer akademischen Berufsrolle relevanten Eigenschaften und Einstellungen, die nicht per se mit den beruflichen Kenntnissen und Fertigkeiten gegeben sind. Über den Katalog der Führungseigenschaften und Loyalitäten, die Angestellte in leitenden Positionen erfüllen sollen, unterrichten allwöchentlich die Stelleninserate. Entsprechend erwartet man etwa von Richtern eine institutionengerechte Ausübung der Amtsautorität oder von Ärzten rasches Handeln in Situationen der Unsicherheit. Die Tugenden solcher ungeschriebenen berufsständischen Ethiken bringt die Hochschule gewiß nicht hervor, aber die Muster des von ihr angebotenen Sozialisationsprozesses müssen wenigstens damit übereinstimmen. Wenn das nicht der Fall ist, entstehen Konflikte: man denke etwa an die Proteste evangelischer Kirchengemeinden gegen jene Pfarrer, die aus der jüngeren Generation der Bultmannschule stammen. Wir dürfen sicher sein, daß diese Theologen keine schlechteren Exegeten sind als ihre Vorgänger – an den funktionalen Fähigkeiten liegt es also nicht.

Zweitens gehört es zu den Aufgaben der Hochschule, die kulturelle Überlieferung der Gesellschaft zu übermitteln, zu interpretieren und auch fortzubilden. An Beispielen aus dem 19. Jahrhundert, an der Rolle etwa der Deutschen Historischen Schule oder an der Kontroverse zwischen Geschichtsschreibern der kleindeutschen und der großdeutschen Orientierung, läßt sich der Einfluß fachwissenschaftlicher Interpretationen auf das Selbstverständnis des großen Publikums leicht erläutern. Aber auch heute können sich die hermeneutischen Wissenschaften, wie immer positivistisch sie sich in ihren Verfahrensweisen disziplinieren, dem Zwang nicht ganz entziehen, wirkende Traditionen nicht nur zu erforschen, sondern, indem sie sie erforschen, entweder kontinuierlich weiterzugeben oder fortzubilden oder kritisch zu verändern. Wir brauchen nur an die jüngst unter deutschen Historikern geführte Diskussion über die Entstehung des Ersten Weltkrieges zu erinnern. Oder stellen wir uns vor, wie sich das Bild der deutschen Klassik in den Köpfen der künftigen Studienräte verschieben müßte, wenn beispielsweise der Suhrkamp Verlag eine Generation lang die germanistischen Lehrstühle für neuere Literatur besetzen würde.

Drittens hat die Universität stets eine Aufgabe erfüllt, die nicht leicht zu definieren ist. Heute würden wir sagen: sie prägt das politische Bewußtsein ihrer Studenten. Auf deutschen Hochschulen war es lange genug ein unpolitisches Bewußtsein, eine eigentümliche Legierung aus bildungshumanistisch bestimmter Innerlichkeit und staatstreuer Autoritätsbereitschaft, die weniger unmittelbar politische Einstellungen hervorgebracht als vielmehr eine politisch folgenreiche Mentalität bestimmt hat. Ohne deklarierte Veranstaltungen, ohne den Lehrbetrieb einer politischen Wissenschaft und ohne politische Bildungsarbeit, ohne ein Mandat der Studentenschaft für Fragen der Tagespolitik, ohne politische Vereinigungen von Studenten – eben unter der Glocke eines dem Scheine nach unpolitischen Betriebes – sind Generationen nicht nur wissenschaftlich ausgebildet, sondern zugleich politisch wirksam erzogen worden. Hier hat sich der Geist eines Akademikerstandes reproduziert, für den freilich die Gesellschaft damals noch einen relativ einheitlichen Status vorsah. Jene Mentalität hat, über Unterschiede der Fakultäten und Berufe hinweg, immerhin die Homogenität der wissenschaftlich ausgebildeten Eliten in dem Maße verbürgt, daß die akademische Ausbildung sogar ausgereicht hat, in bestimmten Führungsgruppen eine Kontinuität über den Bruch von 1945 hinweg zu sichern. Gleichwohl hat diese Tradition auf den Hochschulen *selbst* den Faschismus nicht überlebt. Im Zusammenhang mit langfristigen strukturellen Wandlungen der Gesellschaft hat sich, wie wir wissen, der durch eine einheitliche Mentalität geprägte Stand von Akademikern aufgelöst. Bedeutet das aber, daß die heutigen Universitäten die Aufgabe der politischen Bildung nicht mehr erfüllen oder, soweit sie diese Funktion in anderer Weise nach wie vor wahrnehmen, eigentlich nicht mehr zu erfüllen brauchten?

Das Beispiel jener als industrielles Entwicklungszentrum geplanten Wüstenuniversität übt die eigentümliche Suggestion aus, als hätten Forschung und Lehre es heute allein mit der Erzeugung und der Vermittlung technisch verwertbaren Wissens zu tun. Kann und soll sich die Universität heute auf diese, wie es scheint, gesellschaftlich allein notwendigen Funktionen beschränken und allenfalls die Reste der alten Persönlichkeitsbildung als einen vom Wissenschaftsbetrieb separierten Erziehungsauftrag institutionalisieren?[1] Ich möchte diesem suggestiven Schein entgegenwirken und die These vertreten, daß sich die Universitäten in keinem Fall der drei genannten Aufgaben, die über die Erzeugung und Vermittlung technisch verwertbaren Wissens hinausgehen, entledigen können. In jedem denkbaren Fall nimmt der universitäre Wissenschaftsbetrieb Einfluß auf das handlungsorientierende Selbstverständnis ihrer Studenten und der Öffentlichkeit. Er kann sich im Hinblick auf die Gesellschaft nicht ausschließlich durch ein Verhältnis zur Technik, nämlich zu Systemen zweckrationalen Handelns, definieren. Unvermeidlich tritt er auch in ein Verhältnis zur Praxis, d. h. er nimmt Einfluß auf das kommunikative Handeln. Denkbar ist jedoch, daß eine als Produktionsbetrieb rationalisierte Hochschule ihren Einfluß auf das kulturelle Selbstverständnis und auf die Normen der Handelnden nur noch indirekt und ihr selbst unbewußt ausübt. Eine an die Bedürfnisse der industriellen Gesellschaft übermäßig angepaßte Universität, die die Reste wohltuend archaischer Freiheiten getilgt hätte, könnte hinter dem Rücken der effizienten Anstrengungen ebenso ideologisch wirksam werden wie einst die traditionelle Hochschule. Sie könnte ihr unreflektiertes Verhältnis zur Praxis damit bezah-

1 Vgl. die Anregungen des Wissenschaftsrats zur Gestalt neuer Hochschulen, Tübingen 1962.

len, daß sie implizite Berufsethiken, kulturelle Überlieferungen und Formen des politischen Bewußtseins stabilisiert, deren Gewalt sich gerade dann unkontrolliert ausbreitet, wenn sie nicht gewollt sind, sondern vielmehr aus der Faktizität der bestehenden Einrichtungen allein resultieren.

In diesem Sinne haben einige Kritiker die Empfehlungen des Wissenschaftsrates verstehen wollen, weil diese einerseits eine Leistungssteigerung der Universität fordern, aber andererseits unveränderte Strukturen der Hochschule im Inneren hinnehmen, obwohl diese für großbetriebliche Rationalisierungen eine Schranke darstellen.[2] Das mag *eine* Tendenz treffen. Ich bin jedoch überzeugt, daß die global gehaltenen Empfehlungen des Wissenschaftsrats auch eine andere Interpretation gestatten.

Nach 1945 hatte man sich zunächst bemüht, die durch den Neuhumanismus vermittelte und institutionell stark verankerte Dimension der allgemeinen Bildung zu nutzen mit dem Ziele, die Bürger der Universität zu zuverlässigen Bürgern der neuen demokratischen Ordnung heranzubilden. Das allerorten auflebende *Studium generale* wurde zwanglos mit politischer Aufklärung verknüpft. Die Kulturverwaltungen waren mit der Einrichtung von Lehrstühlen für politische Wissenschaft und Soziologie nicht kleinlich. Die Studentenvertretungen befaßten sich mit politischen Tagesfragen, und politische Vereinigungen der Studenten wurden begrüßt und gefördert. Ob daraus ein förmlicher Auftrag zur politischen Bildung abgeleitet wurde oder nicht, gleichviel, die politische Aufklärung der Studenten erschien, zumal in der Periode des Kalten Krieges, als wünschenswert. Wenn ich einmal verallgemeinern darf: man hat damals die Universität mit einer gewissen politischen Ausweitung ihres traditionellen Selbstverständnisses, *im übrigen aber so, wie sie war,* in die Demokratie hineingesetzt. Dem entsprach die krisenfeste Veranke-

2 W. Lefèvre, *Möglichkeiten für die Hochschulpolitik des SDS,* in: *Neue Kritik,* Okt./Dez. 1966, S. 27 ff.

rung der Selbstverwaltungsautonomie. Freilich hatte diese die Nebenfolge eines gewissen Immobilismus; sie erwies sich nämlich als Hindernis für eine Hochschulreform aus eigener Kraft. So ist es heute, zwei Jahrzehnte nach dem *Blauen Gutachten,* schließlich dazu gekommen, daß der schwerfälligen Korporation von einer unzufriedenen Gesellschaft eine Rechnung präsentiert wird, die sie freilich keineswegs allein zu verantworten hat.

In dieser Situation stehen *die* Professoren, die die Traditionen der deutschen Universität wahren möchten, vor einer Alternative. Sie können das Gutachten des Wissenschaftsrats entweder im Sinne der technokratisch gesonnenen Anpassungsstrategen lesen und sich zu eigen machen: dann opfern sie geheiligte Grundsätze der Tradition, nehmen Reglementierungen in Kauf und retten vorerst die eigene Position in einer Ordinarienuniversität. Oder aber sie interpretieren dieses Gutachten, unter Abzug einer bürokratisch erzwungenen Studienzeitverkürzung, im Sinne der sogenannten Progressiven: dann können sie in der Hochschule weiterhin eine Dimension offenhalten, die wir seit den Tagen des deutschen Idealismus mit dem Namen der Selbstreflexion verbinden. Das aber würde, so scheint mir, den Preis einer Veränderung der inneren Strukturen erfordern.

Die rückblickend fast liebenswerte Liaison unserer Nachkriegsdemokratie mit der traditionellen Hochschule geht zu Ende. Zwei Tendenzen ringen miteinander. *Entweder* ist die Steigerung der Produktivität der einzige Gesichtspunkt einer Reform, welche eine entpolitisierte Hochschule in das System der gesellschaftlichen Arbeit fugenlos integriert und sie zugleich unauffällig aus ihrer Verzahnung mit der politischen Öffentlichkeit löst. *Oder* die Universität behauptet ihre Stellung *in* der Demokratie. Das scheint aber heute nur noch auf *dem* Wege möglich zu sein, der, nicht ohne Mißverständnisse nahezulegen, *Demokratisierung der Hochschule* genannt wird. Mein Votum für diesen zweiten Weg möchte ich begründen, indem ich eine Affinität und innere Beziehung des universitären Wissenschaftsbetriebs zu der demokratischen Form des Willensbildungsprozesses aufzuzeigen versuche.

II

Das Argument, das ich an den Beginn stelle, entlehne ich der Wissenschaftstheorie. Denn für die prinzipielle Trennung von Praxis und Wissenschaft und für eine Koordinierung von Wissenschaft und Technik spricht ein Selbstverständnis der Forschung, das bis auf David Hume zurückgeführt werden kann. Hume hat gezeigt, daß sich normative Aussagen aus deskriptiven nicht ableiten lassen. Deshalb scheint es angebracht, Erörterungen über die Wahl von Normen, also über moralische oder politische Fragen, nicht mit Fragen der empirischen Wissenschaften zu vermengen. Aus theoretischem Wissen können wir bei gegebenen Zielen allenfalls Regeln für instrumentales Handeln gewinnen. Praktisches Wissen hingegen bezieht sich auf Regeln kommunikativen Handelns, und diese Standards sind wissenschaftlich nicht zwingend zu begründen. Diese logische Trennung legt dann auch die institutionelle Trennung nahe: Politik gehört nicht an die Universität, es sei denn als Objektbereich einer selbst unpolitisch verfahrenden Wissenschaft.

Nun ist jenes Argument, das Hume vorgetragen hat, nicht etwa falsch; aber ich glaube, daß aus ihm *nicht* die Strategie folgt, für die Humes positivistische Nachfolger das Argument ins Feld führen. Man braucht Forschung nicht nur unter den logischen Bedingungen der Theorien, die aus ihr hervorgehen, zu beurteilen; ein anderes Bild ergibt sich, wenn man statt der Resultate die Bewegung des Forschungsprozesses im Auge hat. So sind metatheoretische Erörterungen das Medium des wissenschaftlichen Fortschritts – ich meine methodologische Erörterungen über die Brauchbarkeit eines analytischen Rahmens, über die Zweckmäßigkeit von Forschungsstrategien, über die Fruchtbarkeit von Hypothesen, über die Wahl von Ermittlungstechniken, über die Interpretation von Meßergebnissen und über die impliziten Annahmen von Operationalisierungen, ganz zu schweigen von Diskussionen über theoretische Grundannahmen oder über die Leistungsfähigkeit verschiedener methodischer Ansätze.

Interessanterweise folgen aber Diskussionen dieser Art, logisch betrachtet, grundsätzlich keinen anderen Regeln als irgendeine kritische Erörterung praktischer Fragen. Von schlichten Deduktionen oder empirischen Überprüfungen unterscheidet sich eine solche *kritische* Argumentation dadurch, daß sie auf dem Wege einer Rechtfertigung der Wahl von Standards Einstellungen rationalisiert. Gewiß, zwischen Einstellungen und Aussagen ist ein Verhältnis der Implikation unmöglich. Gleichwohl kann die Zustimmung zu einer Prozedur oder die Annahme einer Norm mit Argumenten gestützt oder geschwächt, jedenfalls rational abgewogen werden – und eben darin besteht die Aufgabe der Kritik sowohl bei metatheoretischen wie auch bei praktischen Entscheidungen.

Gewiß macht es einen Unterschied, ob wir Standards erörtern, die, wie in der Wissenschaft, den Rahmen für deskriptive Aussagen festlegen, oder Standards, die Regeln kommunikativen Handelns sind. Aber beide Male geht es um die Rationalisierung einer Wahl im Medium ungezwungener Diskussion. In den seltensten Fällen werden praktische Fragen in dieser rationalen Form entschieden. Aber *eine* Form der politischen Willensbildung gibt es, nach deren Prinzip in gleicher Weise Entscheidungen von einem in herrschaftsfreier Diskussion erzielten Konsensus abhängig gemacht werden sollen – und das ist die demokratische. Das Prinzip der Öffentlichkeit soll dabei jede andere Gewalt als die des besseren Argumentes ausschalten; und Mehrheitsentscheidungen gelten dieser Idee zufolge nur als Ersatz für den zwanglosen Konsensus, der sich am Ende herausstellen würde, wenn man nicht stets die Diskussion unter Entscheidungszwang abbrechen müßte. Dieses Prinzip, daß – kantisch gesprochen – allein Vernunft Gewalt haben solle, verbindet die demokratische Form der politischen Willensbildung mit jener Art Diskussion, der auch die Wissenschaften ihren Fortschritt verdanken; denn in diesem Fortschritt dürfen wir das Moment der Willensbildung nicht übersehen.

Darin zeigt sich eine untergründige Einheit von theoretischer und praktischer Vernunft. Dieser Einheit können wir uns heute nur formal vergewissern; eine Philosophie, die sie inhaltlich explizierte, fehlt. Ein institutionell gesichertes Privileg gegenüber den Einzelwissenschaften kann Philosophie heute nicht mehr beanspruchen. Aber seine universelle Kraft behält das Philosophieren in der Form der Selbstreflexion der Wissenschaften selber. Hier, in dieser von der Philosophie ausgetretenen Dimension, erhält sich auch noch die Einheit von theoretischer und praktischer Vernunft, die für die wissenschaftlichen Theorien selbst mit Recht aufgehoben ist. Die fachimmanent gewordene Philosophie kann, außerhalb ihres legitimerweise auch als Fach konservierten Aufgabenbereiches, die Rolle des Dolmetschers zwischen einer fachlichen Borniertheit und der nächsten übernehmen. So halte ich es für philosophische Aufklärung, wenn Mediziner an soziologischen und psychoanalytischen Forschungen zur Entstehung von Psychosen den Einfluß der Familienumwelt einschätzen und dadurch gewisse biologistische Grundanschauungen ihrer Fachtradition reflektieren lernen. Für philosophische Aufklärung halte ich es, wenn Soziologen unter Anleitung von Fachhistorikern einige ihrer allgemeinen Hypothesen auf geschichtliche Materialien anwenden, dadurch auf die unvermeidliche Gewaltsamkeit ihrer Operationalisierungen aufmerksam werden und so das methodologisch unterdrückte Verhältnis von Allgemeinem und Einzelnem reflektieren lernen. Für philosophische Aufklärung halte ich es, wenn Philologen an neueren psycho-linguistischen Untersuchungen über das Erlernen grammatischer Regeln die kausale Verknüpfung von Sprechen und Sprache mit externen Bedingungen begreifen und auf diesem Wege die methodischen Grenzen bloßen Sinnverstehens reflektieren lernen. Das sind Beispiele keineswegs für interdisziplinäre Forschung, sondern für eine Selbstreflexion der Wissenschaften, in der diese sich ihrer eigenen Voraussetzungen für das handlungsorientierende Selbstverständnis kritisch innewerden.

Als Reflexionsform der Wissenschaften bewährt sich ein solches immanentes Philosophieren auch im Hinblick auf die Umsetzung der wissenschaftlichen Resultate in die Lebenswelt. Der Wissenschaftsrat hat die Abschaffung des »Philosophicums« empfohlen. Dafür gibt es gute Gründe. Aber gerade die Übersetzung wissenschaftlicher Materien in die Bildungsprozesse von Schülern verlangt *die* bestimmte Form der Reflexion, die einmal an das Bewußtsein der Philosophie gebunden war. Eine kaum in Ansätzen vorhandene Didaktik für die Fachgruppen des Gymnasiums müßte zwingend auf die philosophischen Voraussetzungen der Fächer selber zurückführen. So kann etwa die Vermittlung von grammatischen Grundstrukturen in einem ungefächerten Sprachunterricht der Unterstufe sinnvoll gar nicht diskutiert werden, ohne auf die von Humboldt über Saussure bis Chomsky entfalteten Probleme der Sprachphilosophie zu stoßen. Entsprechend führen didaktische Fragen des Geschichtsunterrichts für den Anfang der Mittelstufe zur Problematik der Entstehung des historischen Bewußtseins, das sich mit der Tradition des geschichtsphilosophischen Denkens seit dem Ende des 17. Jahrhunderts entfaltet hat. Nicht geringer ist der Zwang zur Selbstreflexion, der von solchen Fragen der pädagogischen Umsetzung auf Naturwissenschaften und Mathematik zurückwirkt. Leicht ließen sich für andere Wissenschaftsbereiche die Umschlagstellen zwischen Theorie und Praxis zeigen, an denen die Selbstreflexion aufbricht: in der Jurisprudenz führt die Praxis der Rechtsanwendung auf Fragen der Hermeneutik; und in den Sozialwissenschaften ist es das Bedürfnis der Praxis nach Entscheidungshilfe und Planung, das Diskussionen über Grundfragen der Methodologie hervorgerufen hat.

Alle diese Beispiele kennzeichnen eine Dimension, in der die Wissenschaften Reflexion üben und sich auf Wegen, die einmal die Philosophie begangen hat, kritisch über ihre weltanschaulichen Voraussetzungen ebenso wie über ihr Verhältnis zur Praxis Rechenschaft geben. Diese Dimension darf nicht zugeklappt werden; denn in ihr allein ist es möglich, jene *drei* Funktionen, welche die Hochschule so oder so über die Erzeugung und Vermittlung technisch verwertbaren Wissens hinaus berücksichtigen muß, in rationaler Weise zu erfüllen. Nur in jener Dimension können wir anstelle traditionaler Berufsethiken ein reflektiertes Verhältnis der Hochschulabsolventen zu ihrer Berufspraxis fördern; nur in jener Dimension können wir das sonst dogmatisch wirksame Verhältnis der lebenden Generationen zu den handlungssteuernden kulturellen Überlieferungen durch Reflexion ins Bewußtsein heben; nur in jener Dimension können wir schließlich auch politisch folgenreiche Einstellungen und Motive, die der universitäre Wissenschaftsbetrieb und die Korporation formen, kritischer Erörterung unterziehen. Die Teilnahme der Studenten an Forschungsprozessen schließt nicht zuletzt Beteiligung auch an dieser Selbstreflexion der Wissenschaften ein. Wenn sich aber kritische Erörterungen dieses Typs im Bereich der umfassenden Rationalität bewegen müssen, in der die theoretische Vernunft von der praktischen noch nicht durch die auf anderer Ebene notwendigen methodischen Verbote abgespalten ist, dann besteht eine Kontinuität zwischen *diesen* Bemühungen und der kritischen Erörterung praktischer Fragen. Wenn jene Argumentation am Ende nur die Verschränkungen von methodischen Grundannahmen und handlungsorientierendem Selbstverständnis offenlegt, dann sind die Selbstreflexion der Wissenschaften auf der einen und die rationale Erörterung politischer Entscheidungen auf der anderen Seite – so weit die beiden immer auseinander liegen und so wenig sie umstandslos vermengt werden dürfen – gleichwohl durch die gemeinsame Form der Kritik verbunden.

Deshalb brauchen wir, solange wir Rationalisierung nicht willkürlich abbrechen wollen, einen Gegensatz zwischen Fachuniversität und sogenannter Bildungsuniversität nicht anzunehmen. Aus dem gleichen Grund dürfen wir uns aber auch mit einer entpolitisierten Hochschule nicht abfinden. Auch Tagespolitik muß Bestandteil der universitätsinternen Öffentlichkeit sein dürfen. Ich sage das, obwohl an der Universität Frankfurt soeben ein NPD-Hochschulbund gegründet worden ist. Und ich glaube, diese These vertreten zu dürfen, weil das Prinzip, durch das politische Erörterungen an Universitäten allein legitimiert sind, dasselbe Prinzip ist, das die *demokratische Form* der Willensbildung bestimmt: nämlich der Grundsatz, Entscheidungen in der Weise zu rationalisieren, daß sie, der Idee nach, von einem in herrschaftsfreier Diskussion erzielten Konsensus abhängig gemacht werden können.

III

Das ist, wie gesagt, ein Prinzip. Es ist verbindlich, aber es ist nicht wirklich. Deshalb müssen wir, wenigstens unter analytischen Gesichtspunkten, am demokratischen Willensbildungsprozeß auseinanderhalten: a) die Diskussion der Vorschläge und Begründungen und b) die Demonstration eines Willens mit Berufung auf vorangegangene Argumentationen. Soweit es sich nicht um hochschulpolitische Auseinandersetzungen zwischen Teilen der Korporation selber handelt, ist die Universität nicht der Ort, um dort einen politischen Willen zu demonstrieren.[3] Aber sie ist, wie ich meine, ein vorzüglich geeigneter Ort für die Erörterung politischer Fragen, wenn und sofern diese Diskussion grundsätzlich an dieselben Regeln der Rationalität gebunden ist, innerhalb deren sich die wissenschaftliche Reflexion bewegt. Auch läßt sich mit dem Hinweis auf diesen strukturellen Zusammenhang erklären, daß Studenten von ihren Staatsbürgerrechten einen extensiven Gebrauch machen, um außerhalb der Universität auch ihren Willen zu demonstrieren. Freilich wird dann umgekehrt ebenso verständlich, daß man von Bürgern der Universität in ihrer Rolle als Staatsbürger einen durchsichtigen Zusammenhang zwischen Demonstrationen und vorangegangenen Argumentationen erwartet.

Dieser Zusammenhang fehlt bei den meisten Demonstrationen keineswegs. Zwei Formen der Demonstration kann es geben, die ihn leugnen. Ich meine einmal den Anarchismus jener verhinderten Bombenleger, die von der Vergeblichkeit der Diskussion überzeugt sind und nurmehr der unmittelbaren Aktion vertrauen. Indem sie von sich aus die Kommunikation abbrechen, verzichten sie auf *das* Mittel der Politik, das im Rahmen der Universität allein gerechtfertigt werden kann. Indem sie nicht mehr mit sich sprechen lassen, definieren sie sich für die anderen als bloßes Objekt – sei es der

3 Natürlich muß für *hochschulpolitische* Auseinandersetzungen *innerhalb* der Korporation allen Parteien auch die Möglichkeit zugestanden werden, ihren begründeten Willen zu demonstrieren. Dabei sollten die Mittel, die die Studenten wählen, den Mitteln der Herrschaftsorganisation, der sie gegenüberstehen, komplementär sein. Eine Dauermobilisierung der Studentenschaft jedoch, die sich gegenüber bestimmten, im Prinzip durchsetzbaren hochschulpolitischen Zielen verselbständigte und allein unter dem Gesichtspunkt einer Politisierung des Bewußtseins als jakobinischer Erziehungsprozeß unterhalten würde, ließe sich *auf der Grundlage*, auf der hier Politik als ein unveräußerlicher Bestandteil universitätsinterner Öffentlichkeit gerechtfertigt wird, nicht legitimieren. Allerdings wäre ein solches Vorgehen in extremen Lagen als eine Notwehrreaktion auf die Ausschaltung der universitätsinternen Öffentlichkeit selber verständlich zu machen.

Sozialforschung oder der Psychopathologie. Wenn wir allerdings diese Form der Politisierung *untersuchen*, sollten wir uns nicht verhehlen, daß solche Studenten in einer Hochschule leben, die ihnen keine zureichenden Studiengelegenheiten bieten kann. Wir sollten bedenken, daß sie in einer Demokratie aufgewachsen sind, die selbst einen Jaspers aufscheucht – in der nämlich die äußere Politik von Rauchfahnen systematischer Verschleierung vernebelt wird und in der nach innen die Integration mit Notstandsvorbereitungen, Lohnleitlinien und schriller werdenden Tönen der Presse auf Kosten der Liberalität voranschreitet. Die Einrichtungen einer verwirklichten Demokratie wären wie verschwebende Netze, aus zerbrechlichster Intersubjektivität gewoben; statt dessen könnten unsere Institutionen eines Tages wie Ringwälle dastehen, vor denen die überlebenden Individuen nur noch bellen.

Eine andere Gruppe von Demonstranten scheint zu glauben, daß diese Zukunft schon begonnen hat. Sie brechen nicht nur die Diskussion ab, sie verleugnen auch noch die politischen Ziele. Sie leben in der Hoffnung, daß es eine Revolution, die Spaß macht, nicht nur im Film geben könnte. Was immer nach Ordnung ausschaut, provozieren sie, erst recht die Ordnungshüter. Mich bedrückt bei dieser Form von Demonstration vor allem ein Gedanke. Nehmen wir einmal an, eines Tages würde die Polizei in Berlin oder auch in München, entgegen ihrem verfassungsmäßigen Auftrag, innenpolitisch offen Partei nehmen und sich durch ihr Verhalten selbst als politischer Gegner definieren: wer sollte ihr in einer solchen Situation den gebotenen *politischen* Widerstand leisten, wenn wir uns inzwischen alle zu Provos entpolitisiert hätten?[4]

4 Eine inzwischen vom AStA der Freien Universität vorgelegte Dokumentation über das brutale Vorgehen der Polizei gegen Demonstranten auf dem Kurfürstendamm am 10. Dezember 1966 läßt es sehr zweifelhaft erscheinen, daß meine Konstruktion auf diese Vorgänge angewendet werden kann.

Das Abgleiten in Anarchismus und Provokationismus, also in Formen der politischen Selbstentmündigung, bietet nur die Folie, auf der um so deutlicher hervortritt, daß Bürger der Universität, auch in ihrer Rolle als Staatsbürger außerhalb der Universität, auf den Zusammenhang von Willenskundgebung und vorangegangener Argumentation zu achten haben. Unter dieser Voraussetzung aber muß die kritische Erörterung politischer Fragen als Bestandteil der universitätsinternen Öffentlichkeit gelten.

Diese These scheint mir durch den hier versuchten Nachweis einer immanenten Beziehung zwischen universitärem Wissenschaftsbetrieb und Kritik gestützt. Für sie läßt sich aber auch pragmatisch das Bedürfnis eines politischen Selbstschutzes der Korporation ins Feld führen. In einer nicht eben gefestigten Demokratie müssen wir mit verschleierten Notstandsfällen rechnen, die nach Interpretation der berufenen Instanzen gerade *nicht* als Verstoß gegen die Legalität anerkannt werden. In solchen Fällen arbeitet oft nur noch der Mechanismus der solidarischen Selbstverteidigung der angegriffenen Institution in ihrer Gesamtheit. Dem partikularen Interesse scheint dann nämlich durch eine akute Konvergenz mit dem allgemeinen Interesse, über den eigenen Bereich hinaus, Kraft zuzuwachsen. Die *Spiegel*-Affäre war ein Beispiel. Gegen die verletzte Pressefreiheit hat sich die gesamte Institution in seltener Einmütigkeit zur Wehr gesetzt. Eine Verletzung der Tarifautonomie würde gewiß einen nicht minder geschlossenen Protest der Gewerkschaften auslösen. Und so müßte auch, wenn jemals wieder die Verfassungsnorm, welche Freiheit von Lehre und Forschung garantiert, angetastet werden sollte, der erste Widerstand von den Universitäten selber ausgehen, Professoren und Studenten Seite an Seite. Von einer entpolitisierten Hochschule könnte ein solcher Akt der Notwehr nicht mehr erwartet werden.

Wenn wir, auch aus diesem pragmatischen Grunde, eine kritische Erörterung politischer Fragen in der Universität nicht nur zulassen, sondern fördern, dann haben Studenten natürlich erst recht Teil an Diskussionen, in denen die Hochschule selbst Politikum ist. Sie haben, und niemand bestreitet das, Teil an der Hochschulpolitik. Nun fordert eine aktive und gut argumentierende Minderheit der Studentenschaft seit Jahren eine Demokratisierung der Hochschule.[5] Die Ordinarienuniversität, die eine Gemeinschaft der Lehrenden mit den Lernenden fingiert, soll ersetzt werden durch eine Korporation, an deren Verwaltung alle drei Parteien beteiligt sind mit der Möglichkeit, ihre besonderen Interessen zu vertreten: die Studenten, der Mittelbau und die Professoren. Außerdem soll der Dualismus zwischen Lehrstuhlhierarchie und Institutsverwaltung überwunden werden, wobei wiederum Studenten und Nichtordinarien ihren Arbeitsplätzen entsprechend an der Verfügung über die institutionsgebundenen Mittel zu beteiligen wären. Diese Vorschläge werden zum Teil dadurch Mißverständnissen ausgesetzt, daß sie sich auf falsche Modelle, z. B. auf die Mitbestimmung der Arbeitnehmer in industriellen Unternehmen, beziehen.

Mit der Macht des Ordinarius ist es bei uns bekanntlich eigentümlich bestellt. Zwischen dem Chef einer chirurgischen Klinik und dem Direktor eines orientalistischen Seminars besteht in Einkommen und Einfluß ein vergleichbar beträchtlicher Unterschied wie zwischen einem Großindustriellen und dem traditionellen Handwerksmeister. So würden viele meiner Kollegen erstaunt fragen, welche Kompetenzen sie denn überhaupt abtreten könnten. In der Tat scheint mir die Stellung des Ordinarius gerade durch die eigentümliche Inkonsistenz seines Status, nämlich durch das Mißverhältnis zwischen dem unvergleichlichen Sozialprestige und einem verhältnismäßig bescheidenen Kompetenzbereich, ausgezeichnet zu sein. Das verringert nicht eben die Empfindlichkeiten. Aber viel-

5 Maßgeblich sind die SDS-Hochschuldenkschrift und ein Reformvorschlag, den eine Kommission des VDS ausgearbeitet hat; vgl. auch Nitsch, Gerhardt, Offe, Preuß, *Hochschule in der Demokratie*, Neuwied 1965.

leicht ist es nützlich, wenn Professoren wie Studenten sich darüber klar werden, daß nicht in erster Linie das Quantum an Verfügungsgewalt, sondern die Qualität der Macht den Anstoß erregt: nämlich eine Kategorie persönlicher Abhängigkeit *face to face*, die in fast allen übrigen Bereichen der Gesellschaft obsolet geworden ist. In Institutionen der wissenschaftlichen Lehre und Forschung genügt schon eine geringe Dosis von traditionaler Herrschaft, um peinliche Konflikte zwischen Amts- und Sachautorität offen hervortreten zu lassen.[6]

Ich kann hier die Diskussion nicht aufnehmen. Ich bin nur der Meinung, daß wir als Professoren keinen Grund haben, uns einer solchen Diskussion zu entziehen. Wenn z. B. der gegenwärtige Konflikt an der Freien Universität – dessen offener Austrag, entgegen dem Lamento eines Teiles der Presse, für das Ansehen der Universität und deren Freiheit nicht kränkend sein kann – noch zu einem politisch sinnvollen Ergebnis führen sollte, dann könnte es dieses sein: die Bildung gemeinsamer Kommissionen an den Hochschulen Berlins und der Bundesrepublik, in denen die Professoren mit Assistenten und Studenten ohne Einschränkung alle, auch die gravierenden, hochschulpolitischen Forderungen diskutieren. Über die Resultate wäre zunächst die Öffentlichkeit zu informieren.

In Berlin ist die hochschulpolitische Auseinandersetzung in ein erstes Stadium gemeinsamer Diskussion schon eingetreten. Die Studienreformkommissionen machen auch an anderen Universitäten Schule. Der Rektor der Freien Universität hat in seiner Rede zur letzten Immatrikulationsfeier eine sinnvolle Strategie vorgeschlagen: »Die deutsche Universität kann heute ihre klassische Idee nicht mehr einfach beteuern. Sie kann aber auch nicht der Aufforderung bloß nachgeben, ihre Tradition über Bord zu werfen und sich bedingungslos einer veränderten Welt anzupassen.« Die Ebene der Diskus-

6 E. Baumgarten, *Zustand und Zukunft der deutschen Universität*, Tübingen 1963.

sion ist durch die Empfehlungen des Wissenschaftsrats vorgezeichnet; diese sollten nicht hintergründiger interpretiert werden, als sie gemeint sind. Mit Recht nennt der AStA-Vorsitzende, Herr Nevermann, die mangelnde finanzielle Ausstattung und die mangelnde Organisation von Lehre und Studium als die wirklichen Ursachen der Studienzeitverlängerung. Mit Recht wehrt er sich dagegen, daß die Versäumnisse von Staat und Universität durch administrative Maßnahmen auf die Schultern der Studenten abgewälzt werden. Aber ihre Stellung in der Demokratie wird unsere Hochschule nur halten, wenn ein reformiertes Grundstudium eine auch formal unanfechtbare Ausbildung auf jenem Niveau garantiert, das es den Studenten erst ermöglicht, während ihres Hauptstudiums nicht nur nominell, sondern tatsächlich an Prozessen der Forschung teilzunehmen.
Nun haben sich die Bedingungen für den Eintritt in die Einzelwissenschaften seit Humboldt erheblich verändert. Heute ist Kritik nur mehr im Durchgang durch die Selbstreflexion der Wissenschaften selber möglich; eine Universalwissenschaft in Gestalt der Philosophie gibt es nicht mehr. Deshalb setzt die kritische Aneignung des Wissens im Hauptstudium Fertigkeiten voraus, die in dem strafferen Rahmen eines Grundstudiums erworben werden müssen. Diesen Teil der Wissenschaftsrats-Empfehlungen sollten wir also schnell und wirksam realisieren – aber in der erklärten Absicht, die Kraft der Reflexion als eine gemeinsame Anstrengung *aller* Bürger der Universität ernstlich zu ermöglichen und der eilfertigen Integration einer entpolitisierten Hochschule in die sich formierende Gesellschaft mit Entschiedenheit zu begegnen.

6. (L. v. Friedeburg, J. Habermas) Offener Brief an den AStA der Freien Universität Berlin

Anläßlich einer bevorstehenden Urabstimmung der Berliner Studentenschaft über das Verhalten ihrer amtierenden Vertreter haben wir die legalistische Drosselung begründeter hochschulpolitischer Auseinandersetzungen kritisiert (April 1967).

Sehr geehrter Herr Häußermann,

Sie haben uns gebeten, zu dem Konflikt zwischen der Studentenvertretung und dem akademischen Senat der Freien Universität Stellung zu nehmen. Wir haben vor wenigen Monaten auf den Berliner Universitätstagen in allgemeiner Form unsere Auffassungen vorgetragen. Wir fühlen uns daher verpflichtet, sie nun bei einem bestimmten Anlaß zu konkretisieren.

1. Der Rektor der Freien Universität hat gegen fünf Studenten die Einleitung eines Disziplinarverfahrens beantragt, weil sie nach seiner Auffassung für das Sit-in vom 19. 4. die Verantwortung tragen und sich der »Anstiftung zu pflichtwidrigem Verhalten« schuldig gemacht haben. Wir unterstellen, daß das Vorgehen des Rektors rechtlich unbedenklich ist. Würde das Sit-in keinen Anlaß zu disziplinarischen Maßnahmen geben, wäre es kein Sit-in. Als Kampfmittel ist es dadurch definiert, daß es eine Hausordnung verletzt. Deshalb hielten wir es für inkonsequent, nach einem Sit-in gegen die Sanktionen, die durch diese Veranstaltung ausgelöst sind, als solche zu opponieren. Konsequent ist es aber, gegen die falsche Legalisierung eines der Sache nach

politischen Konfliktes anzugehen. Nach den Vorgängen in Berkeley und an anderen Universitäten Amerikas wie Europas mußte es jedem unvoreingenommenen Beobachter klar geworden sein, daß sich in hochschulpolitischen Auseinandersetzungen das Sit-in als ein Kampfmittel der Studenten eingebürgert hat. Über die Legitimität eines Mittels, das die Verletzung von Hausordnungen einschließt, läßt sich gewiß streiten. Wir würden vorschlagen, es für legitim anzusehen, wenn Studenten in einer mit Argumenten geführten Auseinandersetzung darauf zurückgreifen, nachdem sie die formell zugestandenen Möglichkeiten des Protestes gegen einen durch Amtspositionen tatsächlich privilegierten Teil der Korporation genutzt und erschöpft haben. Wenn die Veranstaltung vom 19. 4. in diesem Sinne ein angemessenes Kampfmittel war, dann verlieren die Sanktionen gegen die Beteiligten ihren Charakter als bloße Rechtsakte. Die juristische Form darf den politischen Inhalt nicht verschleiern.

2. Der Bericht des Rektors nennt drei politische Streitpunkte als Anlaß der Protestaktion vom 19. 4.:
Die sachlichen Angaben über die Kürzungen des Etats der Studentenschaft rücken zwar Proportionen wieder zurecht; aber sie machen den Protest der Studenten auch verständlich. Das Kuratorium hat, wie immer man es wenden will, im Januar den gesamten Zuschuß der Universität zu den Ausgaben der Studentenschaft vorläufig gesperrt und eine Überprüfung des Finanzgebarens der Studenten veranlaßt; auf Grund dieser Kontrolle hat es im April fast ein Drittel des Zuschusses gekürzt. Wir unterstellen die Sachlichkeit dieser Entscheidungen. Gleichwohl können sich die Verantwortlichen nicht darüber getäuscht haben, daß ihre Entscheidungen in dem aktuellen Zusammenhang mit den Konflikten an der Universität gesehen und deshalb als politische Repressalien verstanden werden mußten.
Der Beschluß des akademischen Senates, Forschungsseminare

von den Lehrveranstaltungen auszunehmen, die im *FU-Spiegel* rezensiert werden können, läßt sich mit guten Argumenten verteidigen. Die Studenten mußten aber zunächst davon ausgehen, daß wieder einmal die Rezension von Lehrveranstaltungen überhaupt in Frage gestellt werden sollte. Wenn wir Professoren das Recht der Studenten, unsere Lehrveranstaltungen auch öffentlich zu kritisieren, als selbstverständlich anerkennen würden, entfielen Mängel wie Anonymität und überzogene Polemik, die doch nur die Kehrseite unserer gekränkten Reaktionen darstellen.

Die Förderungswürdigkeit einer politischen Studentengruppe sollte nicht vom Wohlverhalten einer notorischen Minderheit abhängig gemacht werden. Wir meinen, daß die anläßlich des Humphrey-Besuches geplanten Provokationen wohl Dummheiten darstellen, aber nicht als kriminelle Handlungen eingestuft werden können. Wenn sich ein Studentenverband unter dem Eindruck törichter Reaktionen von Polizei und Presse zunächst einmal nicht dem geforderten Ritual des Ausschlusses oder der offiziellen Distanzierung unterwirft, dann mag das politisch unklug sein, aber gerade wir, die wir mit Studenten täglich umgehen, sollten einen psychologischen Zusammenhang von einer politischen Verschwörung unterscheiden.

3. Die legalistische Empörung verdunkelt den hochschulpolitischen Charakter der Auseinandersetzung. Es geht nicht um einen Rechtsstreit, sondern darum, daß das Studium sinnvoll reformiert und das Berliner Modell ausgebaut wird. Weil Konvent und AStA, wie die Arbeit in den Studienreformkommissionen zeigt, die Interessen der Studenten sachlich und wirksam vertreten, sollte sich die Studentenschaft von ihren Repräsentanten nicht trennen lassen.

7. Kongreß ›Hochschule und Demokratie‹

Am 9. Juni 1967 fand in Hannover im Anschluß an das Begräbnis Benno Ohnesorgs, der eine Woche zuvor im Zusammenhang mit einer Anti-Schah-Demonstration vor der Berliner Oper von einem Polizisten erschossen worden war, ein Studentenkongreß statt. An diesem Tage hat die Protestbewegung von Berlin auf die Hochschulen der Bundesrepublik übergegriffen. Meine Rede war der Versuch, die politische Rolle der Studentenschaft in der Bundesrepublik zu bestimmen. Die beiden Diskussionsbeiträge nehmen das Problem der Gewalt auf: Dutschke hatte sein Konzept des neuen Aktionismus vorgetragen und die Taktik der Regelverletzung entwickelt. Dabei habe ich den Topos des »linken Faschismus« verwendet. Später habe ich in Briefen an Erich Fried und an C. Grossner jenes Wort zu klären versucht.

7.1 REDE ÜBER DIE POLITISCHE ROLLE DER STUDENTENSCHAFT IN DER BUNDESREPUBLIK[1]

Die politische Aktivierung von Teilen der Studentenschaft, die wir seit einigen Jahren in der Bundesrepublik wie in anderen westlichen Ländern beobachten können, hat Reaktionen hervorgerufen. Innerhalb der Universitäten reichen diese von fast unmerklichen Diskriminierungen über Hörsaalverbote bis zur Androhung von Disziplinarmaßnahmen. Außerhalb der Universitäten breitet sich Mißtrauen und Ablehnung gegen »studentische Störenfriede« aus; sie schlagen schnell in Sanktionen um. Die Reaktionen der breiten Bevölkerung kristallisieren sich um tiefsitzende Ressentiments gegen Minder-

1 Erschienen in: *Der Politologe, Berliner Zeitschrift für politische Wissenschaft* Nr. 23, Juli 1967, S. 2 ff.

heiten, insbesondere gegen intellektuelle Minderheiten. Diese stereotype Einstellung wird durch einen großen Teil der Presse befestigt, von einer Presse, die sich an der Verdächtigung extremistischer Gruppen unter den Stichworten Randalierer, Gammler, Kommunisten nicht genugtun kann. Solche Verdächtigungen fallen gegen eine schon gefährdete Demokratie ins Gewicht, gleichviel, ob es sich um die blanken Aufhetzungen der Springer-Presse oder um die sublimierten Angriffe scheinbar seriöser Leitartikel handelt. Nicht minder problematisch sind die Reaktionen der großen politischen Parteien, die seit Jahren mit ihren Studentenverbänden in Fehde liegen, oft zu Distanzierungen und manchmal zum Ausschluß der mißliebigen Studenten neigen. Das ist ein alarmierendes Zeichen dafür, daß der innere Aufbau dieser Parteien autoritär ist, und daß in ihnen der Toleranzspielraum für Fraktionsmeinungen auf ein Minimum zusammengeschrumpft ist.

Dies alles beobachten wir seit Jahren. Nun aber hat sich das antistudentische Syndrom so gefestigt, daß Organe des Staates darangehen, die politischen Teilnahmerechte der Studenten einzuschränken. Das begann in Berlin im vergangenen Semester mit Demonstrationsverboten und vorbeugenden polizeilichen Maßnahmen. In der vergangenen Woche hat die Reaktion der Staatsgewalt auf Studentenproteste eine neue Qualität angenommen, eine Qualität, die wir seit den Tagen des Faschismus in Berlin und in der Bundesrepublik zum ersten Mal wieder kennenlernen. Wenn die Augenzeugenberichte, die zuverlässig dokumentiert sind, nicht Wort für Wort widerlegt werden, hat die Polizei am Freitag, den 2. Juni, vor dem Opernhaus in Berlin Terror ausgeübt, und der Berliner Senat hat am selben Abend diesen Terror gedeckt. Terror heißt: gezielte Einschüchterung, heißt: faktische Einschränkung geltender Rechte. Terror zielt nicht auf die gewaltsame Unterdrückung eines augenblicklichen Protestes, sondern auf die Abschreckung künftiger Proteste. Sollte der begründete Verdacht auf Terror nicht mit aller wünschenswerten Konsequenz aufgeklärt werden, sollte er, im Falle der Bestätigung, nicht unmißverständliche juristische und politische Folgen haben, dann werden wir den 2. Juni 1967 als einen Tag in Erinnerung behalten müssen, an dem die Gefahr nicht nur einer schleichenden Austrocknung, sondern einer manifesten Erschütterung der Demokratie in unserem Lande für jeden Bürger, der lesen kann und nicht willentlich die Augen schließt, drastisch sichtbar geworden ist.

Diese Ereignisse geben Anlaß, darüber nachzudenken, welche politische Rolle heute die Studenten in der Bundesrepublik spielen, spielen können und spielen sollen. Die studentische Opposition ist Teil der intellektuellen, die intellektuelle ist Teil der unorganisierten außerparlamentarischen Opposition. In diesem Rahmen genießen Studenten keine Privilegien. Sie haben keine korporativen Sonderrechte, auf die sie ihre politische Aktivität begründen können. Zudem müßte sich jeder Versuch, eine Elitestellung akademisch zu rechtfertigen, vor der historischen Erinnerung an die Rolle, die gerade die aktiven Bürger der deutschen Universitäten in den dreißiger Jahren gespielt haben, aufs peinlichste blamieren. Studenten haben für das, was sie tun, keine andere Legitimation als die Staatsbürgerrechte, die sie mit allen Bürgern teilen. Was sie vor politisch passiveren Gruppen auszeichnen kann, ist nur die extensivere Inanspruchnahme dieser Rechte. Das wiederum ist nicht erstaunlich, wenn man bedenkt, daß 1. Studenten ein höheres Informationsniveau haben, als wir es durchschnittlich in der Bevölkerung antreffen; daß 2. das Studium in einem gewissen Umfang immerhin Motive und Interessen weckt oder begünstigt, die zu politischem Engagement führen können (und sei es nur dadurch, daß es Ihren Widerspruch herausfordert); und daß 3. die Studentenrolle vom aktuellen gesellschaftlichen Druck stärker freisetzt als andere Erwachsenenrollen, die einen anerkannten gesellschaftlichen Status einräumen.

Welche Funktion hat nun die studentische Opposition in der Bundesrepublik heute?
Wenn wir die Zielscheiben der studentischen Proteste betrachten, bemerken wir daran etwas Spezifisches – jene Proteste sind nämlich in einem recht altmodischen und heute fast schon diskreditierten Sinne politisch. Sie entzünden sich in den meisten Fällen nicht an den unmittelbaren Verbandsinteressen, sondern an den allzu pragmatischen Unterlassungen, die sich Presse, Parteien und Regierung zuschulden kommen lassen. Die studentischen Proteste bringen oft genug erst zu Bewußtsein, was die offiziellen Instanzen absichtslos oder auch mit Vorsatz aus dem politischen Bewußtsein ihrer Bürger aussperren und vielleicht sogar aus ihrem eigenen Bewußtsein verdrängen. Die Studentenproteste, das ist meine These, haben eine kompensatorische Funktion, weil die in einer Demokratie sonst eingebauten Kontrollmechanismen nicht oder nicht zureichend arbeiten.
Oft waren es erst Studentenproteste, die politische Ereignisse, zu innenpolitischem Hausgebrauch als Konsumwaren abgepackt, in *die* theoretische Perspektive hereingerückt haben, ohne die sie als politische Ereignisse gar nicht begriffen werden können. Dafür ist der Vietnam-Konflikt ein überzeugendes Beispiel. Erst der Vorstoß der Studenten gegen die falschen Definitionen dieses Krieges, der ein sozialer Befreiungskampf ist, hat in das offizielle Weltbild unseres Landes die Bresche geschlagen, durch die dann auch von anderer Seite aufklärende Informationen nach und nach eindringen konnten.
Oft waren es erst Studentenproteste, die uns für ein krasses Mißverständnis zwischen beanspruchten Legitimationen und tatsächlichem Verhalten sensibel gemacht haben. Dafür sind die Demonstrationen gegen den persischen Staatsbesuch ein überzeugendes Beispiel. Erst dieser Widerstand hat die durch die Illustriertenpresse vorbereiteten und durch das Staatszeremoniell bekräftigten Personalisierungen durchbrochen und den Gegensatz zwischen Schaubildern aus orientalischen

Märchen und der tatsächlichen Rolle eines despotischen Monarchen sichtbar gemacht. Oft waren es erst Studentenproteste, die den auf unmittelbare Ereignisse fixierten Blick unserer Realpolitiker erweitert und welche die heute geforderte Phantasie in Bewegung gesetzt haben, um Folgen gegenwärtigen Handelns in ganzer Tragweite zu antizipieren. Dafür sind die Proteste gegen die Notstandsplanung ein Beispiel. Oft waren es erst Studentenproteste, die dann an Prinzipien erinnerten, als allein ein radikales Festhalten an Grundsätzen vor einer qualitativen Verschiebung des Verfassungszustandes bewahren konnte. Das war so während der *Spiegel*-Affäre, und das ist heute wieder so. Studenten sind es, welche heute die Öffentlichkeit gegen alle offiziellen Darstellungen und gegen die falschen Apologien der Obrigkeit davon überzeugen, daß Polizeiterror, wenn er nicht durch weithin sichtbare politische Konsequenzen öffentlich und wirksam verurteilt wird, den ersten definitiven Schritt zum Polizeistaat bedeuten kann. Es waren schließlich Studentenproteste, die aus Anlaß konkreter Ereignisse in Südafrika, in Südamerika, in Ostasien oder anderswo die Presse, die Parteien und die Regierung darauf gestoßen haben, daß sich der weltgeschichtliche Aggregatzustand der Politik verändert hat und in den Kategorien des 19. Jahrhunderts nicht mehr fassen läßt – daß Außenpolitik nicht mehr als Machtpolitik mit diplomatischen und militärischen Mitteln betrieben werden kann, sondern als eine Gesellschaftspolitik im Weltmaßstab betrieben werden müßte.

Ich fasse zusammen. Die Aufgabe der studentischen Opposition in der Bundesrepublik war es und ist es, den Mangel an theoretischer Perspektive, den Mangel an Sensibilität gegenüber Verschleierungen und Verketzerungen, den Mangel an Radikalität bei der Auslegung und Praktizierung unserer sozialrechtsstaatlichen und demokratischen Verfassung, den Mangel an Antizipationsfähigkeit und wachsamer Phantasie, also Unterlassungen, zu kompensieren. Ihre Aufgabe ist es, das Fehlen einer in ihren Intentionen aufgeklärten, in ihren Mitteln redlichen, in ihren Interpretationen und Handlungen fortschrittlichen Politik, wenn nicht wettzumachen, so doch zu deklarieren. Dabei verkenne ich nicht die engen Grenzen, die einer studentischen Opposition gezogen sind. Darauf kann ich an dieser Stelle nicht eingehen.

Statt dessen möchte ich auf einige objektive und subjektive Gefahren hinweisen, die sich im Bereich der Hochschule selber für den politischen Bewegungsspielraum der Studenten ergeben.

Objektive Gefahren ergeben sich aus den bestehenden Strukturen der Hochschulen und erst recht aus einer bestimmten Tendenz zu ihrer Veränderung. Es mehren sich die Zeichen, daß die rückblickend fast liebenswerte Liaison unserer Nachkriegsdemokratie mit der Hochschule traditioneller Gestalt zu Ende geht. Der Schatten einer autoritären Leistungsgesellschaft fällt schon auf eine Korporation, die mit ihren feudalistischen Überbleibseln nicht nur für die Repressionen eigener Art, sondern auch für archaisch anmutende, aber bitter notwendige Freiheitsreservate gesorgt hat. Heute ringen zwei Tendenzen miteinander, von denen die eine gewiß stärker ist – um so mehr muß die Studentenschaft für die Durchsetzung der anderen kämpfen. Entweder ist die Steigerung der Produktivität der einzige Gesichtspunkt einer Reform, welche die Hochschule in das System der gesellschaftlichen Arbeit fugenlos integriert und zugleich unauffällig aus ihrer Verzahnung mit der politischen Öffentlichkeit löst. Oder die Hochschule behauptet ihre Stellung in der Demokratie; das scheint aber heute nur noch auf dem Wege möglich zu sein, der Demokratisierung der Hochschule genannt wird. Drei Punkte halte ich für entscheidend:

1. müssen politische Diskussionen, müssen Diskussionen auch von Tagesfragen ein anerkannter Bestandteil der hochschulinternen Öffentlichkeit bleiben. Die kritische Erörterung politischer Fragen in der Universität soll nicht nur zugelassen, son-

dern offiziell gewollt und gefördert werden. Ich bin der Überzeugung, daß die Selbstreflexion der Wissenschaft, die das Medium des wissenschaftlichen Fortschritts ist, mit der rationalen Erörterung politischer Entscheidungen durch die gemeinsame Form der Kritik verbunden ist.

2. darf die in vielen Disziplinen und an manchen Fakultäten nicht nur fällige, sondern überfällige Neuordnung der Studiengänge nicht dazu benutzt werden, eine sehr schwerfällige Korporation bloß auf Vordermann zu bringen. Es muß verhindert werden, daß ein reglementierter Lehrbetrieb allein auf Erfordernisse der akademischen Berufsausbildung für eine nach Kapazität und Bedarf begrenzte Leistungselite abgestellt wird. Die Folge der Reglementierung *in diesem Sinne*, die Folge obligatorisch begrenzter Studienzeiten, die Folge eines Ausschlusses der Studenten von Forschungsprozessen wäre eine indirekt erzwungene Entpolitisierung der Hochschule.

3. ist es im berechtigten Interesse der Studentenschaft, überlieferte und neue Ordnungen des akademischen Disziplinarrechts sorgfältig zu prüfen und anzustreben, daß die Studenten an der Selbstverwaltung der Hochschule als eine von drei Parteien angemessen beteiligt werden.

Lassen Sie mich, meine Damen und Herren, andererseits auch auf die subjektiven Gefahren hinweisen, die der studentischen Opposition drohen. Ich spreche über Schwierigkeiten beim Versuch, die Welt nicht nur zu interpretieren, sondern sie zu verändern.

Zunächst ist heute jeder, der mit einem gewissen theoretischen Anspruch Politik erörtert und mit praktischen Folgen betreiben möchte, einem Mißverhältnis zwischen seiner Kritik und den Chancen der Umsetzung dieser Kritik gegenübergestellt. Lassen Sie es mich so ausdrücken: die Durststrecke zwischen Theorie und Praxis ist ungewöhnlich lang. Die Gründe dafür liegen auf der Hand. Je komplexer und umfassender ein System wird – und in einem Stadium, in dem wir zum ersten Male strikt von Weltgeschichte sprechen dürfen, umfaßt das System die gesellschaftlichen Interaktionen des ganzen Erdballes – um so mehr entzieht sich das System unmittelbaren Eingriffen, um so schwächer werden die Aussichten für das, was einst direkte Aktion hieß. Die Komplexität der Glieder, die heute zwischen Theorie und Praxis vermitteln, ist nur zu oft entmutigend. *Zwei weitere* Schwierigkeiten ergeben sich aus der Rolle der Studenten. Auf der einen Seite entstehen Spannungen zwischen – Energie und Geduld erfordernden – politischen Interessen und dem Interesse an der schnellen und zuverlässigen Vorbereitung auf einen spezialisierten Beruf. Auf der anderen Seite entstehen Konflikte zwischen dem Bedürfnis nach theoretischer Anleitung im Handeln und einem positivistischen Wissenschaftsbetrieb, der Handlungsorientierung nicht mehr hergibt. Diese drei Schwierigkeiten fordern zwiespältige Reaktionen heraus. Ich nenne jeweils zwei Reaktionsbildungen, die nicht Lösungen darstellen, sondern den ungelösten und verdrängten Konflikt bloß spiegeln. Aber ich mache mit Nachdruck darauf aufmerksam, daß nach meinen Erfahrungen die Masse der Studenten an dem einen der beiden Pole zu suchen ist, während wir am anderen Pol, selbst an den mobilsten Hochschulen, nur eine Handvoll von Studenten finden.

1. Das Spannungsverhältnis zwischen Theorie und Praxis kann von denen, die die entsprechenden Frustrationen nicht aushalten und nicht rational verarbeiten können, abgeleitet werden:

entweder in Indifferentismus, in eine Abwendung von Politik überhaupt

oder in Aktionismus, das heißt in eine Praxis, die jeden Anlaß zur Mobilisierung, allein um der Mobilisierung, aber nicht um der begründeten und taktisch aussichtsreichen Durchsetzung von definierten Zielen willen ergreift.

2. Das Spannungsverhältnis zwischen politischem Engagement und Berufsvorbereitung kann von denen, die die ent-

sprechenden Belastungen nicht tolerieren und nicht rational verarbeiten können, abgeleitet werden:

entweder in *Über*anpassung, das heißt in eine Antizipation von Zwängen der künftigen Berufssituation, oder in ein regressives Festhalten an der Situation von Studienanfängern, das heißt in Abwehr gegen intellektuelles Eindringen in die Materie eines Faches zugunsten eines Zustandes verselbständigter revolutionärer Dauerbereitschaft.

3. Das Spannungsverhältnis zwischen dem Bedürfnis nach praktischer Gesamtorientierung und dem Wissenschaftsbetrieb kann von denen, die die entsprechenden Frustrationen nicht aushalten und nicht rational verarbeiten können, abgeleitet werden:

entweder in eine positivistische Beschränkung auf erfahrungswissenschaftlich immanente Fragen, verbunden mit Apathie oder mit einer von Fall zu Fall kontingenten Handlungsorientierung

oder aber in theoretische Übervereinfachungen, in fetischisierte Gesinnungen und in eine irrationalistische Verklärung des Unmittelbaren.

Ich halte es für nötig, daß wir uns über jene Schwierigkeiten und auch über die Reaktionsformen, in denen sich die unbewältigten Konflikte ausdrücken, klar werden, damit die studentische Opposition nicht in Gefahr gerät, sich selbst zu isolieren und ohne Boden zu agieren. Ich halte diese Gefahr nicht für groß. Sie sollte nicht denen zum Vorwand dienen, die den Bewegungsspielraum der studentischen Opposition als solchen einschränken möchten. Vor allem aber habe ich mich davon überzeugt, daß die Repräsentanten der Berliner Studentenschaft auf exemplarische Weise zeigen, wie jene Schwierigkeiten auf rationale Weise zu bewältigen sind. Ich mache mir keine Illusionen über eine von Gewalt freie Welt – diese Welt ist von Gewalt besessen. Aber die Befriedigung, die man daran haben könnte, die sublime Gewalt der Institutionen durch Herausforderung in manifeste Gewalt umzuwandeln,

ist masochistisch, keine Befriedigung also, sondern Unterwerfung unter eben diese Gewalt.
Die demonstrative Gewalt, welche die politische Aufklärung in unserer Situation, also in einer nicht-revolutionären Lage, allein in Anspruch nehmen darf, ist definiert durch das Ziel der Aufklärung. Durch Demonstration erzwingen wir Aufmerksamkeit für unsere Argumente, weil wir sie für die besseren halten. Wir erzwingen Diskussion dort, wo sie uns durch informellen Zwang verwehrt wird. Eine Gewalt hingegen, die verwundet, kann diesem Ziel nicht dienen.
Wenn die studentische Opposition einen Vorzug hat, dann kann es nur der sein: daß sie Sensibilität für die Verletzung von Menschen und für deren Verletzbarkeit, einzelner Menschen wie ganzer Klassen, zu einer politischen Kategorie erhebt.

7.2 DISKUSSIONSBEITRÄGE[2]

»[...] Der Sinn von Provokation sollte für heute abend terminologisch geregelt werden, damit wir nicht aneinander vorbeireden. Soweit Sie mit ›Provokation‹ die Ausübung demonstrativer Gewalt meinen, ist sie völlig legitim. [...] Demonstrative Gewalt ist die Gewalt, mit der wir uns Aufmerksamkeit für Argumente erzwingen und dort die Herstellung von Bedingungen für eine Diskussion erzwingen, wo sie stattfinden sollte. Das hat man bisher nicht Provokation genannt. Die in den Institutionen selbst verankerte Gewalt, auf die sich herrschende Positionen stützen, wird durch Provokation zu Aktionen herausgefordert, die diese sublime Ge-

2 Die Tonbandnachschriften der beiden Diskussionsbeiträge (*Bedingungen und Organisation des Widerstandes, Der Kongreß in Hannover, Voltaire-Flugschrift* 12, 1967, S. 75 f. und S. 100 ff.) habe ich im Hinblick auf Übertragungsfehler und Unebenheiten des gesprochenen Wortes redigiert. Von leichten Kürzungen wird der Inhalt nicht berührt.

walt zu einer manifesten Gewalt machen und damit deklarieren sollen. Wenn ich Provokation in diesem Sinne verstehen darf, dann heißt systematisch betriebene Provokation von Studenten ein Spiel mit dem Terror (mit faschistischen Implikationen) [...].
Was die plebiszitäre Kontrolle der Lehrveranstaltungen angeht, Herr Krahl, so möchte ich wissen, was Sie damit meinen. Was meinen Sie mit der ›Destruktion des bürgerlichen Lehrbetriebs‹? Ich halte es für notwendig, daß die Kritik an den Lehrveranstaltungen in einem institutionell nach Möglichkeit gesicherten Rahmen und, solange es diesen Rahmen nicht gibt, eben auch ungeregelt, in einem viel breiteren Umfang geübt werden sollte, als es bisher üblich ist. Dafür haben sich die Berliner, und ich halte das für sinnvoll, das Institut der Vorlesungsrezension geschaffen. Ich halte es für ebenso sinnvoll, in den Lehrveranstaltungen, sei es in der Mitte oder am Ende oder wann immer, die Lehrveranstaltung zu kritisieren. Plebiszitäre Kontrollen der Lehrveranstaltungen von unten halte ich aber nicht nur nicht für legitim, sondern für verheerend. Denn sie impliziert die Abschaffung der Lehrfreiheit oder deren definitive Einschränkung. Ich möchte daran erinnern, daß es im Codex liberaler Rechte sehr wohl solche gibt, die auch für uns völlig unveräußerlich sind.«

»[...] ich bin erstaunt, daß die Linie, die Herr Dutschke hier vertreten hat, zwar aus dem Publikum in Frage gestellt worden, aber vom Tisch der Veranstalter ohne Kommentar hingenommen worden ist. [...] Herr Weller hat wiederum von Brutalität und Unmenschlichkeit gesprochen; ich meine, daß wir diese Vokabeln glaubwürdig nur verwenden und vertreten und nicht nur zu manipulativen Zwecken ausstreuen könnten, wenn Herr Dutschke uns eine klare Auskunft auf folgende Fragen in einem positiven Sinne gäbe. Herr Dutschke hat als konkreten Vorschlag nur vorgetragen, daß ein Sitzstreik stattfinden soll. Das ist eine Demonstration mit gewaltlosen Mitteln. Ich frage mich, warum er das nicht so nennt und warum er eine Dreiviertelstunde darauf verwendet hat, eine voluntaristische Ideologie zu entwickeln, die man im Jahre 1848 utopischen Sozialismus genannt hat, die aber unter heutigen Umständen – jedenfalls glaube ich, Gründe zu haben, diese Terminologie vorzuschlagen – ›linken Faschismus‹ nennen muß. Es sei denn, daß Herr Dutschke aus dem, was er an ›Überbau‹ entwickelt hat, praktisch keine Konsequenzen zu ziehen wünscht. Das hätte ich gerne geklärt.

Ich hätte gerne geklärt, ob er nun willentlich die manifeste Gewalt nach dem kalkulierbaren Mechanismus, der in diese Gewalt eingebaut ist, herausfordern möchte – und zwar so, daß er das Risiko von Menschenverletzung, um mich vorsichtig auszudrücken, absichtlich einschließt – oder ob er das nicht will. Die offizielle Version, gegen die Sie auf eine so überaus überzeugende, auf eine überaus erfolgreiche Weise in den letzten Tagen mit dem besten Recht angegangen sind, nämlich die Version, daß der Tod eines Kommilitonen auf das Konto von ›provokationistischen Studentenhorden‹ gehe, diese Version, und ich hätte das gerne Herrn Dutschke gefragt, würde sie Wahrheit werden können, wenn seine Strategie sich durchsetzt, oder habe ich ihn total mißverstanden? [. . .]

Wir können über die progressive Rolle, die auch Gewalt haben kann, diskutieren; in der Theorie, der ich nicht eben fernstehe, ist darüber ausführlich diskutiert worden. Die analytische Unterscheidung zwischen progressiver und reaktionärer Gewalt hat einen guten Sinn – eben für die Analyse. Ich meine, daß es in einer Situation, die weder revolutionär noch nachrevolutionär ist [. . .] für Studenten, die in der Tat nichts anderes als Tomaten in den Händen haben können, nur subjektive Anmaßung sein kann, eine Strategie vorzuschlagen, die, wie ich es heute schon zweimal gesagt habe, darauf angelegt ist, eine sublime Gewalt, die notwendig in

Institutionen impliziert ist, manifest werden zu lassen – gleichviel, ob jene zu vertreten ist oder nicht. Ich meine, daß formale Regelungen, gegen die Sie mit so viel Verve hier zu Felde ziehen, nach den Vorstellungen, die wir bisher gemeinsam geteilt haben, materiell eingelöst, aber nicht außer Kraft gesetzt werden sollten.
Ich darf noch einmal sagen: meine Intervention hat den Zweck, Sie, die Sie Herrn Dutschke nun vertreten müssen, zu bitten, mich wirklich zu überzeugen, ob das ein Mißverständnis ist oder ob in dieser Strategie sehr wohl das impliziert ist, was ich hier zunächst hypothetisch unterstellt habe.«

7.3 BRIEF AN ERICH FRIED (26. 7. 1967)

Haben Sie sehr herzlichen Dank für Ihren Brief, den ich nach Rückkehr von einer Reise hier vorfinde. Ihre Sorgen teile ich, aber zu der Konsequenz, die Sie mir nahelegen, kann ich mich nicht entschließen.
Ich habe in Hannover von »linkem Faschismus« in einem klar hypothetischen Zusammenhang gesprochen. Dort hatte mich nämlich der unvorhergesehene Solidarisierungseffekt der Woche nach dem 2. Juni irritiert; ich war bestürzt, daß Dutschkes Auffassung nicht als eine Fraktionsmeinung relativiert wurde. Daher wollte ich wissen, ob Dutschke und seine Anhänger aus der anarchistischen Deutung der gegenwärtigen Situation unmittelbar praktische Konsequenzen ziehen wollten. Unter der Voraussetzung, daß sich aus Dutschkes Konzept unmittelbar praktische Folgen ergeben sollten, aber auch nur dann, schien mir eine Verwandtschaft einer solchen Praxis mit gewissen, an Sorel anknüpfenden linken Tendenzen des frühen italienischen Faschismus auf der Hand zu liegen. Ich bin auch heute noch der Überzeugung, daß das sozialpsychologische Potential, an das Dutschke appelliert, höchst ambivalent ist und fast ebensogut »rechts«

wie »links« kanalisiert werden könnte, weil die Befriedigung, wie ich auch auf dem Campus in Berkeley studieren konnte, nicht aus der Realisierung eines bestimmten politischen Ziels, sondern aus der Aktion um ihrer selbst willen, aus der Teilnahme am Happening per se, aus der erfolgreichen Dauermobilisierung resultiert. Diese Befürchtungen sind nicht dadurch zerstreut worden, daß Herr Dutschke selbst in seinem *Spiegel*-Interview einer imponierenden und sehr wohl rationalen Weise der Argumentation gefolgt ist.

Diese Gesichtspunkte, die ich heute keinesfalls öffentlich äußern würde, rechtfertigen gewiß für sich genommen noch nicht, eine Vokabel stehen zu lassen, die aus dem Zusammenhang gerissen und »umfunktioniert« worden ist. Aber ich habe Grund zu der Vermutung, daß diese eine lächerliche Vokabel sogar eine recht nützliche Funktion gehabt hat. Bisher jedenfalls tun Dutschke und seine Freunde entgegen ihren ursprünglichen Plänen alles, um sich diesseits der Grenze gewaltsamer Provokation zu halten und mich ins Unrecht zu setzen. Ich habe in einer Diskussion nach Hannover mit dem Berliner SDS vergeblich versucht, Dutschke und seine Anhänger dazu zu bringen, anzuerkennen, daß es sinnlos ist und überdies für die eigene Position gefährlich, wenn man in einer nichtrevolutionären Situation die Grenze zwischen demonstrativer und gewaltsamer Provokation überschreitet. Sie haben in jener Diskussion keine Farbe bekannt, aber vorerst verhalten sie sich danach. Unter diesen Umständen möchte ich lieber das ominöse Wort über den Häuptern schweben lassen. Auch Marcuse ist ja, wie Sie wissen, sehr schnell mit den Berliner Studenten in puncto Gewaltanwendung zusammengeraten.

Im übrigen halte ich heute einen förmlichen Widerruf der mißverstandenen Hannoveraner Äußerung schon deshalb nicht mehr für dringlich, weil selbst in der deutschen Presse hinlänglich klargemacht worden ist, daß diese Bedenken von links kamen.

Ich hoffe, daß Sie ein wenig Verständnis für meine Haltung haben, und bin mit sehr herzlichen Grüßen

Ihr J. H.

7.4 BRIEF AN C. GROSSNER (13. 5. 1968)

[...] Hauptsächlich schreibe ich Ihnen wegen unserer Diskussion über den unglücklichen Topos des linken Faschismus. Damit nicht zum zweiten Mal ganz unnötig – und ganz unnötig viel – Porzellan zerschlagen wird, erlauben Sie mir noch ein paar Bemerkungen.
Rückblickend auf meine Hannoveraner Intervention möchte ich dreierlei feststellen. Erstens habe ich damals nicht gesehen, daß die neuen Formen der Provokation ein sinnvolles, legitimes und sogar notwendiges Mittel sind, um Diskussionen dort, wo sie verweigert werden, zu erzwingen. Zweitens hatte ich damals Angst vor den irrationalistischen Implikationen eines Vorgehens, das unter dem Topos »die Spielregeln brechen« eingeführt wurde. Diese Befürchtungen hege ich auch heute noch, daher hat sich die Intention meiner damaligen Bemerkung nicht geändert. Freilich würde ich sie heute gewiß nicht mehr in der gleichen Form zum Ausdruck bringen, erst recht würde ich das Etikett des linken Faschismus vermeiden, und zwar nicht nur, weil dieses Etikett das grobe Mißverständnis einer Identifizierung des SDS mit den rechten Studenten Anfang der dreißiger Jahre hervorgerufen hat, sondern weil ich inzwischen überhaupt unsicher geworden bin, ob das eigentlich Neue an den gegenwärtigen Revolten durch geistesgeschichtliche Parallelen getroffen werden kann. Drittens halte ich nach wie vor Gewaltanwendung in der gegenwärtigen Situation nicht für ein vertretbares Mittel des politischen Kampfes. Eine revolutionäre Situation, die von der Masse der Bevölkerung als unerträglich empfunden

wird, erzeugt Gewalt und reaktiv auch Gegengewalt. In einem solchen Zusammenhang, in dem Hegel die Kausalität der Sittlichkeit am Werke sah, kann eine Strategie, auch wenn sie Gewalt impliziert, Anspruch darauf erheben, politisch beurteilt zu werden. In einer Lage hingegen, die nicht revolutionär ist und deren Unerträglichkeit keineswegs allgemein ins Bewußtsein getreten ist, kann die gleiche Strategie nicht nach denselben Maßstäben beurteilt werden. In diesem Falle müssen sich die handelnden Subjekte, gleichviel, ob sie politisch zu handeln glauben, inhumane Folgen ihres Handelns moralisch zurechnen lassen.

Herzliche Grüße Ihres J. H.

8. Studentenprotest in der Bundesrepublik

Auf Einladung des Goethe-Hauses in New York habe ich Ende November 1967 einen Vortrag gehalten, der ein amerikanisches Publikum über die Protestbewegung in der Bundesrepublik unterrichten sollte.

Als vor einigen Monaten in Berlin nach dem Innensenator und dem Polizeichef auch der Regierende Bürgermeister von seinem Amt zurücktrat, haben Kommentatoren dieses Ereignis mit der Protestbewegung der Berliner Studenten in Zusammenhang gebracht. Niemand wird behaupten dürfen, daß Albertz zurücktreten mußte, weil er die Studenten gegen sich hatte; aber das Gewicht der manifesten Unzufriedenheit der Studenten konnte immerhin in die Waagschale der innerhalb der SPD ausgetragenen Fraktionskämpfe geworfen werden. Diese Entwicklung ist neu und unerwartet; sie widerspricht allen geläufigen Voraussagen.

Wir waren bisher überzeugt, daß Studenten in entfalteten Industriegesellschaften keine politische Rolle spielen.

Studenten haben im Rußland des 19. Jahrhunderts, im China der 20er und 30er Jahre und im Cuba der 50er Jahre eine revolutionäre Rolle gespielt. 1956 sind die Aufstände in Budapest und Warschau von Studentenprotesten ausgelöst worden. Eine starke politische Stellung haben Studenten vor allem in den Entwicklungsgebieten Südostasiens, Lateinamerikas und Afrikas. Regierungen in Bolivien, Venezuela, Indonesien, Korea und Südvietnam sind von Studenten gestürzt worden. In Ländern, in denen revolutionär-nationalistische Gruppen, in der Regel Militärs, die Führung übernommen haben, ist der politische Druck der Studentenschaft permanent. Hier sind nämlich, im allgemeinen, drei Bedingungen für eine Politisierung des Bewußtseins der Studenten erfüllt.

1. Die Studenten können sich unbedingt als die künftige Elite des Landes verstehen, die für einen Modernisierungsprozeß großen Stils verantwortlich ist; andererseits ist ihr Studium nicht an gut definierten und gesellschaftlich verbindlichen Modellen ausgerichtet. Die auf der Hochschule antizipierte Erwachsenenrolle ist also gleichzeitig politisch gewichtig und inhaltlich diffus; so ist sie nicht geeignet, eine privatisierte, an Beruf und Fortkommen festgemachte Orientierung zu stützen.

2. Die Studenten bereiten sich nicht nur auf Rollen vor, die politische Bedeutung haben. Die Hochschule selbst ist eine Agentur des sozialen Wandels. Von ihr geht beides aus: das neue, technisch verwertbare Wissen, und das praktisch folgenreiche Bewußtsein der Moderne. Der Umstand, einer Universität anzugehören, drängt daher bereits zur Parteinahme gegen den Traditionalismus der überkommenen Gesellschaftsstrukturen.

3. Diese Strukturen der alten, entlang Verwandtschaftsbeziehungen organisierten Gesellschaft sind die gleichen, die das Leben in den Elternhäusern der Studenten bestimmen. Deshalb besteht eine eigentümliche Parallelität zwischen dem Sozialisationsvorgang des einzelnen Studenten und dem umfassenden Wandlungsprozeß der Gesellschaft. Der Student, der sich von einem traditionalistischen Elternhaus löst und in die universalistischen Rollen einer modernisierten Gesellschaft einübt, kann die entwicklungstypischen Erfahrungen der Adoleszenz mit den gesellschaftlichen Strukturwandlungen verknüpfen; er kann den epochalen Vorgang im Rahmen des eigenen Bildungsprozesses begreifen und umgekehrt sein privates Schicksal an das politische binden.

Keine dieser drei Bedingungen ist in den industriell fortgeschrittenen Gesellschaften erfüllt. In den europäischen Ländern und in den Vereinigten Staaten hat die Hochschule eng umschriebene Funktionen, nämlich die der Vorbereitung auf qualifizierte Berufspositionen, der Erzeugung technisch ver-

wertbaren Wissens und der Vermittlung einer Kultur, aus der seit Jahrhunderten Wissenschaft und Technik hervorgehen, statt von außen in sie einzubrechen. Zudem besteht kein prinzipieller Gegensatz zwischen den Orientierungen des Elternhauses und den in der Hochschule herrschenden Normen und Werten der modernen Leistungsgesellschaft. Soziologische Erwägungen dieser Art[1] haben zu der Prognose geführt, daß Studenten in unseren Ländern politische Bedeutung nicht gewinnen können. S. M. Lipset hält an dieser These auch heute noch fest: »A brief comparative look at the situation of the university and educated youth in the emerging and industrially developed societies suggests, that student activism cannot take on major proportions in the latter.«[2]
Gleichwohl beobachten wir seit zwei bis drei Jahren an unseren Hochschulen Studentenproteste, die in Umfang und Methode die seit dem Ende des Krieges gewohnten Proportionen sprengen – in den USA ebenso wie in der Bundesrepublik und, wenn die Zeichen des vergangenen Jahres nicht täuschen, auch in England und Frankreich. Es gibt sogar Anzeichen für ähnliche Impulse in der DDR. Wie sollen wir das erklären? Ich möchte diese Frage am Beispiel der Bundesrepublik untersuchen.

I

Dabei will ich mich auf die Vorgänge in Berlin konzentrieren, denn die Freie Universität ist bekanntlich zum Berkeley der Bundesrepublik geworden. Der Aktivismus der Berliner Stu-

1 Vgl. S. M. Eistenstadt, *From Generation to Generation*, Glencoe 1956, S. 171 f.; ferner: T. Parsons, *Youth in the Context of American Society*, in: E. H. Erikson (Hg.), *Youth: Change and Challenge*, New York 1963, S. 93 f.

2 S. M. Lipset, P. G. Altbach, *Student Politics and Higher Education in the USA*, in: S. M. Lipset (Hg.), *Student Politics*, New York 1967, S. 199 f., hier S. 243.

denten findet jedoch an den Universitätsorten Westdeutschlands ein wie immer auch abgeschwächtes Echo. Das ist in den Wochen nach dem 2. Juni dieses Jahres deutlich geworden: die Empörung über den Tod des Kommilitonen Ohnesorg, eines politisch eher unprofilierten Studenten, der bei einer Anti-Schah-Demonstration an der Berliner Oper von einem Polizisten in Zivil erschossen worden ist, hat die Hochschulen der Bundesrepublik ohne Ausnahme ergriffen. Nirgends gewannen freilich diese Konflikte das Ausmaß und die Stetigkeit der Berliner Studentenproteste, die seit dem Frühjahr 1965 anhalten, und deren Ende vorerst nicht abzusehen ist.

Eine aktive, im allgemeinen recht qualifizierte Minderheit von Studenten, überwiegend aus den sozialwissenschaftlichen oder philosophischen Fachrichtungen, führt hier den Kampf gegen eine Mehrheit der Professoren, deren konservative Gruppen in der juristischen und der medizinischen Fakultät besonders stark vertreten sind. Da die Universitäten in Deutschland staatliche Einrichtungen mit Selbstverwaltungskompetenzen sind, gibt es keine unabhängige Administration, gegen die die Studenten Front machen könnten; der geborene Gegner ist die Fakultät. In der hochschulinternen Auseinandersetzung wird um drei Positionen gestritten. Die drei Streitpunkte entsprechen, wenn man von spezifischen Unterschieden absieht, den issues, die hierzulande mit den Stichworten: free speech, knowledge factory und student power bezeichnet werden.[3]

Zunächst zum ersten Punkt: free speech. Das sogenannte politische Mandat des AStA, der örtlichen Studentenvertretung, ist seit dem Ende der 40er Jahre umstritten. Die Allgemeinen Studentenausschüsse und, als Dachverband, der Verband Deutscher Studentenschaften sind Zwangsverbände, die sich auf die automatische Mitgliedschaft aller eingeschriebenen

3 Vgl. u. a. die Dokumente in: H. Draper, *Berkeley, The New Student Revolt*, New York 1965; und S. M. Lipset, Sh. Wolin, *The Berkeley Student Revolt*, Garden City 1965.

Studenten stützen. Daher ist das Argument, daß diese Vertretungen in politischen Tagesfragen im Namen der Studentenschaft nicht Stellung nehmen können, formal richtig. Andererseits machen die Studenten geltend, daß sich hochschulpolitische Fragen von gesamtgesellschaftlichen Konzeptionen nicht säuberlich trennen lassen.[4] Der strenge Legalitätsstandpunkt würde, angesichts der bestehenden Herrschaftsstrukturen und der tatsächlichen Verteilung der Kompetenzen in der Hochschule, zudem von vornherein zur Erfolglosigkeit verdammen. Das politische Mandat ist daher immer praktiziert und stillschweigend anerkannt worden. Aber die legale Möglichkeit, die faktisch in Anspruch genommenen Freiheiten einzuschränken, blieb bestehen. Als im Frühjahr 1965 der Senatsbeauftragte für politische Bildung wegen einer Einladung an Karl Jaspers, der zur 20. Wiederkehr der Kapitulation und somit der Befreiung vom Naziregime sprechen sollte, wegen Amtsanmaßung vom Rektor gerügt wurde, lud das Studentenparlament anstelle von Jaspers, der abgesagt hatte, Erich Kuby ein. Kuby hatte einige Jahre zuvor Zweifel an der Freiheit der Freien Universität geäußert. Das nahm der Rektor nun zum Anlaß, die Veranstaltung in der Freien Universität zu verbieten; der Vortrag Kubys mußte in der Technischen Universität stattfinden. Das war der Beginn einer Reihe von Affären. Die akademischen Behörden sahen sich veranlaßt, den politischen Bewegungsspielraum der Studentenschaft immer wieder einzuschränken. Einige Beispiele: Der Vertrag eines Assistenten wurde wegen ungenauer, den Rektor belastender Veröffentlichungen, für die sich der betreffende Assistent aber schon förmlich entschuldigt hatte, nicht verlängert. Eine Vietnamausstellung wurde mit baupolizeilichen Argumenten verhindert. Zeitweise wurden Hörsäle für politische Veranstaltungen nicht eindeutig wissenschaftlichen Charakters überhaupt gesperrt. Schließlich befaßte

4 Vgl. J. Hager u. H. Häußermann, *Die Rebellen von Berlin*, Köln 1967, S. 26 ff.

sich der akademische Senat mit dem Antrag, einer mißliebigen politischen Studentengruppe die Förderungswürdigkeit abzuerkennen.
Sodann zum zweiten Punkt: knowledge factory. Die Hochschulen der Bundesrepublik sind ohne Veränderung ihrer Strukturen zögernd ausgebaut und, seit dem Ende der fünfziger Jahre, auf Empfehlungen des Wissenschaftsrates durch eine lineare Erweiterung des Lehrkörpers an die rapide wachsenden Studentenzahlen äußerlich angepaßt worden. Die Massenuniversität bietet in Instituten und Kliniken, Laboratorien und Bibliotheken Arbeitsbedingungen, die für viele Studenten entmutigend sind. Die traditionell eingefrorenen Studiengänge sind oft unklar definiert, die Prüfungen mit antiquierten und stofforientierten Anforderungen belastet. Erst nach den Empfehlungen zur Neuordnung des Studiums, die der Wissenschaftsrat im Frühjahr 1966 vorgelegt hat, haben die Fakultäten, um weitergehenden Eingriffen vorzubeugen, den Lehrbetrieb gewissen Schönheitsoperationen unterzogen. Aber innerhalb eines starren finanziellen Spielraums und im Rahmen eines unangetasteten hierarchischen Aufbaus führten diese Anstrengungen unmittelbar nur zu einer stärkeren Reglementierung von Lehre und Studium sowie zu einer administrativ erzwungenen Verkürzung der Studiendauer. Zwei Berliner Fakultäten haben sich beeilt, die befristete Immatrikulation einzuführen, also die Studienzeit obligatorisch zu begrenzen. Nun besteht kein Zweifel, daß nicht schlechte Arbeitsmoral und falsche Auslese, sondern zunächst die katastrophalen Arbeitsbedingungen und die mangelhafte Organisation des Lehrbetriebs die Ursachen für hohe Abbrecherquoten und lange Studienzeiten sind. Die Studenten waren deshalb mit Recht empört. Sie haben sich im Sommer 1966 demonstrativ gegen die restriktive Anwendung der Wissenschaftsrats-Empfehlungen zur Wehr gesetzt; diese Konfrontation führte zum ersten großen Sit-in, an dem sich etwa 3000 Studenten beteiligten. Schließlich wurden gemein-

sam besetzte Studienreformkommissionen eingerichtet. Deren Wirksamkeit blieb freilich begrenzt.
Das führt uns zum dritten Punkt: student power. Trotz einer weitläufigen Reformrhetorik sind die einzigen umfassenden Konzeptionen für Hochschulen in einer demokratisch verfaßten Industriegesellschaft von Studenten ausgearbeitet worden. Anfang der 60er Jahre haben der Verband Deutscher Studentenschaften und der Sozialistische Deutsche Studentenbund Denkschriften zur Hochschulreform vorgelegt; beide verfolgen das Ziel einer Demokratisierung der Hochschule.[5] Die Studenten erfahren die Hochschule aus der ernüchternden Perspektive von unten. Sie beobachten, wie die aufrechterhaltenen Autoritätsstrukturen des 19. Jahrhunderts unter den veränderten Bedingungen der Massenausbildung und eines breiten akademischen Mittelbaus die kreative Entfaltung ebenso wie die rationale Planung des Lehr- und Forschungsbetriebes empfindlich hemmen. Sie begreifen, daß vor allem sie die Kosten der versäumten Hochschulreform tragen; deshalb wollen sie Mitbestimmungskompetenzen in allen Selbstverwaltungsgremien durchsetzen. Die Ordinarienuniversität, die eine Gemeinschaft der Lehrenden und der Lernenden fingiert, soll ersetzt werden durch eine Korporation, an deren Verwaltung alle drei Parteien: die Studenten, der Mittelbau und die Professoren mit der Möglichkeit, ihre besonderen Interessen zu vertreten, beteiligt sind. Außerdem soll der Dualismus zwischen Lehrstuhlhierarchie und Institutsverwaltung überwunden werden, wobei wiederum Studenten und Nichtordinarien ihren Arbeitsplätzen entsprechend an der Verfügung über die institutsgebundenen Mittel beteiligt wären.
Nun wird in Berlin seit Jahren ein neues Hochschulgesetz vorbereitet, der Entwurf ist im Sommer dem Abgeordnetenhaus zugeleitet worden. Im Hintergrund der politischen Aus-

5 Vgl. W. Nitsch, U. Gerhardt, C. Offe, U. Preuß, *Hochschule in der Demokratie*, Neuwied 1965; VDS-Gutachten, *Studenten und die Neue Universität*, 1962.

einandersetzungen an der Freien Universität steht deshalb die Frage, ob das Berliner Modell, das den Studenten hier weitergehende Rechte sichert, als ihre Kommilitonen an irgendeiner westdeutschen Universität besitzen, abgeschafft oder wenigstens eingeschränkt – oder ob es zugunsten der Studenten noch erweitert werden soll. Als zu Beginn dieses Jahres die Haushaltsmittel der Studentenschaft um 50 000 DM gekürzt wurden, hat der AStA auf diese Repressalie mit Vorschlägen zu einer Neuordnung der Freien Universität geantwortet, die eine Anwendung des Dreiparteienmodells der SDS-Denkschrift auf die Berliner Situation darstellen.[6] Vor fünf Jahren hat niemand von den Reformplänen der Studenten ernstlich Kenntnis genommen. Inzwischen haben die Berliner Studenten ihren Vorstellungen durch Protest soviel Nachdruck verliehen, daß vor wenigen Wochen über 50 Ordinarien der Freien Universität eine 12-Punkte-Erklärung abgegeben haben, deren hochschulpolitische Linie in der deutschen Universitätsgeschichte ohne Vorbild ist. Es heißt darin:

»Wir setzen uns für einen Ausbau des Berliner Modells unter verstärkter Mitbestimmung des akademischen Mittelbaus und der Studenten in allen Gremien und Institutionen der Universität ein. Die konkreten Vorschläge zur Organisation der Hochschule in der Veröffentlichung *Was will der AStA der Freien Universität* von Anfang Mai 1967 sollten in die Diskussion einbezogen werden. Wir treten weiterhin ein für eine größere Differenzierung und Flexibilität der Studiengänge, für eine Verstärkung des Tutorensystems, für neue Formen der Lehrveranstaltungen, für eine Beschränkung des Disziplinarrechts und für eine Überprüfung der traditionellen Verfahren bei Habilitation und Berufung; wir halten eine befristete Immatrikulation für ein unzureichendes Mittel der Studienreform. Die Hochschulreform verlangt ihre Ergänzung durch eine Reform des gesamten Bildungswesens, die

6 Vgl. das Flugblatt: *Was will der AStA der Freien Universität,* hrsg. vom AStA der Freien Universität (Mai 1967).

auch sozialen Benachteiligungen entgegenwirkt. Diese Reform ist Vorbedingung für die in einer Demokratie unerläßliche Erweiterung des Sachverstandes und des politischen Urteilsvermögens aller Mitbürger.«

Noch im vergangenen Jahr wäre vermutlich die Mehrheit der engagierten Studenten befriedigt gewesen, zu sehen, daß der liberale Teil der Professorenschaft auf ihre Linie einschwenkt. Aber inzwischen hat der Konflikt die Grenzen der universitätsinternen Öffentlichkeit gesprengt. Die mobilsten Gruppen in der Studentenschaft verfolgen nicht mehr das Ziel einer Hochschulreform, sie wollen unmittelbar die Umwälzung gesellschaftlicher Strukturen. Radikale Studenten sind zum Kern einer außerparlamentarischen Opposition geworden, die in Klubs und losen Zentren neue Organisationsformen und eine breitere, über die Hochschule hinausreichende Basis sucht. Ihr nächstes Ziel ist die Veränderung des prekären Viermächtestatus Westberlins und die Etablierung einer Offenen Stadt. Kampagnen gegen den Springerkonzern, die heute nicht nur unter Studenten und Schülern populär sind, dienen als Mittel der Mobilisierung. Zum ersten Mal in der Geschichte der Bundesrepublik spielt die Studentenschaft eine ernst zu nehmende politische Rolle. Kurt Sontheimer stellt mit Recht fest: »Nach dem 2. Juni 1967 ist die Studentenschaft nicht nur der Berliner Universität, sondern dank der Berliner Studenten die der gesamten Bundesrepublik zu einem Faktor der deutschen Innenpolitik geworden. Die Parteien des Bundestages beeilten sich plötzlich, mit den Vorsitzenden der Studentenausschüsse zu diskutieren; Kiesinger ließ es sich ebensowenig nehmen wie Willy Brandt, zu den Studenten zu sprechen. [...] Da der Prozeß der Politisierung der akademischen Jugend zwar von Hochschulproblemen ausgegangen, aber inzwischen längst über diesen Rahmen hinausgedrungen ist, kann er durch eine Reform der Hochschule, falls sie angesichts der Lethargie dieser Institution überhaupt tiefgreifend genug sein könnte, nicht zurückgedämmt werden.«[7]

Das ist die neue Lage, die erst seit wenigen Monaten zu Bewußtsein gelangt ist. Um sie zu verstehen, müssen wir zwei Umstände berücksichtigen.

Der hochschulinterne Streit ist seit Beginn des Jahres 1966 mit einem Konflikt zwischen den politisierten Teilen der Studentenschaft und der Bevölkerung sowie dem Senat der Stadt Berlin verzahnt. Insbesondere die Vietnamproteste haben diesen Konflikt offen ausbrechen lassen. Während die akademische Verwaltung mit den zivilen Mitteln wie Raumverboten, Etatkürzungen, Disziplinarverfahren reagiert hat, waren die Maßnahmen des Senats der Stadt Berlin weniger zimperlich und noch fragwürdiger. Alle Instanzen: die Polizei, die Justizverwaltung, das Abgeordnetenhaus und der Regierende Bürgermeister selbst haben sich durch Repression und törichtes Vorurteil gleichermaßen hervorgetan wie blamiert. Es gab widerrechtliche Demonstrationsverbote, dubiose Beschlagnahmeaktionen und problematische Verhaftungen, anfechtbare Gerichtsprozeduren, es gab offenen Polizeiterror und ein Stadtoberhaupt, das dieser Polizei noch dankte, nachdem der Student Ohnesorg erschossen worden war. Eine Woche später sind über 12 000 Berliner Studenten dem Sarg ihres Kommilitonen gefolgt.

Ein jeweils kleiner Kreis engagierter Studenten hat über zwei Jahrzehnte in konventioneller Form Hochschulpolitik betrieben und keinen Hund hinter dem Ofen hervorgelockt. An den allgemeinen Wahlen zum AStA hat sich selten mehr als ein Drittel der Studenten beteiligt. An einer Urabstimmung im Mai dieses Jahres hingegen beteiligten sich mehr als zwei Drittel der Studenten. Nun konnte man sehen, wie leicht die Kommilitonen in Bewegung kommen, sobald provozierte Behörden und gekränkte Professoren mit administrativer

7 K. Sontheimer, *Studenten auf Kollisionskurs*, in: *Merkur*, H. 233, August 1967, S. 701 f.

Gewalt oder gereizter Autorität antworten. Ein harmloses Beispiel sind die Vorlesungsrezensionen, die vereinzelt, und übrigens anonym, in der Studentenzeitung der Freien Universität veröffentlicht wurden. Ein Politikum machten daraus erst die betroffenen Professoren, die sich mit dem ganzen, unserem Berufsstand eigentümlichen Narzißmus zur Wehr setzten, sei es durch unsägliche Pamphlete, sei es durch die Amtsgewalt des Rektors. Erst die Reaktionen machten Behauptungen über die autoritäre Verfassung unserer Universität in den Augen der Masse der Studenten glaubwürdig. Dieser Mechanismus erklärt den Erfolg der aus den USA übernommenen Taktiken der Regelverletzung und des zivilen Ungehorsams innerhalb wie außerhalb der Universität. Im Sommersemester 1966 fand das erste große Sit-in statt. Beim zweiten Sit-in, im April dieses Jahres, sah sich der Rektor veranlaßt, die Polizei zu rufen, die dann freilich, zur Blamage des Senats, nicht eingriff. Nach dem 2. Juni haben die Studenten durchgesetzt, daß der reguläre Lehrbetrieb eine Woche ausgesetzt wurde. Die Hochschulen gehören, wie sich auch hier in den USA zeigt, zu den verletzbarsten Institutionen; sie können durch Provokationismus verhältnismäßig leicht außer Betrieb gesetzt werden. Die aktivsten Gruppen unter den Studenten machen sich das zunutze[8]; sie scheinen heute den Kampus nur noch als Übungsgelände für die Mobilmachung der Truppe interessant zu finden. Der Stoß richtet sich nicht länger gegen die Universität als solche; sie ist als Gegner inzwischen zu unbeträchtlich geworden. Das gilt nicht nur für Berlin, sondern auch für westdeutsche Hochschulen, deren Studentenvertretungen heute, um nur zwei Beispiele zu nennen, Castro zum Tode Che Guevaras kondolieren oder den vorgedruckten Kopf ihres Briefpapiers mit Leninparolen schmücken.

8 B. Larsson, *Demonstrationen. Ein Berliner Modell*, Berlin 1967.

II

Um diese, nicht nur für Soziologen unerwartete Lage zu erklären, möchte ich auf einige Umstände hinweisen, die sich seit dem Ende des Krieges aus der inneruniversitären ebenso wie aus der allgemeinen politischen Entwicklung ergeben haben. Vorweg möchte ich einige für Berlin spezifische Ursachen nennen.

Die Freie Universität unterscheidet sich von westdeutschen Hochschulen in dreifacher Hinsicht. *Erstens* sichert die liberale Hochschulverfassung der Studentenschaft weitgehende Rechte und Kompetenzen. Diese bieten auch den taktischen Vorzug einer Legitimationsgrundlage für Ansprüche, die über den Status quo hinauszielen. *Zweitens* begünstigt die Zusammensetzung der Studentenschaft, wie empirische Untersuchungen zeigen, dank einem selektiven Zuzug aus Westdeutschland eine Politisierung. Zudem hat der Zustrom von Studenten aus der DDR, die eine antikommunistische Grundhaltung stabilisierten, seit dem Bau der Mauer aufgehört. Im Studienjahr 1956/7 stammte fast ein Drittel der Studenten aus dem Osten, im Jahre 1964/5 war ihr Anteil auf etwa 5% gesunken. *Drittens* ist nach meiner Einschätzung der Anteil an politisch wachen und liberal denkenden Professoren in einigen Berliner Fakultäten erheblich größer als an Universitäten der Bundesrepublik. Deshalb haben die Studenten in Berlin stets auf die Solidarität einer Gruppe ihrer Professoren zählen können.

Auf der anderen Seite haben die Berliner Bevölkerung und die Behörden politische Stellungnahmen der Studenten nur so lange wohlwollend goutiert, als sie sich innerhalb der Konformitätsgrenzen herrschender Auffassungen hielten. Von 1958 an, seit einem gegen die atomare Aufrüstung der Bundeswehr gerichteten Studentenkongreß, mehren sich die Konflikte. In Berlin ist nämlich stärker als in der Bundesrepublik ein Verhaltenssyndrom, das aus Zeiten des Kalten Krieges stammt, konserviert worden. Drei Fakten kommen hinzu. Erstens monopolisieren die intellektuellenfeindlichen und ressentimentgeladenen Zeitungen des Springerkonzerns den Berliner Markt. Zweitens ist die Berliner Polizei, wegen der besonderen strategischen Lage der Stadt, als eine Bürgerkriegsmiliz geschult, sie ist jedenfalls nicht auf die politische Rolle nonkonformistischer Minderheiten vorbereitet. Schließlich wacht die Regierung mit einer gewissen Nervosität über den anfälligen Organismus einer Stadt, der nicht nur politisch abhängig, sondern mit einer schrumpfenden Industrieproduktion und einer überalterten Bevölkerung auch ökonomisch gefährdet ist.

Allein, diese doppelte Reihe berlinspezifischer Umstände kann die Konflikte, die sich seit Jahren um publizitätswirksame Anlässe kristallisiert haben, nicht völlig erklären; sie erklären allenfalls die Verstärkung und den explosiven Ausbruch von Konflikten, die sich auch an westdeutschen Hochschulen angebahnt haben. Wenn aber Berlin nur ein Modellfall ist, welches sind dann die Ursachen für eine Politisierung des Bewußtseins unserer Studenten?

Die Unzufriedenheit der Studenten hat Ursachen innerhalb und außerhalb der Universität. *Innerhalb der Universität* wächst die Malaise seit zwei Jahrzehnten, weil sich die Hochschulen zu der fälligen Reform an Haupt und Gliedern nicht aufraffen können. Die deutsche Universität ist aus dem Zusammenbruch des Naziregimes mit einer verstärkten Selbstverwaltungsautonomie hervorgegangen. Immobilismus ist jedoch der Preis für die Immunität von Zukunftsprivilegien. Deshalb vollzieht sich der Prozeß der Eingliederung der alten Universität in die neue Industriegesellschaft ohne Willen und Bewußtsein. Dieser naturwüchsige Strukturwandel unserer Hochschulen läßt sich soziologisch unter zwei Gesichtspunkten begreifen.[9] Humboldts Universität, die das 19. Jahrhundert

9 J. Ben-David, R. Collins, *Academic Freedom and Student Politics*, in: S. M. Lipset, *Student Politics*, a. a. O., S. 148 f.

beherrscht hat, war einerseits eine Eliteinstitution, zu der breitere Schichten auch nur des Kleinbürgertums, wie in den USA, nicht zugelassen waren. Andererseits war der Erziehungsprozeß nicht, wie zum Beispiel in Großbritannien, an definierten beruflichen und gesellschaftlichen Modellen ausgerichtet. Die Bildungsprozesse der Gelehrtenuniversität blieben wenigen vorbehalten und waren überwiegend an Desideraten der Forschung orientiert. Die Universität sollte bilden, aber sie bildete keine Massen und keine Experten aus. Beides ist inzwischen unvermeidbar geworden – auch wenn der Zugang zu den deutschen Universitäten immer noch stark privilegiert ist (der Anteil der Arbeiterkinder pendelt seit 10 Jahren um 5–6%), auch wenn viele Studiengänge immer noch so aussehen, als sollten sie eher dem Gelehrtennachwuchs als der Vorbereitung auf einen akademischen Beruf dienen. Gemessen an den objektiven Bedürfnissen der Gesellschaft arbeitet das System der Hochschule nicht effizient: die Zahl der Absolventen ist zu niedrig, die Studiendauer zu lang, die erworbenen Qualifikationen sind vielfach unzureichend, und die Forschung stagniert auf vielen Gebieten. Daher hat sich der politische Druck von außen in den letzten Jahren verstärkt; die jüngsten Wissenschaftsrats-Empfehlungen und der baden-württembergische Hochschulgesamtplan spiegeln diesen Druck. Die Presse, Vertreter der Parteien, die Kultusverwaltungen, Interessenten der gewerblichen Wirtschaft drängen energischer auf Rationalisierungsmaßnahmen im bürokratischen Großbetrieb Hochschule; die Professoren alten Stils hingegen, vor allem die der philosophischen Fakultäten, stehen mit dem Rücken zur Wand und versuchen, Positionen zu behaupten, die fast nur noch rhetorischen Wert haben. Der aktivere Teil der Studentenschaft und einige ihrer Lehrer, die als progressiv gelten, sehen die Gefahr eines Kompromisses zwischen beiden Lagern. Die Professoren werden, so fürchten sie, widerwillig geheiligte Grundsätze der Tradition opfern, Reglementierungen in Kauf nehmen und die Unantastbarkeit der eigenen Position retten, sie werden, so fürchten die Studenten, die Steigerung der Effizienz als das Ziel einer Reform annehmen, die eine entpolitisierte Hochschule in das System der gesellschaftlichen Arbeit fugenlos integriert *und* gleichzeitig die starke Stellung der Professoren in der Ordinarienuniversität rettet. Diese Studenten wollen weder die traditionelle Hochschule, elitär und bildungshumanistisch, noch wollen sie die Massenuniversität als bloße Schule für Experten – und erst recht nicht eine Kombination aus den schlechtesten Elementen beider. Die Ursachen *außerhalb der Universität* sind nicht so leicht auf einen Nenner zu bringen. In der ersten Nachkriegsperiode, bis etwa zur Mitte der 50er Jahre, waren Studentenproteste durch klare Ziele definiert: die Gefahr des Kommunismus, ein vereinigtes Europa, Wiederaufrüstung, Nazivergangenheit. Nur zwei dieser Protestbewegungen, die das politische Klima an den Hochschulen während der ersten Hälfte der 50er Jahre geprägt haben, sind für das Verständnis der gegenwärtigen Situation wichtig. Ich meine einerseits den Protest gegen die Wiederaufrüstungspolitik der Bundesregierung, der mit Vorstellungen einer neutralistischen Außenpolitik und mit der Furcht vor gesellschaftlich restaurativen Rückwirkungen einer reetablierten Wehrmacht im Inneren verknüpft war. Dieser Protest war Teil einer allgemeinen Opposition, die damals noch von der SPD geführt wurde. Stärker an den Hochschulen konzentriert, aber immer noch eingebettet in eine über die Hochschule hinausgreifende Opposition, war auf der anderen Seite der Protest gegen die verschleierte Kontinuität mit Überlieferungen der Naziperiode. Dieser überwiegend moralisch bestimmte Protest gegen eine auf fast allen Ebenen fehlende Radikalität der Auseinandersetzung mit Traditionen der jüngsten Vergangenheit fand beispielsweise in einer Demonstrationswelle gegen Veit-Harlan-Filme Ausdruck oder in dem erfolgreichen Widerstand von Studenten und Professoren der Universität Göttingen gegen die Bestellung

Schlüters, eines ehemaligen Nazis, zum Kultusminister in Niedersachsen. Beide Protestbewegungen wurden alsbald gegenstandslos. Mitte der 50er Jahre war die Aufrüstung eine entschiedene Sache, und entschieden war ebenso die langfristige Etablierung eines Regiments, das Globke und Seebohm als Ehrenmänner akzeptierte. Gewiß flackerte die alte Opposition 1957/58 noch einmal auf, als die atomare Ausrüstung der Bundeswehr debattiert wurde, und gewiß sind in den letzten Jahren Naziprozesse wieder aufgenommen worden; aber die linke Opposition, für deren Kette von Frustrationen die Frankfurter Paulskirche zum Symbol geworden ist, mußte damals vor dem siegreichen Kurs der CDU endgültig kapitulieren. Die Sozialdemokratische Partei hat daraus Ende der 50er Jahre die Konsequenz gezogen. Sie hat nach und nach auf die Rolle der Oppositionspartei verzichtet und die Strategie verfolgt, an der bestehenden Regierung teilzunehmen, statt sie abzulösen. Dieses Ziel hat sie vor einem Jahr erreicht.

Drei Tendenzen, meine ich, haben während des letzten Jahrzehnts in zunehmendem Maße die Stellung der übriggebliebenen intellektuellen Opposition in unserem Lande bestimmt, drei Tendenzen, die verständlich machen, warum sich die opponierenden Teile der Studentenschaft heute mit dieser Rolle von Opposition nicht mehr zufriedengeben wollen. Die intellektuelle Opposition ist zunehmend isoliert worden und hat ihren Zusammenhang mit politischen Organisationen, vor allem mit den Parteien, verloren. Auf der einen Seite ist der SDS, die stärkste der politischen Studentengruppen, aus der Sozialdemokratischen Partei ausgeschlossen worden; auf der anderen Seite haben sich Vereinigungen von Literaten, wie die Gruppe 47, immer stärker in tagespolitischen Fragen engagiert. Die intellektuelle Opposition hat zunehmend auf den Entwurf von Alternativen verzichtet und sich auf die resignative Behauptung der liberalen Bestände beschränkt. Dem diffus werdenden Gegner und dem konservativen Ziel entsprechen die defensiven Mittel. Die *Spiegel*-Affäre ist das Musterbeispiel für den Typ einer gefahrenabwehrenden Mobilisierung der Öffentlichkeit im Namen verletzter Grundrechte. Die Vertreter der intellektuellen Opposition sind im Kunst- und Literaturbetrieb, in Rundfunk- und Fernsehanstalten, in Universitäten und Forschungseinrichtungen avanciert und auf ihre Weise zu einem Teil des Establishment geworden. Das KPD-Verbot tut ein übriges, um den Spielraum des legitimierten Sprachgebrauchs einzuschränken, d. h. die Sprache und das Denken der Opposition von Bestandteilen illegalisierter linker Traditionen zu reinigen.

Der Ostermarsch der Atomwaffengegner, der im Bewußtsein der eigenen Folgenlosigkeit zelebriert wird, ist heute das einzige anerkannte Ritual massenhaften Protestes. Er bezeichnet die Lage, auf die unsere Studenten nun antworten. Die Protestwelle, die vom 2. Juni ausgelöst worden ist, hat den Schleier über neuen Reaktionsformen weggezogen. Wir Älteren haben auf dieses Ereignis, das Günter Grass den ersten politischen Mord der Bundesrepublik genannt hat, so reagiert, wie wir auf die Nacht-und-Nebel-Aktion gegen den *Spiegel* reagiert haben: ein weiteres Symptom für die Einschränkung demokratischer Rechte und ein Alarmzeichen für einen erneuten Versuch der Defensive. Für den aktiven Teil der Studentenschaft aber bedeutete der 2. Juni etwas anderes.

Diese Studenten gehören zur ersten Generation, deren Erinnerung nicht mehr durch die Naziperiode und deren unmittelbare Folgen bestimmt ist; zur ersten Generation, die ökonomische Unsicherheit und relative Armut nicht mehr kennt; zur ersten Generation, die den institutionellen Rahmen der Bundesrepublik nicht mehr hat entstehen sehen, sondern die sozialstaatliche Massendemokratie und die organisierten Formen des Kapitalismus einfach als die bestehende Ordnung kennt. Diese Studenten haben daher keine persönlichen Erfahrungen mit politischem Terror, keine Erfahrungen mit ökonomischen Krisen, keine Erfahrungen mit wirklichen politischen Alternativen zur bestehenden Ordnung und – mit organisierter Opposition. Andererseits gehören sie zur ersten Generation, die unbefangen das Mißverhältnis wahrnimmt, das zwischen dem potentiellen Reichtum, der potentiellen Befriedigung einer industriell entfalteten Gesellschaft und dem faktischen Leben besteht, das die Massen darin führen. Sie sind die erste Generation, die nicht mehr versteht, warum das Leben des einzelnen trotz des hohen Standes der technologischen Entwicklung nach wie vor durch die Ethik des Leistungswettbewerbs, durch den Druck der Statuskonkurrenz, durch Werte der possessiven Verdinglichung und der angebotenen Surrogatbefriedigungen determiniert ist. Sie verstehen nicht, warum der institutionalisierte Kampf ums Dasein, die Disziplin der entfremdeten Arbeit, die Tilgung von Sinnlichkeit und ästhetischer Befriedigung aufrechterhalten werden, warum, mit einem Wort, die Lebensform einer Ökonomie der Armut unter Bedingungen einer möglich gewordenen Ökonomie des Überflusses konserviert wird. Auf der Grundlage eines *prinzipiellen* Unverständnisses für die sinnlose Reproduktion überflüssig gewordener Tugenden und Opfer hat die heranwachsende Generation eine besondere Sensibilität für die Unwahrhaftigkeit geltender Legitimationen entwickelt. Empörung gegen die doppelte Moral der Älteren wiederholt sich gewiß in jeder Generation; aber heute richtet sich der Protest gegen eine Gesellschaft, die den Emanzipationsidealen des 18. Jahrhunderts die Kraft von Verfassungsnormen verliehen und das Potential zu ihrer Verwirklichung aufgespeichert hat, aber gleichwohl den Hunger in der Welt des potentiellen Überflusses nicht abschafft, den Abstand zwischen Industrienationen und Entwicklungsländern vergrößert und zusammen mit der Bevölkerungshygiene Verelendung und militärische Gewalt exportiert – das ist die symbolische Bedeutung, die die amerikanische Intervention in den vietnamesischen Bürgerkrieg in den Augen nicht nur zahlreicher amerikanischer, sondern auch der allermeisten deutschen Studenten heute angenommen hat. Auf diesem Hintergrund wird das eigentlich Neue an den jüngsten Protestbewegungen besser verständlich: nämlich das, was man das »neoanarchistische Weltbild« nennen könnte, und die Vorliebe für direkte Aktionen. Ich spreche im folgenden von einer relativ kleinen, sehr mobilen Minderheit, deren Einstellung aber, wenn ich mich nicht irre, symptomatisch ist für einen Entwicklungstrend. Das Weltbild dieser Studenten ist von dem Eindruck geprägt, daß die gesellschaftlichen Institutionen zu einem relativ geschlossenen, konfliktfreien und selbstregulativen, dabei gewaltsamen Apparat geronnen sind. Aufklärung und Opposition kann nur noch von nicht korrumpierten einzelnen am Rande des Apparates betrieben werden; wer eine Funktion *in* ihm übernimmt, und sei sie noch so unwichtig, wird integriert und gelähmt. Daher gibt es keine definierten Gegner innerhalb der Gesellschaft, es gibt keine Koalitionspartner und keine angebbaren sozialen Gruppen als Träger des Protestes. Unter diesen Umständen muß der Protest selbst die Form der Provokation, der Durchbrechung der legitimen Spielregeln annehmen; sein Ziel ist unmittelbar die Mobilisierung vieler einzelner um der Mobilisierung willen. Das erinnert an gewisse politische Lehren, die Sorel aus lebensphilosophischen Grundannahmen Bergsons gewonnen hat. Ich selbst habe diesen historischen Zusammenhang zunächst für plausibel gehalten; heute bin ich nicht mehr sicher, wie weit die Parallele trägt. Der neue Aktionismus und das Weltbild des neuen Anarchismus suchen Anlehnung an Mao und Castro, obwohl das Operationsfeld durch unsere Großstädte und keineswegs durch die Bedingungen unentwickelter Agrarländer bestimmt ist. Die neue Taktik hat den Vorzug, schnell Publizität zu erlangen, andererseits bringt sie Gefahren mit sich, die von den Studenten selbst gesehen werden, die Gefahr des Abgleitens, sei es in die Privatisierung einer leicht zu verschmerzenden Subkultur von Hippies, sei es in die folgenlosen Gewaltakte der Aktionisten.

Wir Älteren sind von den Protestspielen schockiert: unbekümmert um schlimme Parallelen, durchbrechen die Studenten Freiheit verbürgende Normen in der Absicht, sie als Ausdruck repressiver Toleranz zu entlarven.

III

Beim Versuch, dieses weiterreichende Engagement zu erklären, sind wir auf Umstände gestoßen, die nicht mehr nur spezifisch sind für Entwicklungen in der Bundesrepublik. Es könnte sein, daß unsere Studenten wohl auf eine spezifische Lage reagieren, aber dabei von Motiven bestimmt sind, die sich zum ersten Mal während der fünfziger Jahre unter den Lebensbedingungen der industriell fortgeschrittensten Gesellschaften generell herausbilden konnten. Ein grober Vergleich der Studentenproteste in der BRD und in den USA stützt diese Vermutung.

In der BRD und in den USA können die unmittelbaren Frustrationen und Belastungen des Studiums nicht die gleichen Ursachen haben. Während sich in den Vereinigten Staaten, besonders auf der Ebene des Colleges, der Druck eines reglementierten Lehrbetriebs mit standardisierten Leistungsnormen und häufig wiederholten Leistungskontrollen bemerkbar macht, ist der Lehrbetrieb in den philosophischen Fakultäten der deutschen Hochschulen, den Zentren der Unruhe, eher diffus und unzureichend organisiert. Die deutschen Studenten müssen die spezifischen Zwänge einer gesellschaftlich angepaßten Expertenausbildung, die in den USA schon wirksam sind, erst antizipieren. Verschieden ist auch die politische Bühne außerhalb der Universitäten. Während in den USA die Unterprivilegierung der schwarzen Bevölkerung und der Krieg in Vietnam zwei akute, klar definierte und augenfällige Konflikte sind, die täglich neue Gewalt produzieren und deshalb Gegengewalt provozieren, fehlen in Deutschland ma-

nifeste Anlässe vergleichbarer Größenordnung. Natürlich bestehen in der BRD die Dauerkonflikte eines sozialstaatlich organisierten Kapitalismus und die besonderen Konflikte einer geteilten Nation. Aber wir haben keine Ghettos, die sich als Basis großstädtischer Guerillaaktionen eignen könnten, und keine Studenten, die zur Bekämpfung von Guerillas in Südostasien einberufen werden. In der BRD schwelen die Konflikte unter der Decke einer integrierten Gesellschaft mit einem geringeren Maß an offener Aggressivität. Die Versuche unserer Aktivisten, die Gewalt der Institutionen herauszufordern und manifest zu machen, sind daher, verglichen mit den Aktionen der *new left* in den Vereinigten Staaten, ein wenig artifiziell. Der einzige Konflikt außerhalb der Hochschulen, der sich, neben der technologischen Arbeitslosigkeit im Ruhrbergbau, von selber aufdrängt und nicht erst inszeniert werden muß, ist die Auseinandersetzung mit der geplanten Notstandsgesetzgebung; sie wird von einer Koalition aus Gewerkschaftlern und Intellektuellen geführt und nicht in erster Linie von den revoltierenden Studenten.
Schließlich fehlt in Deutschland vorerst die Hippieszene im Hintergrund der *new left*. Bis heute scheint es einen Gebrauch von Narkotika in nennenswerten Ausmaßen an deutschen Universitäten nicht zu geben. Auch andere Sedativa – ich meine Orientierungen, die den Außenseiterprotest in unpolitische Bahnen lenken, wie Yogi-Praktiken und Zen-Buddhismus – haben bis jetzt keinen erkennbaren Einfluß gewonnen. Das Potential des Unbehagens, das unter den Studenten offensichtlich im Wachsen begriffen ist, kann deshalb in Deutschland in größerem Maße, als es in den USA der Fall zu sein scheint, politisch aufgefangen werden. Zudem besteht in Europa, anders als in USA, eine fast ununterbrochene, von Hegel und Marx beeinflußte theoretische Überlieferung. Das mag erklären, daß die neuen Einstellungen unter den Studenten der BRD schneller artikuliert werden.
Trotz dieser Unterschiede ähneln sich die Studentenproteste

in beiden Ländern. Ohnehin heben der Umfang der Proteste und der Grad der Intransigenz die neue Studentenbewegung aus den bisher üblichen Oppositionsströmungen heraus. In beiden Ländern beobachten wir die provokationistische Taktik, die absichtlich liberale Spielregeln verletzt, auf Koalitionen mit Gruppen innerhalb des Systems verzichtet und einen Spielraum nicht entfremdeter Existenz an den Rändern des Systems offenhalten möchte. Hier wie dort beobachten wir jene fundamentalen Einstellungen, die in Zügen eines neoanarchistischen Weltbildes ihren Ausdruck finden – sei es emotional auf der Ebene der Beatles und des Folk-songs, sei es politisch auf der Ebene des Castroismus und der Losungen des Vorsitzenden Mao, sei es reflektiert auf der Ebene einer Marx und Freud durch gewisse existentialistische Positionen vermittelnden Theorie, wie sie von Herbert Marcuse ausgearbeitet worden ist. Wenn aber die strukturellen Entwicklungen innerhalb und die politische Lage außerhalb der Universität nicht genug Gemeinsamkeiten aufweisen, um die Übereinstimmung der Protestaktionen, die wir in beiden Ländern gleichwohl feststellen, plausibel zu machen, dann müssen wir die wichtigen Ursachen auf einer anderen, tieferen Ebene suchen.

An den Studentenprotesten sind fast ausschließlich bürgerliche Jugendliche beteiligt – white middle class kids –, die nicht die Arbeiterschaft oder die Neger oder die Entwicklungsländer repräsentieren und für sie stellvertretend handeln wollen. Diese Studenten verstehen sich nicht, wenn ich recht sehe, als Intellektuelle, die sich von ihrer sozialen Klasse lossagen und als Avantgarde an die Spitze der Unterdrückten und der Ausgebeuteten setzen. Diese Studenten pochen nicht auf die in bürgerlichen Verfassungen institutionalisierten Rechte, denn sie bezweifeln nicht, daß das bestehende System am Ende auch die heute noch nicht integrierten Gruppen integrieren könnte – das ist es vielmehr, was sie fürchten. Die Errungenschaften von einst erscheinen diesen Studenten als Re-

geln der Integration, die nur zu effektiv die Aufsaugung aller oppositionellen Kräfte bewirkt haben. So haben wir es hier mit der ersten bürgerlichen Revolte gegen die Prinzipien einer nach ihren eigenen Maßstäben beinahe erfolgreich funktionierenden bürgerlichen Gesellschaft zu tun. In Frage gestellt wird nicht die Leistungsfähigkeit des Systems, sondern die Verselbständigung gerade der Leistungen dieses Systems gegenüber den Bedürfnissen der Menschen, die in ihm leben.
Der Protest dieser Jugendlichen aus bürgerlichen Elternhäusern scheint nicht mehr, wie seit Generationen üblich, in erster Linie ein Protest gegen die elterliche Autorität zu sein. Diese Generation ist wahrscheinlich mit mehr psychologischem Verständnis, mit einer liberaleren Erziehung und unter einer permissiveren Einstellung groß geworden als alle vorangegangenen. Amerikanische Untersuchungen zeigen überdies, daß die aktiven Mitglieder der linken Studentengruppen häufiger Eltern haben, die ihre kritische Einstellung teilen und fördern. Für die BRD fehlen vergleichbare Daten. Ich vermute, daß die bürgerliche Autoritätsproblematik noch ein stärkeres Gewicht hat; aber ähnliche Tendenzen wie in den USA zeichnen sich auch bei uns ab. Nehmen wir den Umstand hinzu, daß diese Generation als erste unter entlasteten ökonomischen Bedingungen aufgewachsen ist und daher psychologisch weniger stark unter dem disziplinierenden Zwang des Arbeitsmarktes steht; dann ergibt sich hypothetisch ein Zusammenhang, aus dem wir die eigentümliche Sensibilität der jungen Aktivisten erklären können. Sie sind sensibel geworden für die lebensgeschichtlichen Kosten einer von Statuskonkurrenz, Leistungswettbewerb und Bürokratisierung aller Lebensbereiche bestimmten Gesellschaft; diese Kosten erscheinen ihnen im Verhältnis zu dem technologischen Potential unverhältnismäßig hoch. Die Jungen sind sehr sensibel geworden für die Gefahren einer Ordnung, die die Aggression nicht bannt, sondern steigert – militärisch und ökonomisch, die nämlich strategische Risiken weltweiten

Ausmaßes ebenso hervorbringt, wie den Pauperismus der Moderne in den Ländern der Dritten Welt.
Wir Soziologen haben nicht damit gerechnet, daß Studenten in den entwickelten Industriegesellschaften politisch eine Rolle spielen könnten. Die Werte der statusmobilen und aufstiegsbewußten Mittelschichtfamilien stimmen mit den universalistischen Werten der Hochschultradition überein; und kein drastischer Umbruch gesellschaftlicher Strukturen ist abzusehen, der mit Bildungsprozessen und Erfahrungen der Adoleszenz parallelisiert werden könnte. Oder stimmt etwa diese Annahme nicht? Ich hatte drei Bedingungen für eine Politisierung des Bewußtseins von Studenten erwähnt, die in typischen Entwicklungsländern erfüllt sind. Die dritte Bedingung ist eine gewisse Parallelität der persönlichen Entwicklungsprozesse mit Umwälzungen der Gesellschaftsstruktur (hier die Ablösung vom traditionalistischen Elternhaus, dort die Auflösung traditionalistischer Gesellschaftsformationen), die eine Verknüpfung des privaten Schicksals mit dem politischen begünstigt. Ich frage mich, ob nicht eine analoge Bedingung auch in jenen industriell entwickelten Gesellschaften erfüllt ist, die die Schwelle zum potentiellen Überfluß schon überschritten haben.
Es könnte sehr wohl sein, daß der Abbau der elterlichen Autorität und die Verbreitung von permissiven Erziehungstechniken bei den heranwachsenden Kindern Erfahrungen ermöglicht und Orientierungen fördert, die einerseits mit den Standards einer aufrechterhaltenen Leistungsideologie zusammenprallen müssen, die aber andererseits mit dem technologisch verfügbaren, obgleich von der Gesellschaft nicht entbundenen Potential an Freizeit und Freiheit, Befriedigung und Befriedung konvergieren. Es könnte sehr wohl sein, daß die Industriegesellschaft in den USA und in Europa einen Entwicklungsstand erreicht hat, auf dem Probleme des gesellschaftlichen Strukturwandels, wie einst an der Schwelle zur Modernisierung, *wiederum* in den Bildungsprozessen der her-

anwachsenden Generationen einen entwicklungspsychologisch gleichgestimmten Resonanzboden finden.
Wenn die Studentenproteste mehr sind als der generationsgebundene Ausdruck einer Mode, dann sollten wir dieser Frage nicht aus dem Weg gehen. Vielleicht ist ja der Prozeß der Versteinerung unseres administrierten Bewußtseins schon so weit fortgeschritten, daß die Insensibilität gegenüber dem, was in naiveren Zeiten die Philosophen schlicht das »gute Leben« nannten, nur noch unter den sozialpsychologischen Ausnahmebedingungen des Studiums durchbrochen werden kann.

9. Einleitung einer Podiumsdiskussion

Am 8. 2. 1968 habe ich eine Podiumsdiskussion eingeleitet, zu der der AStA der Universität Frankfurt auch Vertreter der Gewerkschaften und des SDS eingeladen hatte.

Die Studentenproteste haben die innenpolitische Lage der Bundesrepublik verändert. Sie haben *erstens* dazu beigetragen, Fragen zu politisieren, die bisher der Diskussion entzogen waren. Der Bereich öffentlich thematisierbarer Fragen ist entschränkt worden. Der politische Willensbildungsprozeß ist, in wie kleinen Gruppen auch immer, über die bisher tolerierten Grenzen hinausgelangt. Die Politisierung, deren Ansätze wir heute beobachten können, ist mit den verfassungsmäßigen Grundsätzen einer demokratischen Willensbildung nicht nur vereinbar, sie wird von diesen Prinzipien gefordert. Es handelt sich nämlich nicht um das Eindringen politischer Formen der Auseinandersetzung in Sphären, die entweder zum Schutz privater Freiheitsspielräume mit Recht öffentlicher Kontrolle entzogen oder, gemessen an Funktion und Sache, den an öffentliche Diskussion gebundenen Entscheidungsprozeduren unzugänglich sind. Ich spreche von Politisierung in diesem Zusammenhang nur, soweit Fragen, die an sich politische Fragen sind, uns auch als solche zu Bewußtsein kommen. Das möchte ich an sechs Beispielen belegen.

Zunächst (1) denke ich an eine Reihe von allgemein politischen Fragen, die sehr wohl diskutiert werden; sie sind aber so definiert, daß ihre Diskussion von vornherein entschärft und blockiert ist. Studentenproteste haben das Verdienst, solche Fragen in den richtigen Kontext zu rücken. Dafür ist Vietnam ein Beispiel.

Sodann gibt es (2) eine Reihe politischer Selbstverständlichkeiten, die anläßlich von Studentenprotesten mit Nachdruck problematisiert worden sind. Die verfassungskonforme Verläßlichkeit des Handelns staatlicher Institutionen und die Anwendung sanktionierter Spielregeln bewährt sich nicht am Normalfall. Das Beispiel der Ereignisse vor dem Berliner Opernhaus am 2. Juni 1967 und während der darauf folgenden Wochen und Monate haben die autoritären Grenzen der Belastbarkeit einer Polizei, einer Regierung und einer Justiz enthüllt, die gerade unter solchen Belastungsproben ihren demokratisch rechtsstaatlichen Charakter erweisen könnten und müßten.

Weiterhin (3) gibt es eine Reihe von speziellen Fragen, die zwar innerhalb zuständiger Institutionen nach anerkannten Routinen behandelt werden; dabei kommen aber die Entscheidungen auf der Grundlage eines stillschweigenden, thematisch nicht erörterten Konsensus zustande, so daß weitreichende Implikationen dieser Entscheidungen der rationalen Willensbildung tatsächlich entzogen bleiben. Ein Beispiel sind die privaten und die öffentlichen Investitionen für Forschung, Entwicklung und Wissenschaft im weiteren Sinne. Indem die Studentenproteste die Aufmerksamkeit auf die Organisation von Forschung und Lehre und auf die gesamtgesellschaftliche Funktion der Wissenschaft, der Wissenschaft als Produktivkraft wie als Kraft der Kritik, lenken, bringen sie den naturwüchsigen Charakter des wissenschaftlich technischen Fortschritts zu Bewußtsein.

Ferner (4) gibt es Fragen, die der Form nach privatautonom entschieden werden, obwohl ihr Gehalt durch und durch politisch ist. Studentenproteste haben am Beispiel des Springerkonzerns die politische Ausübung privater Macht, die keiner öffentlichen Kontrolle außerhalb des oligopolistisch beherrschten Marktes unterworfen ist, zu Bewußtsein gebracht.

Darüber hinaus (5) ist die Kritik der Studenten an Springer ein Beispiel dafür, daß Strukturfragen einer industriell entfalteten kapitalistischen Gesellschaft überhaupt wieder in das Spektrum öffentlicher Auseinandersetzung einbezogen werden. Die ziemlich unrealistische Forderung nach der Enteignung Springers erinnert gleichwohl daran, daß der institutionelle Rahmen unserer Gesellschaft Ergebnis eines Restaurationsprozesses von zwei Jahrzehnten ist, zu dem es auf der Grundlage, wenn nicht gar nach Maßgabe unserer Verfassung Alternativen gibt.

Schließlich (6) ist ein Bereich von Fragen zum Politikum geworden, der normalerweise dem politischen Bewußtsein wohltuend entzogen bleibt: ich meine jenen Bereich von rituellen Formen, Sprachgesten, Verhaltensstilen und traditionell eingelebten Regeln der Normalität, also des Umgangs und der Kommunikation, die unreflektiert die Grundlage der Legitimation bestehender Ordnungen bilden. Gerade die neuen, provokativen, die mißverständlichsten, aber publizistisch auffälligsten Protesttechniken richten sich gegen die Positivität solcher abgestorbener Legitimationsansprüche: sie durchstoßen die Kruste falscher Terminologien und rühren den Brei des offiziösen Sprachgebrauchs um, sie erweisen akademischen Ehrensenatoren die Ehre, die ihnen gebührt, sie begehen Sakrilege an Heiligtümern, die handfest profan sind, sie geben falsches Pathos der Lächerlichkeit preis und nennen Mief, was Mief ist.[1]

Auf allen diesen Ebenen, von politischen Tagesfragen angefangen, über die prinzipiellen Fragen der Gesellschaftsstruktur bis hin zu den Stilfragen der stillschweigend legitimierenden Alltagsformeln haben die Studentenproteste zu einer Entschränkung der öffentlichen Diskussion beigetragen, obgleich diese Impulse vorerst nur in einen sehr schmalen, den liberalen, Teil der Öffentlichkeit hineingewirkt haben.

Die aktiven Minderheiten der Studentenschaft haben aber nicht nur eine Politisierung bewirkt, sie machen *zweitens* den

1 Vgl. K. H. Bohrer, *Die mißverstandene Rebellion*, in: *Merkur*, Februar 1968.

Versuch, außerhalb eines Parlaments, über dessen Ohnmacht die Große Koalition den Schleier gelüftet hat, eine Vetomacht aufzubauen. Dabei haben die Studenten vorerst mit den Gefahren der Diskriminierung, aber auch der Selbstisolierung zu kämpfen. Die einzige bemerkenswerte Opposition außerhalb des Parlaments ist seit Jahren die Kampagne für Abrüstung. Die Ostermarsch-Bewegung blieb freilich in ihrer Effektivität begrenzt, weil der diffusen Anhängerschaft, der sie ihre Stärke verdankt, sehr abstrakte und zugleich isolierte Zielvorstellungen entsprechen. Die andere, und im Augenblick wirksame, Oppositionsbewegung richtet sich gegen die geplante Notstandsgesetzgebung. Sie stützt sich auf eine Koalition gewichtiger Einzelgewerkschaften mit Intellektuellen. Der Erfolg der organisierten Notstandsproteste, der sich anzubahnen scheint, hängt von dieser soliden Grundlage ebenso ab wie vom Resonanzboden des liberalen Teils der Presse.

Der andere Punkt, um den sich außerparlamentarischer Widerstand konzentriert, ist die Vietnampolitik der USA-Regierung. Wenn ich recht sehe, geht diese Oppositionsbewegung wesentlich auf die Initiative von Studenten zurück. Der direkte Erfolg, gemessen an der Einflußnahme auf Parteien und Regierung im eigenen Lande, ist schmächtig. Das hängt damit zusammen, daß Vietnam für die Bundesrepublik, im Vergleich zu den Vereinigten Staaten, ein mittelbares Problem ist. Es hängt auch damit zusammen, daß die Proteste offenbar in erster Linie als Lernprozesse mit dem Ziel der Aufklärung der Studenten selber angelegt sind. Wenn die Studentenproteste jenseits der Hochschule zur Festigung einer Vetomacht außerhalb des Parlaments und gegenüber den Parteien beitragen sollen, wenn, mit anderen Worten, die aktiven Minderheiten der Studentenschaft eine Rolle in der außerparlamentarischen Opposition tatsächlich spielen wollen, dann müssen sie eine Bedingung einkalkulieren: daß Studenten ohne ein Zusammengehen mit den politisch bewußtesten Gewerkschaften und ohne den Resonanzboden des liberalen Teils der Presse, daß sie, um es simpel zu machen, ohne eine Koalition mit Brenner und Augstein langfristig nichts erreichen können.

Freilich gibt es *einen* Bereich, in dem die Studenten alleine den erfolgreichen Anlauf genommen haben, Institutionen zu verändern. Die Studentenproteste haben nicht nur die Politisierung vorangetrieben, sie haben nicht nur die außerparlamentarische Opposition verstärkt, sondern sie haben das Hochschulsystem der Bundesrepublik in Bewegung gebracht. Ich bin überzeugt, daß die begründete Aussicht auf strukturelle Veränderungen in der Organisation von Forschung und Lehre, daß also eine Hochschulreform, die diesen Namen nicht nur für ad-hoc-Anpassungen usurpiert, ausschließlich durch den politischen Widerstand der Studenten erkämpft worden ist.

Lassen Sie mich abschließend noch einen Punkt diskutieren. Mit den Studentenprotesten ist ein Anspruch angemeldet und eine Perspektive zugemutet worden, die für das etablierte Selbstverständnis industriell entwickelter Gesellschaften unerhört zu sein scheinen: ich meine das Sentiment und den Gesichtspunkt, von dem sich der antiinstitutionell gerichtete und der sich antiautoritär verstehende Protest leiten läßt. Damit wird an eine verschüttete Dimension gerührt: an die von Herrschaft und Unterdrückung. Repression hat freilich die handgreifliche Form manifesten Mangels, nackter Abhängigkeit und offenen Konfliktes nur in den pauperisierten Ländern der Dritten Welt behalten; bei uns ist sie, auf der Basis relativen Wohlstandes, in sozialpsychologisch wirksame Formen verwandelt; sie tritt eher in den sublimeren Zwängen rigider Einstellungen und eines präjudizierten Bewußtseins zu Tage.

Gleichwohl hat sich nun unter den Studenten eine eigentümliche Sensibilität, wie es scheint, gerade für diese Repressionen ausgebildet, eine Sensibilität, lassen Sie es mich so ausdrücken: für die lebensgeschichtlichen Kosten einer von Statuskonkurrenz, Leistungswettbewerb und Bürokratisierung beherrschten Gesellschaft. Diese Kosten erscheinen den Studenten im Verhältnis zum technologisch verfügbaren Potential gesellschaftlichen und gesellschaftlich freigesetzten Reichtums unverhältnismäßig hoch. Das trägt nun den Studenten den Vorwurf des Utopismus ein. Dieser Vorwurf wird überdies verknüpft mit dem weiteren Vorwurf, daß auf pragmatischer Ebene eine Konzeption nicht besteht oder Konzepte nicht ernst genommen werden. Und schließlich besteht der Vorwurf, daß die Methoden der Gegengewalt wahllos destruieren, nämlich falsche Legitimationen ebenso wie Freiheit verbürgende Normen zerstören. Der Komplex, der durch diese Vorwürfe bezeichnet wird, muß in der Tat schnell, konsequent und eindeutig geklärt werden, wenn sich die Intentionen des neuen Protestes nicht unter der Hand ins Ungewollte verkehren sollen. Ich kann Ihnen diese Klärung nicht abnehmen, aber ich kann zum Schluß meine Meinung in drei Thesen aussprechen:

1. Ich halte es nicht für sinnvoll, diejenigen Utopisten zu nennen, die den institutionellen Rahmen industriell entwickelter Gesellschaften demokratisch verändern möchten. Das Ziel läßt sich auch so formulieren: die Verwendung technologisch verfügbarer Potentiale für die Befriedigung zwanglos artikulierter Bedürfnisse soll so weit als pragmatisch möglich Maximen folgen, über die in öffentlicher Diskussion und herrschaftsfreier politischer Willensbildung ein Konsensus herbeigeführt werden kann.

2. Die persönliche Identifizierung mit den Hungernden, den Elenden und den Abhängigen in den Regionen der Dritten Welt spricht für die Kraft der moralischen Phantasie, sie ist zudem ein notwendiger Impuls für die Untersuchung kausaler Zusammenhänge zwischen Repressionen bei uns und Repressionen in unterentwickelten Ländern. Gleichzeitig bringt jene Identifikation aber auch die Gefahr mit sich, solche Zu-

sammenhänge stereotyp zu unterstellen, suggestive, aber irreführende Parallelen zu ziehen und falsche Übertragungen zur Basis des Handelns zu machen.

3. Wir stehen nicht vor einer Revolution, weder heute noch morgen. Ich sehe keinen Grund, der einen leichtfertigen oder rücksichtslosen Umgang mit den elementaren Freiheit verbürgenden Prinzipien unserer Rechtsordnung, das sind nämlich die Resultate einer jahrhundertelangen Emanzipationsbewegung, rechtfertigen könnte. Ich sehe keine historische Rechtfertigung dafür, die Legitimationsgrundlage unserer Verfassung zu verlassen; die geltenden Institute können auch noch im Interesse und für den Schutz oppositioneller Minderheiten in Anspruch genommen werden. Warum sollte die Linke die nur zu sichtbaren Prozesse der Aushöhlung des Grundgesetzes durch eigene Aktionen beschleunigen, statt ihnen entgegenzuwirken? Die Transformation des bürgerlichen Klassenstaates in die sozial rechtsstaatliche Demokratie wäre ohne die europäische Arbeiterbewegung nicht möglich gewesen. Die Linke ist es, die diesen Transformationsprozeß weitertreibt und den drohenden Rückfall in ein autoritäres System verhindern will; sie ist es, die die Intentionen des Grundgesetzes realisieren will. Daher dürfen greifbare Reformen nicht zum Vorwand einer Aktion um des Agierens willen herabgesetzt werden.

10. (Fetscher, v. Friedeburg, Habermas, Mitscherlich)
Minister Stoltenberg diffamiert bedenkenlos

Diese Erklärung in der Frankfurter Rundschau *vom 9. Mai 1968 bezieht sich auf eine Stellungnahme Stoltenbergs im Bundestag. Sie gab uns Gelegenheit zur Kritik an der fragwürdigen Unterscheidung zwischen »Gewalt gegen Personen« und »Gewalt gegen Sachen« – eine Distinktion, die nach den Osterdemonstrationen gegen Springer-Häuser und den beiden Todesopfern in München wieder aktuell geworden war.*

Minister Stoltenberg hat die Opposition einer Reihe von Professoren gegen die geplante Notstandsgesetzgebung zum Anlaß genommen, um die Intention und die Handlungsweise politisch engagierter Hochschullehrer bedenkenlos zu diffamieren. Unter den namentlich Genannten befinden sich Kollegen, die von den Nazis verfolgt und eingesperrt oder zur Emigration gezwungen worden sind. Die Demonstration des Kuratoriums »Notstand der Demokratie«, zu der sie aufrufen, ist durch eine seit Jahren geübte, und zwar mit sachverständigen Argumenten begründete Kritik gerechtfertigt. Gerade die genannten Kollegen haben sich nicht mit dem »periodischen Unterzeichnen von Protestresolutionen«, das der Minister moniert, begnügt. Sie haben in langwierigen und zähen Auseinandersetzungen ihren Argumenten, zuletzt vor einem Ausschuß des Bundestages, Gehör verschafft und bis jetzt immerhin Modifikationen der Gesetzesvorlagen erreicht. In Zusammenarbeit mit großen Einzelgewerkschaften verteidigen sie Verfassungsgrundsätze des sozialen und demokratischen Rechtsstaates mit guten Gründen und mit der Hilfe des plebiszitären Druckes derer, die von diesen Gründen sich haben überzeugen lassen.

Die Intention und die Handlungsweise dieser Gelehrten sind der exemplarische Ausdruck einer Besinnung der Wissenschaft auf ihre politische Verantwortung. Diese Besinnung resultiert aus den für deutsche Universitätslehrer beschämendsten Erfahrungen unserer jüngeren Geschichte. Die Politik der jüngsten Vergangenheit, die auf Bundesebene von CDU-Regierungen getragen worden ist, kann schwerlich denen Argumente liefern, die heute das Amt des Professors wieder an die Bedingung politischen Gehorsams binden möchten.
Stoltenberg, der als Privatdozent der Geschichte wissen müßte, wie deutsche Historiker bis 1945 willfährig Geschichtsklitterung betrieben haben, unterstellt den kritischen Hochschullehrern eine permanente Verfälschung »der deutschen Gegenwart und der letzten zwanzig Jahre«. Er erhebt diesen Vorwurf in einem Augenblick, da seine Parteifreunde im Namen einer Konrad-Adenauer-Stiftung Schriftsteller mit Preisen für staatstreue Gesinnung auszeichnen, deren Geschichtsklitterung vor primitiver Hitler-Apologetik nicht haltmacht.
Das politische Engagement der Hochschullehrer richtet sich gegen die Entpolitisierung der Öffentlichkeit. Die Notstandsgesetzgebung ist ein drastisches Beispiel dafür, daß die praktisch folgenreichen Fragen unter Ausschluß der Öffentlichkeit entschieden werden – wenn nicht ein massiver Druck von außen öffentliche Diskussionen erzwingt. Ein anderes Beispiel für die Austrocknung des demokratischen Willensbildungsprozesses ist die Forschungspolitik, für die Minister Stoltenberg unmittelbar verantwortlich ist. Weder in der Bundesrepublik noch in anderen Ländern wird im Zusammenhang mit Investitionen für Forschung, Entwicklung und Bildung eine breite öffentliche Diskussion und Willensbildung über die Prioritätsfragen in Gang gebracht, von denen der wissenschaftliche und technische Fortschritt und damit die Lebensbedingungen der kommenden Generationen abhängen.
Hilflose Protestresolutionen von Hochschullehrern und die

wirksameren Proteste der Studenten bezeugen die Einsicht, daß Politik nicht auf technische und administrative Aufgaben eingeschränkt und über die Köpfe der privatisierten Massen hinweg gemacht werden soll. Den Willen und das Bewußtsein derer, die in dieser Intention einig sind, will Stoltenberg diskriminieren.

Er bringt die kritischen Hochschullehrer in einen fatalen Zusammenhang mit den tragischen Opfern der Osterdemonstration in München. Wir – das gilt auch für unsere von Stoltenberg denunzierten Freunde – setzen alles daran, bei unseren Studenten falschen Interpretationen und verhängnisvollen Identifikationen entgegenzuwirken. Wir wenden uns entschieden gegen die Strategie einer wie immer auch »kalkulierten« Gewaltanwendung. Wir halten Distinktionen zwischen Gewalt dieser und jener Art für scholastisch und würden wünschen, daß der SDS endlich unmißverständlich zwischen Provokation und Gewaltanwendung unterscheidet. Andererseits müssen unsere Vorstellungen wirkungslos bleiben, solange die unqualifizierten Äußerungen von Ministern und Bundestagsabgeordneten dazu angetan sind, genau die Karikaturen zu bestätigen, die dem berechtigten Zorn der Studenten entspringen.

11. Die Scheinrevolution und ihre Kinder

In der Woche vor Pfingsten fand die Dritte Lesung der Notstandsgesetze im Bundestag statt. Nachdem in Frankfurt der Rektor einen Streikaufruf der Studenten mit der Schließung der Universität beantwortet hatte, wurde das Hauptgebäude der Universität von Studenten besetzt. Die Spielregeln für eine vom Rektor verkündete Politik der »aktiven Geduld« waren bekannt. Eine der drei Regeln wurde in der Nacht von Mittwoch auf Donnerstag vor Pfingsten verletzt: eine Gruppe von Studenten öffnete mit der kalkulierbaren Folge des Polizeieinsatzes (der in den Morgenstunden auch stattfand) Aktenschränke. Unter dem Eindruck der Pariser Ereignisse zielte die Taktik des SDS während dieser Notstandswoche dahin, nur noch Agitation vor den Fabriktoren und Revolutionsrhetorik zuzulassen sowie Bündnispolitik zu verhindern. Unter diesen Umständen habe ich mich veranlaßt gesehen, das Vorgehen des SDS auf dem vom Verband Deutscher Studentenschaften *einberufenen Schüler- und Studentenkongreß am 2. Juni 1968 in der Frankfurter Mensa zu kritisieren. Meine Thesen sind in der* Frankfurter Rundschau *vom 5. 6. 1968 erschienen.*

Durch Erfahrungen der vergangenen zwölf Monate, in der Bundesrepublik wie in den USA, bin ich zu der Überzeugung gelangt, daß die von Studenten und Schülern ausgehende Protestbewegung trotz ihrem geringen Umfang und ungeachtet der überhaupt fehlenden Mittel organisierter Gewalt eine neue und ernsthafte Perspektive für die Umwälzung tiefsitzender Gesellschaftsstrukturen eröffnet hat. Diese Perspektive gibt den Blick auf eine Transformation hochentwickelter Industriegesellschaften frei. Daraus könnte, wenn die

Perspektive nicht täuscht, eine Gesellschaft hervorgehen, die eine sozialistische Produktionsweise zur Voraussetzung, aber eine Entbürokratisierung der Herrschaft, nämlich politische Freiheit im materialistischen Sinne, zu ihrem Inhalt hat.
Andererseits sind der restaurative Zwang und der Druck der Tradition auch auf der Linken so stark, daß falsche Interpretationen zu Handlungen geführt haben, die schon die Anfänge zu diskreditieren und die ohnehin geringen Chancen des Erfolges weiter zu verringern drohen. Diese Befürchtung ist der Grund der folgenden Kritik. Ausgehend vom Verhalten des SDS in jüngster Zeit habe ich auf dem Studenten- und Schülerkongreß am Pfingstsamstag (1. Juni 1968) in Frankfurt fünf Thesen vorgetragen; die sechste These habe ich nachträglich aus Diskussionsbemerkungen zusammengestellt.

1. Das unmittelbare Ziel des Studenten- und Schülerprotestes ist die Politisierung der Öffentlichkeit.

Das gesellschaftliche System des staatlich geregelten Kapitalismus ruht auf einer schwachen Legitimationsgrundlage. Es stützt sich auf eine Ersatzideologie, die auf Ablenkung und Privatisierung zielt. Eine Stabilität und wirtschaftliches Wachstum sichernde Politik kann heute nur darum den Schein der fachmännischen Erledigung administrativer und technischer Aufgaben wahren, weil die Öffentlichkeit entpolitisiert ist. Der technokratische Schein, der eine Entpolitisierung breiter Schichten als unvermeidlich rechtfertigen soll, wird durch diese Entpolitisierung selbst erst möglich. Die sozialen Entschädigungen, die die Loyalität unpolitischer Bürger sichern, stellen die Verbindung zwischen den Interessen des einzelnen und den verselbständigten staatlichen Bürokratien her. Diese Entschädigungen werden in den abstrakten Einheiten von Geld und Zeit zugemessen und sind als solche unpraktisch. Sie enthalten keine Orientierungen für befriedigende Formen und Normen des Zusammenlebens. Die praktisch folgenreichen Fragen sind der öffentlichen Diskussion weithin entzogen. Sie beginnen bei den Grundlagen des Systems, der privaten Form der Kapitalverwertung und dem politischen Schlüssel zur Verteilung des Sozialproduktzuwachses; sie betreffen die naturwüchsig vorentschiedenen Prioritäten bei der Festlegung staatlicher Haushalte; sie reichen über die folgenreichen Investitionen für Forschung und Entwicklung bis zur Regionalplanung oder beispielsweise zum Eherecht. Diese Fragen müßten ihren esoterischen Schein verlieren, sobald auch der Rahmen, innerhalb dessen sie definiert sind, zur Diskussion stünde.

Wenn aber das Herrschaftssystem fast nur noch negativ, durch Ablenkung der Interessen breiter Schichten auf den Privatbereich, und nicht mehr affirmativ durch Ziele praktischer Art gerechtfertigt ist, läßt sich der Angriffspunkt der Kritik eindeutig bezeichnen. Der Kampf richtet sich gegen die entpolitisierte Öffentlichkeit, auf deren Boden die Willensbildung eine demokratische Form nicht annehmen kann. Der Kampf richtet sich gegen die Apparate, die das Bewußtsein der Bevölkerung an private Vorgänge und personalisierte Beziehungen dauerhaft binden; er richtet sich vor allem gegen publizistische Großunternehmen, die eine privatisierte Leserschaft nicht nur hervorbringen, sondern deren Affekte auch noch für die gar nicht zufälligen politischen Vorurteile des Verlegers von Fall zu Fall mobil machen und ausbeuten. So entsteht eine Konfliktzone, die sich nicht mehr mit den vernarbten Frontlinien eines inzwischen latent gewordenen Klassengegensatzes deckt.

2. Die Studenten- und Schülerbewegung verdankt ihre Erfolge der phantasiereichen Erfindung neuer Demonstrationstechniken.

Die neuen Techniken der begrenzten Regelverletzung stammen aus dem Repertoire des gewaltlosen Widerstandes, das während der letzten Jahre in der amerikanischen Bürgerrechtsbewegung erprobt und erweitert worden ist. Diese Techniken gewinnen gegenüber einem bürokratisierten Herrschaftsapparat und angesichts eines publizistischen Bereichs kommerzieller Massenbeeinflussung einen neuen Stellenwert; sie dringen in die Nischen eines frontal unangreifbaren Systems ein; sie erzielen mit relativ geringem Aufwand überproportionale Wirkungen, weil sie auf Störstellen komplexer und darum anfälliger Kommunikationsnetze gerichtet sind.
Diese Demonstrationstechniken sind zudem in ein neues Element getaucht worden. Aus der Pop-Kultur stammen jene lebenden Gegenbilder einer dehumanisierten Welt, welche die ins Halbbewußte abgeglittenen Alltagslegitimationen durch ironische Verdoppelung der Lächerlichkeit preisgeben. Sie führen zu heftigen Abwehrreaktionen, aber auch zu dem heilsamen Schock, der ein erstauntes Nachdenken über Routinen und über unsere routinierten Verdrängungen provoziert. So ist ein Arsenal von Waffen entstanden, die eines gemeinsam haben – den eigentümlich virtuellen Charakter eines Spiels, das als politisches Instrument ernsthaft nur eingesetzt werden kann, wenn der andere Partner zwar genötigt wird, aber mitspielt. Diese Waffen können nur darum verletzen, weil sie nicht töten können.
Dieser Zusammenhang läßt das dritte Moment erkennen, das die neuen Demonstrationstechniken auszeichnet. Psychologisch gesehen handelt es sich um ritualisierte Formen der Erpressung und des Trotzes von Heranwachsenden gegenüber unaufmerksamen, aber relativ nachsichtigen Eltern. Ihre Wirkung tun sie natürlich nur dann, wenn man sie gerade

nicht infantil, sondern erwachsen, nämlich auf eine überlegte Weise anwendet. Auch die erwachsene Applikation macht freilich Regelverletzungen, die sich ihrer Erscheinungsform nach oft auf Pennälerniveau halten, für Leute über Dreißig kaum zugänglicher; insofern ist die mit dem Gestus des erfahrenen Kämpfers wiederholte Forderung der Jüngeren an die Älteren, an ihrer Praxis teilzunehmen, naiv. Die neuen Techniken sind nicht generationsneutral. Diejenigen, die das ignorieren und sich zu einer unvermittelten Partizipation entschließen, verkennen entweder den Charakter des Jugendprotests, oder ihre eigene Persönlichkeitsentwicklung zeigt tatsächlich Affinität zu einer anderen Altersstufe.
Wenn sich die neuen Techniken zureichend als im Prinzip gewaltlose, symbolisch gemeinte und altersspezifisch anwendbare Techniken des Widerstandes begreifen lassen, dann kann über ihre Funktion kein Zweifel sein. Sie sind vorzüglich geeignet (aber auch nur dazu), Publizitätsbarrieren zu beseitigen und Aufklärungsprozesse, massenhafte Aufklärungsprozesse, in Gang zu setzen. Die neuen Demonstrationstechniken treffen die einzige schwache Stelle des legitimations-bedürftigen Herrschaftssystems, nämlich die funktionsnotwendige Entpolitisierung breiter Bevölkerungsschichten.

3. Die Studenten- und Schülerbewegung geht aus einem Potential hervor, das keine ökonomische, sondern eine sozialpsychologische Erklärung verlangt.

Die Protestgruppe der Studenten und Schüler ist privilegiert. Hier kann sich ein Konflikt nicht am Ausmaß der geforderten Disziplinierungen und Lasten, sondern nur an der Art der imponierten Versagungen entzünden. Nicht um einen höheren Anteil an sozialen Entschädigungen der verfügbaren Kategorien: Einkommen und arbeitsfreie Zeit, kämpfen Studenten und Schüler. Ihr Protest richtet sich vielmehr gegen die Kategorie der »Entschädigung« selber. Der Protest dieser Jugendlichen aus bürgerlichen Elternhäusern entzieht sich dem Muster des seit Generationen üblichen Autoritätskonflikts überhaupt. Ihre Sozialisation hat sich eher in den vom unmittelbaren ökonomischen Zwang freigesetzten Subkulturen vollzogen, in denen die Überlieferungen der bürgerlichen Moral und deren kleinbürgerlicher Ableitungen ihre Funktion verloren haben. Die eher liberalen Erziehungstechniken können Erfahrungen ermöglichen und Orientierungen begünstigen, die mit der konservierten Lebensform einer Ökonomie der Armut zusammenprallen.

So entsteht ein prinzipielles Unverständnis für die sinnlose Reproduktion überflüssig gewordener Tugenden und Opfer – ein Unverständnis dafür, warum das Leben des einzelnen trotz dem hohen Stand der technologischen Entwicklung nach wie vor durch das Diktat der Berufsarbeit, durch die Ethik des Leistungswettbewerbs, durch den Druck der Statuskonkurrenz, durch Werte der possessiven Verdinglichung und der angebotenen Surrogatbefriedigungen bestimmt ist, warum, mit einem Wort, der »Kampf ums Dasein«, die Disziplin der entfremdeten Arbeit, die Tilgung von Sinnlichkeit und ästhetischer Befriedigung aufrechterhalten werden.

Für die neue Sensibilität muß die Ausschaltung praktischer Fragen aus einer entpolitisierten Öffentlichkeit immer unerträglicher werden. Eine politische Kraft wird sich freilich daraus nur ergeben, wenn jene Sensibilisierung an ein unlösbares Systemproblem rührt. Für die Zukunft sehe ich nur *ein* solches Problem. Das Maß des gesellschaftlichen Reichtums, den ein industriell entfalteter Kapitalismus hervorbringt, und die technischen und organisatorischen Bedingungen, unter denen dieser Reichtum produziert wird, machen es immer schwieriger, die Statuszuweisung an den Mechanismus der Bewertung individueller Leistung auch nur subjektiv überzeugend zu binden. Die Protestbewegung könnte diese brüchig werdende Leistungsideologie dauerhaft zerstören.

4. Die Studenten- und Schülerproteste folgen vielfach Interpretationen, die entweder ungewiß oder nachweislich falsch, in jedem Falle aber unbrauchbar sind, um Handlungsmaximen daraus abzuleiten.

Unter den Parolen, die das Handeln der aktivsten Teile der Studentenschaft bestimmen, finden sich nach meiner Kenntnis drei Behauptungen, die sehr schwierige und unabgeschlossene Diskussionen aus dem Bereich der Marxschen Gesellschaftstheorie auf das handliche Format von Binsenwahrheiten bringen.

Zunächst spielt die Überzeugung eine Rolle, als sei bewiesen, daß der staatlich geregelte Kapitalismus vor grundsätzlich unlösbaren Problemen der Verwertung des Kapitals stehe. Marx hatte seine Krisentheorie aus Grundannahmen der Arbeitswerttheorie abgeleitet. Ich kenne keine empirische Untersuchung des gegenwärtigen Wirtschaftssystems, die auf einer Anwendung der Arbeitswerttheorie beruht. Deren Geltung müssen wir dahingestellt sein lassen. Wohl können wir plausibel machen, daß die mit der privaten Form der Kapitalverwertung gesetzten Interessen die wichtigsten Investitionsentscheidungen, vor allem auch die, die den wissenschaftlich-technischen Fortschritt bestimmen, in die Richtung, sagen wir vereinfacht: einer Militarisierung des wirtschaftlichen Wachstums lenken. Das ist bedenklich genug, aber die Stabilität des gesellschaftlichen Systems wird nicht allein dadurch schon bedroht.

Sodann spielt die Überzeugung eine Rolle, als sei bewiesen, daß der nach wie vor bestehende Gegensatz sozioökonomischer Klassen auch heute noch zu einem politischen Konflikt entfacht werden könne. Gegen die Richtigkeit dieser Behauptung spricht die gesamte Organisation eines Herrschaftssystems, das gleichzeitig zwei Zielen dient: einerseits der wirtschaftlichen Stabilisierung, andererseits der Sicherung der politischen Massenloyalität. Die Verteilung sozialer Entschädigungen kann, auf der Grundlage eines institutionalisierten wissenschaftlich-technischen Fortschritts, nach allen Erfahrungen so gesteuert werden, daß der systemgefährdende Klassenkonflikt derjenige ist, der mit größter Wahrscheinlichkeit latent bleibt. Gegen ihn sind alle Mittel der Gefahrenabwehr mobilisiert, während Randkonflikte, die sich aus Disparitäten der gesellschaftlichen Entwicklung ergeben, dadurch, daß sie auftreten können, selber schon ein Symptom ihrer geringeren Gefährlichkeit sind. Am Beispiel der nordamerikanischen Schwarzen, einer Gruppe, in der sich schwerwiegende Disparitätskonflikte aller Art kumulieren, läßt sich zeigen, daß Unterprivilegierung heute nicht mehr mit Ausbeutung zusammenfällt. Die Neger können nicht mehr, wie das Proletariat des späten 19. Jahrhunderts und die integrierte Arbeiterschaft in der Mitte des 20. Jahrhunderts, durch angedrohten Kooperationsentzug zwingende Gewalt ausüben. Umgekehrt sind die Gruppen, die das heute noch können, nicht mehr in einem loyalitätsgefährdenden Maße unterprivilegiert.

Schließlich spielt die Überzeugung eine Rolle, als sei bewiesen, daß ein kausaler Zusammenhang zwischen der wirtschaftlichen Stabilität der entwickelten kapitalistischen Länder und der katastrophalen wirtschaftlichen Situation in den Ländern der Dritten Welt besteht. Ich zweifle nicht daran, daß die sozialen und ökonomischen Ausgangsbedingungen für die industrielle Entwicklung in diesen Ländern durch den historisch gewordenen Imperialismus der heutigen Industrienationen geschaffen worden sind. Aber vieles spricht dafür, daß Beziehungen ökonomischer Ausbeutung zwischen Ländern der Ersten und der Dritten Welt in zunehmendem Maße abgelöst werden durch Verhältnisse strategischer Abhängigkeit und wachsender Disparität. Auch auf internationaler Ebene bezeichnet Unterprivilegierung die Form einer empörenden Entrechtung, die aber nicht mehr mit Ausbeutung identisch ist. Das erklärt auch eine gewisse Moralisierung der Ansprü-

che, die jene, eine vergangene Phase der Ausbeutung repräsentierenden Länder heute gegen die ehemaligen Kolonialmächte überzeugend anmelden.
Diese drei kritisierten Grundüberzeugungen bilden, soweit ich sehen kann, das im SDS zur Zeit herrschende Bezugssystem, innerhalb dessen die Rolle des Studenten- und Schülerprotestes begriffen wird. Das muß zu Mißverständnissen führen.
Das erste Mißverständnis besteht darin, daß unser Aktionsspielraum durch eine revolutionäre, jedenfalls durch eine in Revolutionierung zu überführende Situation bestimmt sei. Davon kann keine Rede sein. Jedes, aber auch jedes der bisher allgemein akzeptierten Anzeichen für eine revolutionäre Lage fehlt. Ganz gewiß fehlt aber die subjektiv drückende Gewalt einer als unerträglich allgemein ins Bewußtsein tretenden Situation. Wo das Unerträgliche auf Definitionen noch wartet, wo das Unrecht noch nicht manifest, die Empörung keine Reaktion von Massen ist, muß Aufklärung den Parolen erst vorangehen. Wer unter diesen Umständen eine revolutionäre Umwälzung taktisch ins Auge faßt und agitatorisch betreibt, verfällt schlicht einem Wahn.
Das zweite Mißverständnis besteht darin, daß unser Aktionsspielraum durch eine internationale Einheit des antikapitalistischen Protestes bestimmt sei. Davon kann keine Rede sein. Gewiß gehört die moralische Empörung über die im Namen der Freiheit geübte Barbarei der Amerikaner in Vietnam, gewiß gehört die politische Entlarvung dieser hygienischen Ausrottungsaktion, unternommen von einem Land, das sich von den rühmlichen Anfängen seiner Verfassungsprinzipien nicht weiter hätte entfernen können, zu unseren unmittelbaren Aufgaben. Aber die auf emotionaler Ebene hergestellte Identifizierung – mit der Rolle des Vietkong, die Identifizierung mit den Negern der großstädtischen Slums, mit den brasilianischen Guerillakämpfern, mit den chinesischen Kulturrevolutionären oder den Helden der kubanischen Revolution

– hat keinen politischen Stellenwert. Die Situationen hier und dort sind so unvergleichbar wie die Probleme, die sie stellen, und die Methoden, mit denen wir sie angehen müssen.

5. Aus der falschen Einschätzung der Situation folgt eine verhängnisvolle Strategie, welche nicht nur Studenten und Schüler auf die Dauer isolieren, sondern alle auf Demokratisierung drängenden gesellschaftlichen und politischen Kräfte schwächen muß.

Die Fehleinschätzung der Situation macht die aktivsten Teile der Studentenbewegung anscheinend unfähig, die Grenzen ihres Aktionsspielraums und den Charakter der verfügbaren Mittel zu erkennen.
Die neuen Demonstrationstechniken, die nur symbolische Handlungen einschließen können, verwandeln sich in den Köpfen altgedienter SDSler zu Mitteln des unmittelbar revolutionären Kampfes. Eine rote Fahne im richtigen Augenblick auf dem richtigen Dach kann eine aufklärende Wirkung haben; sie kann eine Tabuschranke durchbrechen, eine Barriere gegen Aufklärungsprozesse aus dem Wege räumen. Etwas anderes ist es aber, wenn ein solches Symbol diejenigen, die es setzen, darüber betrügt, daß es heute um einen Sturm auf die Bastille nicht gehen kann. Wie die Vorgänge in den Räumen der Frankfurter Universität während der Pfingstwoche in der Nacht von Mittwoch auf Donnerstag unmißverständlich zeigen, verwechseln einige führende Akteure den virtuellen Vorgang einer Universitätsbesetzung mit einer faktischen Machtübernahme. Eine so gravierende Verwechslung von Symbol und Wirklichkeit erfüllt im klinischen Bereich den Tatbestand der Wahnvorstellung. Derjenige, der sich der aus der Protestpsychologie von Jugendlichen stammenden Techniken nicht als Erwachsener, nämlich im Bewußtsein ihres virtuellen

Charakters, bedient, wer sie vielmehr, wie das Kind selber, ernst nimmt, verfällt damit einem Infantilismus.

Die Verwechslung von Realität und Wunschphantasie hat ferner zur Folge, daß anstelle der allein gebotenen Strategie massenhafter Aufklärung die Taktik der Scheinrevolution tritt. Wie in den letzten Wochen deutlich zu beobachten war, nimmt Agitation den Platz der Diskussion ein. Die präjudizierte Erkenntnis verdrängt die Untersuchung. Unter permanentem Handlungszwang wird auf Analyse verzichtet. Anscheinend genügen jene Parolen, die ich genannt habe, um dem falschen Bewußtsein der Revolution ein trügerisch gutes Gewissen zu machen. Die Konfrontationspolitik vollzieht sich in jenem sorgfältig gehüteten Zwielicht zwischen symbolischer Erpressung, die Aufmerksamkeit tatsächlich erzwingt, und faktischer Gewaltanwendung, mit der man Machtpositionen zu gewinnen sich einbildet. Dieses Zwielicht verhindert seit einem Jahr die klare Distinktion zwischen Gewaltanwendung und Provokation, obgleich in unserer Situation die Beschränkung auf Techniken des gewaltlosen Widerstandes selbstverständlich sein müßte.

Die Taktik der Scheinrevolution kommt schließlich in einem Verhalten zum Ausdruck, das die Polarisierung der Kräfte um jeden Preis sucht. Diese kurzfristige Perspektive schließt Bündnispolitik, schließt die präventive Vermeidung künftiger Risiken, schließt die Respektierung immer noch Freiheit und Recht garantierender Verfassungsinstitutionen aus. Sie führt zur illusionären Beschwörung der Einheit von Studenten und Arbeiterschaft. Sie führt dazu, die Grenzen des Aktionsspielraums zu verkennen, die auf der einen Seite durch Massenmedien und auf der anderen Seite durch den Gewerkschaftsapparat definiert sind.

In der vergangenen Woche hat das falsche Bewußtsein der Revolution von jenen Schwächen der Intellektuellen gelebt, die in ruhigeren Zeiten zu den *déformations professionelles* gehören, die in lebhafteren Zeiten aber, wenn sie aus dem

Schattenreich der persönlichen Psychologie heraustreten und zur politischen Gewalt werden, wahrlich ein Skandal sind. Ich meine die Rolle des Agitators, der, weil er den Realitätskontakt verloren hat, nur noch die Realität der Massenreaktion kennt und anerkennt, der von kurzfristigen narzißtischen Befriedigungen lebt und die Aktion von einer Bestätigung zur nächsten treibt, um der Selbstbestätigung willen. Ich meine ferner die Rolle des Mentors, der, weil er gegen Erfahrungen immunisiert ist, eine Orthodoxie mit grauen Vokabeln allen Bewußtseinstrübungen aufprägt, um das zu rationalisieren, wozu den anderen die Worte fehlen. Ich meine schließlich die Rolle des zugereisten Harlekins am Hof der Scheinrevolutionäre, der, weil er so lange unglaubwürdige Metaphern aus dem Sprachgebrauch der zwanziger Jahre für seinerzeit folgenlose Poeme entlehnen mußte, nun flugs zum Dichter der Revolution sich aufschwingt – aber immer noch in der Attitüde des Unverantwortlichen, der sich um die praktischen Folgen seiner auslösenden Reize nicht kümmert.

6. Die Taktik der Scheinrevolution muß einer langfristigen Strategie der massenhaften Aufklärung weichen.

Weil die entschiedensten unter den Studenten nicht einsehen, daß der Erfolg ihrer Aktionen von den wirkungsvoll in Szene gesetzten Appellen an wie immer residuale, aber noch geltende Legitimationen abhängt, täuschen sie sich über zwei Fakten. Einmal verwechseln sie die Abwehrreaktionen eines Staates, der durch Normen noch gehalten ist, auf Protestspiele sich einzulassen, mit der nackten Repression einer faschistischen Gewalt – sie unterschätzen deshalb die potentielle Gewalt eines Staates, der eines Tages wirklich zur manifesten Unterdrückung wehrloser Gruppen übergehen könnte. Zum anderen wähnen diese Studenten, daß sie nicht indirekte Macht durch symbolische Handlungen, sondern faktische

Macht ausüben – sie überschätzen deshalb ihre eigene Machtposition bis an die Grenze lächerlicher Potenzphantasien. Eine »Bewegung« ist nicht schon darum revolutionär, weil man sie so nennt.

In diesem Zusammenhang erhält das Klischee der Zweiten Internationale, die das festgehaltene Ziel der Revolution zugunsten einer Reformpraxis vertagt hatte, den Stellenwert eines abschreckenden Exempels. Allein, »vertagen« läßt sich nur die Revolution, die man auf die Tagesordnung setzen kann. Die Topik der alten Arbeiterbewegung führt heute in die Irre. Die neue Protestbewegung verdankt ihre Überlegenheit dem Umstand, daß sie auf dem gegenwärtigen Niveau der gesellschaftlichen Entwicklung unterscheiden kann: zwischen dem privatistischen Ziel des gesicherten Lebensstandards und dem eigentlich politischen Ziel der Emanzipation, das heißt der Durchsetzung eines im Ernst demokratischen Willensbildungsprozesses in allen gesellschaftlichen Bereichen.

Dieses Bewußtsein ist nicht zufällig unter Studenten und Schülern zuerst entstanden. Studenten und Schüler wissen, daß sie es unter Arbeitern und Angestellten verbreiten müssen, bevor es ein existierendes Bewußtsein werden kann. Aber der objektive Unterschied zwischen beiden Gruppen und der sozialpsychologische Abstand sind noch immens. Wenn die Protestbewegung ihr radikales Ziel einer Entbürokratisierung der Herrschaft, die mit den funktionellen Bedürfnissen eines entwickelten Industriesystems vereinbar ist, nicht nur zum Zwecke verbaler Selbstbefriedigung verfolgen will, muß sie ihre Taktik an der Wirklichkeit orientieren. Sie muß realistisch sein:

– realistisch im Hinblick auf den Zeitraum, der zu bedenken ist. Vor uns liegt keine Periode des Umsturzes, weder des manifesten noch des verschleierten;

– realistisch im Hinblick auf die informellen und die rechtlichen Positionen, auf die sich die demokratische Opposition heute noch stützen und die sie verlieren kann. Ein abstrakter

Kampf gegen die Institutionen der Verfassung wäre sowohl unbegründet als auch selbstmörderisch;

– realistisch im Hinblick auf die punktuellen Fortschritte, die inmitten der massiv restaurativen Entwicklung der letzten zwanzig Jahre auch möglich gewesen sind. Diese isolierten Verbesserungen können als Bastionen genutzt werden; sie sollten nicht einem undifferenzierten Urteil und pauschaler Ablehnung anheimfallen;

– realistisch im Hinblick auf die Grenzen des Aktionsspielraums. Ohne Unterstützung durch Gruppen mit privilegierten Einflußchancen ist der Zugang zur breiten Öffentlichkeit, der von den Massenmedien kontrolliert wird, nicht zu gewinnen. Ohne Unterstützung des Gewerkschaftsapparates kann das Mittel des politischen Streiks, das die Verfassung gegen einen Notstand von oben allein garantiert, nicht angewendet werden;

– realistisch schließlich im Hinblick auf die theoretischen Voraussetzungen der Praxis. Generalisierungen, auch auf relativ hoher Stufe der Verallgemeinerung, sind nötig. Aber bei schwachen empirischen Anhaltspunkten sollte über deren Status kein Zweifel sein. Niemand darf sich präsumtiv mit einem in Zukunft hervorzubringenden Bewußtsein aufgeklärter Massen identifizieren, um heute schon stellvertretend für sie zu agieren.

12. Für ein neues Konzept der Hochschulverfassung

Die angekündigte Novellierung des Hessischen Hochschulgesetzes *hat meine Frankfurter Kollegen und mich veranlaßt, dem Ministerium für die Ausarbeitung des Referentenentwurfs einen Vorschlag zu unterbreiten. Unserem Gesetzentwurf haben wir Grundsätze vorangestellt und Erläuterungen beigegeben, die auf der Dokumentenseite der* Frankfurter Allgemeinen Zeitung *vom 23. Juli 1968 veröffentlicht worden sind.*

Am 20. September 1968 hat Minister Schütte Grundzüge des Referentenentwurfs für ein neues Hessisches Hochschulgesetz bekanntgegeben. Die heftige Reaktion der hessischen Rektoren hat mich zu einer Interpretation veranlaßt, die in der Wochenzeitung Die Zeit *am 27. September 1968 erschienen ist.*

Meine Frankfurter Kollegen und ich haben in Form einer kritischen Auslegung des Referentenentwurfs unsere Konzeption einer neuen Hochschulverfassung noch einmal dargelegt. Der zuerst in der Frankfurter Rundschau *vom 31. 10. 1968 veröffentlichte Artikel ist für den* Spiegel *(2. Dezember 1968) erweitert worden.*

Meine Kritik an den jüngsten Empfehlungen des Wissenschaftsrates, im Februar 1969 geschrieben, ist für eine Ernst Schütte zugedachte Festschrift bestimmt.

12. 1 (DENNINGER, V. FRIEDEBURG, HABERMAS, WIETHÖLTER) GRUNDSÄTZE FÜR EIN NEUES HOCHSCHULRECHT

1. Die Organisation der Hochschule verbindet die Wirksamkeit einer zentralisierten Verwaltung mit einer korporativen Selbstkontrolle, die auf allen Ebenen die Transparenz der

Entscheidungen sichert. Der Einheit von akademischer und wirtschaftlicher Verwaltung entspricht die Aufsicht eines Kuratoriums, in dem die Organe des Staates (und der Stadt) vertreten sind. Um eine rationale Ausübung der Selbstverwaltungsautonomie zu gewährleisten, werden im Rahmen einer Präsidialverfassung zentrale Ausschüsse mit Entscheidungskompetenzen für die Verteilung der global zugewiesenen Haushaltsmittel ausgestattet.

2. Die Willensbildung in den Organen der Selbstverwaltung wird nach Interessen der tatsächlich an Forschung und Lehre beteiligten Gruppen organisiert. Die hochschulpolitischen Einheiten des Willensbildungsprozesses sind: die Versammlung der Hochschullehrer, die Versammlung der wissenschaftlichen Mitarbeiter, das Studentenparlament (bzw. die Fachschaften).

3. Die Institutionen der fachbezogenen Selbstverwaltung werden auf der Basis der tatsächlichen Einheiten von Forschung und Lehre errichtet. Nicht Lehrstühle und Fakultäten, sondern Institute (Seminare) bzw. Kliniken und Abteilungen sind die fachbezogenen Organisationseinheiten.

4. Das Prinzip der Freiheit von Lehre, Studium und Forschung kann nicht mehr nur negativ als Abschirmung individueller Gelehrsamkeit gegen interessierte Einwirkung von außen gesichert werden. In der Hochschule und gegenüber dem Staat muß dieses Prinzip auch im Sinne von Teilhaberechten Anwendung finden. Die Autonomie der Wissenschaft kann nicht unpolitisch gewahrt werden. Sie verlangt, daß die am Lehr- und Forschungsprozeß unmittelbar beteiligten Gruppen die unvermeidlichen gesellschaftlichen Abhängigkeiten reflektieren und die gesellschaftlichen Funktionen der Wissenschaft im Bewußtsein politischer Verantwortung für Folgen und Nebenfolgen erörtern.

Die Ziele im einzelnen

1. Das Verhältnis von Hochschule und Instanzen des Staates (der Stadt) soll so geregelt werden,
– daß die Hochschule autonome, aber auf allen Ebenen legitimierte Entscheidungen über eine zweckrationale Erfüllung ihrer Aufgaben treffen kann;
– daß die Effektivität der Verwendung öffentlicher Mittel durch transparente und zweckmäßige Entscheidungsprozeduren gesichert ist;
– daß Organe des Staates (der Stadt) Kompetenzen für alle inhaltlich relevanten Entscheidungen der Hochschule überlassen, aber zugleich eine effektive Aufsicht über die Mittelverwendung führen.
Dieses Ziel kann erreicht werden:
a) durch eine Verfassung, die die Einheit von akademischer und wirtschaftlicher Verwaltung unter einem langfristig amtierenden, mit erheblichen Kompetenzen ausgestatteten, vom Konzil gewählten, von staatlichen Weisungen ebenso wie von fachgebundenen Interessen unabhängigen Präsidenten herstellt;
b) durch globale Haushaltszuweisungen;
c) durch zentrale Ausschüsse, die mit Kompetenzen für die Verteilung der Haushaltsmittel ausgestattet (und auch für Berufungsverhandlungen über Sach- und Personalmittel zuständig) sind;
d) durch ein handlungsfähiges Konzil von gewählten Vertretern, das die Tätigkeit von Präsident und Senat wirksam kontrolliert;
e) durch ein Kuratorium, in dem einerseits Vertreter der zentralen Selbstverwaltung ihre Forderungen gegenüber den Repräsentanten von Landtag, Landesregierung und Stadt begründen und in dem andererseits die Organe des Staates (der Stadt) gegenüber der Hochschule eine wirksame Kontrolle ausüben.

2. In der Hochschule sollen Initiative, Willensbildung, Verwaltung und Kontrolle so geordnet werden,

– daß die hochschulpolitischen Entscheidungen auch nach Regeln eines politischen Willensbildungsprozesses zustande kommen;

– daß die Hochschule fähig ist, aus sich selbst Initiative zu einer am Erfolg kontrollierten Dauerreform zu entwickeln;

– daß eine rational verfahrende, initiativreiche, ökonomische und zur Vertretung der Hochschulinteressen fähige Verwaltung entsteht;

– daß alle relevanten Entscheidungsprozesse vor der hochschulinternen Öffentlichkeit legitimiert und von Teilkörperschaften kontrolliert werden.

Dieses Ziel kann erreicht werden:

a) durch eine gruppenspezifische Willensbildung in Versammlungen, in denen jeweils Hochschullehrer, wissenschaftliche Mitarbeiter und Studenten nach hochschulpolitischen Gesichtspunkten Fraktionen bilden und ihre Interessen zunächst untereinander klären;

b) durch ein Konzil, dessen Mitglieder von den Fraktionen der Versammlungen delegiert werden und das (auch auf Antrag von Präsident, Senat und Kuratorium) hochschulpolitische Grundsatzentscheidungen trifft, Reforminitiativen ergreift und Experimente auswertet;

c) durch die Schaffung von zwei Kompetenzschwerpunkten (auf der Ebene der zentralen Selbstverwaltung werden der Präsident und die Ausschüsse, auf der Ebene der fachbezogenen Selbstverwaltung werden die Abteilungen[1] mit weitreichenden Kompetenzen ausgestattet);

d) durch Kontrollen, die alle relevanten Entscheidungen unter Legitimationszwang stellen (die Tätigkeit von Präsident und Senat wird vom Konzil, die Tätigkeit der Abteilungen von den Fakultätsausschüssen, die Tätigkeit

1 Wir haben in späteren Veröffentlichungen die Termini »Ständige Kommission« und »Fachbereich« übernommen.

der Institutsleitung von der Institutsversammlung kontrolliert);
e) durch Einrichtung von Appellationsinstanzen (z. B. für Habilitationen).

3. Die Repräsentation der hochschulinternen Gruppen soll so geregelt werden,
– daß die am Lehr- und Forschungsprozeß unmittelbar beteiligten Gruppen auf allen Ebenen auch an den Entscheidungskompetenzen teilhaben;
– daß die gruppenspezifischen Interessen angemessen zur Geltung kommen;
– daß die wechselseitige Kontrolle der Gruppen möglich ist;
– daß hochschulpolitische Fragen als politische Fragen behandelt werden können;
– daß Entscheidungen, die Fachkompetenz verlangen, nicht dysfunktionalen Willensbildungsprozessen unterworfen werden.

Dieses Ziel kann erreicht werden:
a) durch Versammlungen der Hochschullehrer, wissenschaftlichen Mitarbeiter und Studenten, die nach Maßgabe der Interessenlagen von Teilgruppen (Lehrstuhlinhaber/Nichtordinarien; wissenschaftliche Assistenten/Räte) Sektionen bilden;
b) durch eine gruppenparitätische Zusammensetzung des zentralen Organs der hochschulpolitischen Willensbildung (Konzil);
c) durch eine gruppenparitätische Grundrepräsentation auf den Ebenen der Institute, Abteilungen, Fakultätsausschüsse und des Senats, aber mit einschränkender Qualifikation der Beschlußmodalitäten bei Entscheidungen, die Fachkompetenz verlangen (z. B. Berufung, Habilitation);
d) durch eine variable, von den Zuständigkeiten abhängige Zusammensetzung von Kommissionen (insbesondere der zentralen Ausschüsse).

4. Autonomie und Abhängigkeit sollen für jedes Mitglied der Korporation so ausgewogen sein,
– daß alle Abhängigkeitsverhältnisse, die weder funktional

noch durch Sachautorität gerechtfertigt werden können, aufgehoben werden;
– daß in Lehre, Studium und Forschung ein Produktivitätsspielraum individueller Unabhängigkeit und Selbstverantwortung gesichert ist, der der Struktur wissenschaftlichen Arbeitens genügt;
– daß die Koordinierung der Lehre (und der mit Lehre verbundenen Forschung) den legitimen Ansprüchen der Studenten auf eine Wahl zwischen flexiblen, berufsvorbereitenden Studiengängen und auf Teilnahme an Forschungsprozessen sowie an der Selbstreflexion der Wissenschaft genügt;
– daß die Koordinierung der Forschung und die Wahl der Forschungsprojekte ebenso Gesichtspunkten der Effizienz der Mittelverwendung wie den wissenschaftlichen Interessen des einzelnen Forschers genügt.

Dieses Ziel kann erreicht werden:

a) durch die organisatorische Zusammenfassung verwandter Fächer und Fachbereiche zu Abteilungen, die unter der Kontrolle der mit allgemeinen Angelegenheiten und Koordinationsaufgaben betrauten Fakultätsausschüsse über Berufung, Habilitation, Promotion und andere Prüfungen entscheiden (und sich gegebenenfalls um Mitglieder aus anderen Abteilungen erweitern oder Kompetenzen auf gemischte Kommissionen übertragen);

b) durch Institutsordnungen, die unter anderem die Wahl des Institutsleiters durch die Institutsversammlung, ferner eine öffentlich legitimierte Aufgabenverteilung und die Zuordnung der wissenschaftlichen Mitarbeiter zu Institutionen (statt zu Personen) vorsehen;

c) durch eine Planung der Studiengänge auf Abteilungs- und Institutsebene;

d) durch Forschungsplanung auf der Ebene der zentralen Ausschüsse und der Institute;

e) durch Objektivierung der Prüfungsverfahren (Öffentlichkeit, Transparenz der Anforderungen usw.);

f) durch Relativierung und Neuordnung des Habilitationsverfahrens (Öffnung paralleler Zugänge zur wissenschaftlichen Laufbahn);
g) durch Objektivierung des Berufungsverfahrens (Ausschreibung, keine Verhandlungen über Sach- und Personalmittel mit dem Ministerium);
h) durch eine periodische Trennung der Funktionen von Lehre, Forschung und Verwaltung für Hochschullehrer.

5. Die Autonomie der Wissenschaft soll so wirksam garantiert werden,
– daß die forschungsimmanenten Bedingungen des wissenschaftlichen Fortschritts und insbesondere die Voraussetzung für eine unbehinderte, von Herrschaftsbeziehungen freie Diskussion in der wissenschaftlichen Öffentlichkeit jederzeit erfüllt sind;
– daß unreflektierte gesellschaftliche Interessen und ungerechtfertigter politischer Druck nicht (auch nicht unter der Decke privatautonomer Abwehrrechte privilegierter Wissenschaftler) auf den Prozeß von Forschung und Lehre einwirken;
– daß die Wissenschaftler Aufgaben einer Selbstreflexion ihrer Wissenschaft im Sinne der kritischen Prüfung sowohl der objektiven Abhängigkeit als auch der politischen Folgen ihrer Tätigkeit explizit übernehmen.

Dieses Ziel kann erreicht werden:
a) durch die Anerkennung politischer Diskussionen als eines legitimen Bestandteiles der hochschulinternen Öffentlichkeit;
b) durch Beseitigung aller nichtlegitimierten Abhängigkeitsverhältnisse und durch wirksame Diskriminierung jeden, auch des plebiszitären Drucks auf den wissenschaftlichen Erkenntnisprozeß, insbesondere auf die wissenschaftliche Diskussion (soweit diese ihren eigenen Standards folgt);
c) durch eine auf den Ebenen der zentralen Ausschüsse, der Abteilungen und der Institute geführte Diskussion über Ziele der Studiengänge, über Kriterien der Auswahl von For-

schungsprojekten, über den sozialen Verwendungszusammenhang der wissenschaftlichen Qualifikationen und der im Forschungsprozeß erzeugten Informationen;
d) durch die Initiierung von Gegenveranstaltungen und den Entwurf von Modellen (Spielraum für Kritik und Neuerung im Lehrbetrieb und in der Forschung, soweit diese in unmittelbarem Zusammenhang mit der Lehre steht, auch wenn die Initiative von Studenten ausgeht).
6. Das Disziplinarrecht der Hochschule soll so geordnet sein,
– daß es die Funktionsfähigkeit der Hochschule sichert;
– daß es nicht zum Zweck oder mit der Folge politischer Diskriminierung angewendet werden kann;
– daß es keine Rücksicht auf die Prinzipien einer berufsständisch eingeschränkten Ethik nimmt.
Dieses Ziel kann erreicht werden:
a) durch Schaffung eines abschließenden Kataloges möglichst präziser Tatbestände des Ordnungsrechtes, wobei sorgfältig zu prüfen ist, ob neben den allgemeinen Vorschriften des Straf- und Ordnungswidrigkeitenrechtes ein besonderes universitäres Ordnungsrecht überhaupt als notwendig erscheint;
b) durch Gewährleistung eines rechtsstaatlichen Verfahrens (rechtliches Gehör, grundsätzliche Öffentlichkeit des Verfahrens, angemessene Verteidigung, notfalls durch Bestellung eines Offizialverteidigers, Schaffung einer Berufungsinstanz);
c) durch Bildung ordnungsrechtlicher Kommissionen, an denen gewählte Vertreter aller Gruppen der Universitätsmitglieder beteiligt sind, wobei die Stellung der Kommissionsmitglieder derjenigen unabhängiger Richter entsprechen muß.

Erläuterungen

Die Organe der zentralen Selbstverwaltung sind: 1. Der Präsident; der Senat; die zentralen Ausschüsse, 2. Das Konzil, 3. Das Kuratorium, 4. Die Versammlung der Hochschullehrer, die Versammlung der wissenschaftlichen Mitarbeiter, das Studentenparlament.

Die Organe der fachbezogenen Selbstverwaltung sind: 1. Die wissenschaftlichen Einrichtungen (Zentralinstitute, Institute, Seminare, Kliniken), 2. Die Abteilungen, 3. Die gemischten Kommissionen, 4. Die Fakultätsausschüsse, 5. Fachschaften.

Die Schwäche der bisherigen Selbstverwaltungsorganisation ist in dem Mißverhältnis zwischen den administrativen Anforderungen eines Großbetriebs und der begrenzten Leistungsfähigkeit einer Honoratiorenverwaltung und ferner in dem Konkurrenzverhältnis zwischen staatlicher Wirtschaftsverwaltung und akademischer Selbstverwaltung begründet. Eine in ihren Kompetenzen erweiterte Einheitsverwaltung verlangt die effektive Zusammenarbeit einer zentralisierten und starken Fachadministration mit mittelfristig amtierenden Vertretern der Hochschule. Der Typus des Hochschullehrers und des wissenschaftlichen Mitarbeiters mit Verwaltungskompetenz erfordert die periodische Trennung der Funktionen von Lehre, Forschung und Verwaltung (mit großzügigen Kompensationen durch Forschungsurlaub).

1. Der *Präsident* wird auf acht Jahre vom Konzil gewählt. Wiederwahl ist möglich. Er verfügt über einen Stab von mindestens vier hochqualifizierten Beamten mit Erfahrungen im akademischen Bereich. Dem Präsidenten untersteht die gesamte Verwaltung. Er führt den Vorsitz im Senat, im Kuratorium und in den zentralen Ausschüssen. Der Präsident ist im Rahmen der allgemeinen Rechtsaufsicht an Weisungen nicht gebunden. Er vertritt keine Fachinteressen (hat keinen Fachlehrstuhl). Er führt die Beschlüsse von Senat und zentralen Ausschüssen aus. Er gibt vor dem Konzil jährlich einen Rechenschaftsbericht.

Der *Senat* wird von den Fakultätsausschüssen gewählt. Die studentischen Mitglieder des Senats werden vom Studentenparlament gewählt. Jedes Mitglied amtiert mindestens zwei Jahre, die studentischen Mitglieder mindestens ein Jahr. Der

Senat ist gruppenparitätisch zusammengesetzt. Seine wichtigste Aufgabe ist die Aufstellung und die Verabschiedung des Haushaltsplans. Er verwaltet das Vermögen der Hochschule. Er bestimmt die Stellvertreter für den Vorsitzenden in den zentralen Ausschüssen. Er übt alle Funktionen des bisherigen Senats aus.

Die *zentralen Ausschüsse* haben Planungs-, Entscheidungs- oder Aufsichtsfunktionen. Ausschüsse sind mindestens für folgende Aufgaben einzurichten: für die Verteilung der Forschungs- und Personalmittel; für Bauplanung; für Hochschulreform; für Studienförderung; für Bibliotheksfragen; für Habilitationen und Promotionen (als Appellationsinstanz). Die Mitglieder der zentralen Ausschüsse werden vom Konzil gewählt. Die gruppenspezifische Zusammensetzung variiert mit dem Zuständigkeitsbereich der zentralen Ausschüsse.

2. Das *Konzil* übernimmt die Funktionen eines Hochschulparlamentes. Es ist gruppenparitätisch zusammengesetzt und hat 120 Mitglieder. Die Mitglieder des Konzils werden von den Versammlungen bzw. vom Studentenparlament gewählt. Zu den Aufgaben des Konzils gehören: Satzung; Wahl (mit ministerieller Bestätigung) und Abwahl des Präsidenten; Wahl der Mitglieder der zentralen Ausschüsse; Kontrolle der Entscheidungen von Präsident und Senat; Grundsatzentscheidungen der Hochschulpolitik; Reforminitiativen und Auswertung von Experimenten.

Das Konzil wählt ein Präsidium, das aus drei Mitgliedern und ihren Stellvertretern besteht. Es hat das Recht, sich über die Verhandlungen im Senat und in den zentralen Ausschüssen durch den Hochschulpräsidenten umfassend unterrichten zu lassen. Es bereitet die Konzilssitzungen vor und leitet sie. Es entsendet einen Vertreter in das Kuratorium. Es kann die Pressestelle der Hochschule zur wirksamen publizistischen Vertretung von Plänen und Entscheidungen des Konzils heranziehen. Die Mitglieder des Präsidiums dürfen kein anderes Amt in der zentralen Selbstverwaltung bekleiden.

Das Konzil tritt einmal jährlich zusammen. Außerordentliche Sitzungen finden auf Beschluß des Präsidiums oder auf Antrag von mindestens der Hälfte der Konzilsmitglieder statt. Der Präsident sowie Vertreter von Senat und Kuratorium haben Sitz und Antragsrecht im Konzil.

3. Das *Kuratorium* setzt sich aus drei Vertretern des Landtages, drei Vertretern der Landesregierung und einem Vertreter der Stadt einerseits, einem Mitglied des Konzilspräsidiums, dem Hochschulpräsidenten, einem Mitglied des zentralen Ausschusses für Hochschulreform sowie je einem Senator der wissenschaftlichen Mitarbeiter und der Studenten andererseits zusammen. Im Kuratorium werden der Haushaltsvoranschlag und die Finanzplanung der Hochschule begründet und geprüft. Die politischen Vertreter erhalten alle Informationen, die sie wünschen. Sie überprüfen die Zweckrationalität der Mittelverwendung und bringen Effektivitätsforderungen der Öffentlichkeit zur Geltung. Das Kuratorium tagt mindestens vierteljährlich. Es kann auf Wunsch der politischen Vertreter oder des Präsidenten jederzeit einberufen werden.

Fachbezogene Selbstverwaltung

Sie hat drei Funktionsbereiche: Ergänzung des Lehrkörpers (Berufung, Habilitation, Anstellung); Ordnung des Studiums (einschließlich der Prüfungen); Organisation der Forschung (soweit sie nicht unmittelbar durch Bedürfnisse der akademischen Lehre bestimmt ist). Die Kompetenzen der bisherigen engeren Fakultät liegen hauptsächlich im ersten Funktionsbereich. Die Reformbedürftigkeit der alten Struktur ergibt sich aus dem Mißverhältnis zwischen den formalen Zuständigkeiten der Fakultät und der tatsächlichen Kompetenz, der Informationsbereitschaft und dem begründeten Interesse ihrer Mitglieder. Die Aufgaben der Berufung, der Habilitation, der Anstellung der wissenschaftlichen Räte usw. sollen daher

einer Abteilung übertragen werden, die aus Vertretern homogener Fachbereiche zusammengesetzt ist.
Die Organisation des fachbereichsgebundenen Studiums ist Sache der Institute (Seminare) bzw. der Kliniken. Die Organisation berufsbezogener Studiengänge (und Studienabschlüsse) greift hingegen über die Grenzen einzelner Institute und (in der Regel auch) einzelner Abteilungen hinaus. Für diese Fragen werden wegen der von den akademischen Berufszielen bestimmten Vielfalt der Kombinationen gemischte Kommissionen gebildet.
Die Organisation der Forschung ist, soweit sie nicht nur peripher mit Lehre und Studium zusammenhängt, an die Institutsarbeit gebunden. Für die von Bedürfnissen der akademischen Lehre unabhängigen Forschungen können hingegen zentrale Einrichtungen geschaffen werden. Diese Zentralinstitute dienen einer problem- oder methodenorientierten Zusammenfassung von Forschungsprojekten aus verschiedenen Fachbereichen.
1. *Institute* (Seminare) geben sich eine Ordnung, die folgende Grundsätze berücksichtigt (Kliniken bedürfen einer besonderen Regelung). Organe des Instituts sind: der Institutsdirektor, die Institutsleitung, die Institutsversammlung. Der Institutsdirektor wird aus dem Kreise der Hochschullehrer von der Institutsversammlung gewählt. Er bedarf zu seiner Wahl der Mehrheit der Stimmen der Hochschullehrer. Der Direktor führt die Geschäfte des Instituts. Dabei wird er von je einem gewählten Vertreter der wissenschaftlichen Mitarbeiter und der Studenten unterstützt. Alle drei bilden die Institutsleitung. Der Institutsversammlung gehören an: alle am Institut arbeitenden Hochschullehrer; alle wissenschaftlichen Mitarbeiter des Instituts (sie verfügen aber nur über eine gleiche Zahl stimmberechtigter Mitglieder, wobei die Relationen zwischen ihren Teilgruppen angemessen zu berücksichtigen sind); Studentenvertreter in gleicher Anzahl (diese werden von der Fachschaft gewählt). Es gehört zu den Rechten und

Aufgaben der Institutsversammlung, über folgende Fragenkomplexe zu beraten und mit einfacher Mehrheit zu entscheiden: Ausführung der Prüfungs- und Studienordnungen; Prioritäten bei der Anschaffung von Büchern und Geräten; Bibliotheksordnung; allgemeine Richtlinien für die Verwendung anderer Institutsmittel (Reisekosten, Exkursionen, Gastvorträge usw.); Aufgabenverteilung für wissenschaftliche Mitarbeiter und Hilfskräfte; Raumverteilung. Über Personalfragen, soweit sie in die Zuständigkeit der Institutsleitung fallen, und über allgemeine Richtlinien für die Verwendung von Forschungsmitteln kann nicht gegen den Willen der Mehrheit der Hochschullehrer entschieden werden. Die wissenschaftlichen Mitarbeiter sind unmittelbar dem Institut zugeordnet. Wissenschaftlichen Assistenten soll in der Regel die Hälfte der Arbeitszeit für eigene wissenschaftliche Arbeiten zur Verfügung stehen.

2. *Abteilungen* sollen verwandte Fachbereiche zusammenfassen. Ihr Umfang muß so begrenzt sein, daß, bei Erhaltung der Arbeitsfähigkeit des Gremiums, Hochschullehrer kraft Amt der Abteilungsversammlung angehören können. Organe der Abteilung sind: der Dekan und die Abteilungsversammlung. Der Dekan wird aus dem Kreise der Direktoren der zugehörigen Institute gewählt. Der Abteilungsversammlung gehören an: alle hauptamtlichen Hochschullehrer, die an den zugehörigen Instituten arbeiten; eine jeweils gleiche Anzahl von wissenschaftlichen Mitarbeitern und Studentenvertretern. Die Abteilungsversammlung übernimmt die Rechte und Aufgaben der bisherigen engeren Fakultät. Sie berät und entscheidet insbesondere über Angelegenheiten: der Berufung; der Habilitation; der Promotion; anderer Prüfungen und Studienordnungen. Bei Berufungs- und Habilitationsangelegenheiten kann die Abteilung um stimmberechtigte Mitglieder aus benachbarten Abteilungen erweitert werden. In diesen Angelegenheiten kann nicht gegen den Willen der Mehrheit der Hochschullehrer entschieden werden.

3. Für Fragen der berufsbezogenen Studiengänge, von denen mehrere Abteilungen betroffen sind, überträgt die Abteilung ihre Kompetenzen auf *gemischte Kommissionen*. Diese Kommissionen werden aus Mitgliedern der zuständigen Abteilungen ad hoc gebildet (Beispiel: Lehrerbildungskommission). Sie setzen sich gruppenparitätisch zusammen und entscheiden mit einfacher Mehrheit.

4. Der *Fakultätsausschuß* wird von den Versammlungen der zugeordneten Abteilungen gewählt. Er setzt sich gruppenparitätisch aus jeweils drei Mitgliedern der zugehörigen Abteilungen zusammen. Zu seinen Aufgaben gehören: gemeinsame Angelegenheiten (wie Ehrenpromotion, Preisverteilung, Druckkostenzuschüsse); Koordinierung der Arbeit der Abteilungen, Beaufsichtigung von Berufungen, Habilitationen, Anstellungen (der Fakultätsausschuß kann die Hinzuziehung abteilungsfremder Experten mit Stimmrecht auch gegen den Wunsch der zuständigen Abteilung veranlassen).

Das Verhältnis der Organe der fachbezogenen Selbstverwaltung wechselt nach fakultätsspezifischen Bedingungen. So kann z. B. ein Institut zugleich die Aufgaben einer Abteilung, eine Abteilung die Aufgaben eines Fakultätsausschusses übernehmen.

Abteilung und Fakultät

Der Normalfall ist die Sektionsabteilung. Sie besteht aus zwei bis drei Instituten mittlerer Größenordnung und verwandter Fachorientierung. Vier bis sechs solcher Abteilungen, die ihrerseits strukturelle Gemeinsamkeiten haben, sind einem Fakultätsausschuß untergeordnet. Nach diesem Modell dürfte sich am zwanglosesten die naturwissenschaftliche Fakultät gliedern lassen. Die juristische Fakultät und die wirtschafts- und sozialwissenschaftliche Fakultät weichen von jenem Modell ab, weil sich hier nur ein oder zwei Abteilungen ergeben.

Im extremen Fall decken sich Abteilung und Fakultät. Eine solche Fakultätsabteilung bildet aus sich einen Fakultätsausschuß (die Neugliederung erstreckt sich dann in erster Linie auf die Reorganisation und Zusammenfassung der Fachbereiche).
Für die philosophische Fakultät bieten sich in einigen Fällen Institutsabteilungen, in anderen Seminarienabteilungen an. Wenn Institute (z. B. des Fachbereichs Geschichte) die Größenordnung von Abteilungen erreichen, übernimmt der Institutsdirektor gleichzeitig die Aufgabe des Abteilungsdekans und die Institutsversammlung die Funktion der Abteilungsversammlung. Eine Seminarienabteilung umfaßt andererseits eine größere Zahl kleiner und in ihrer Fachorientierung eher auseinanderstrebender Institute. In den klinischen Fächern der medizinischen Fakultät werden sich in manchen Fällen Klinikabteilungen als die beste Organisationsform anbieten.

12.2 HEILIGE KÜHE DER HOCHSCHULREFORM

Die Regierungen in Paris und Rom schicken sich an, die Studentenproteste zu beantworten – mit einer tief in die inneren Strukturen der Hochschulen eingreifenden Reform. Auch in der Bundesrepublik gibt es einige Anzeichen dafür, daß es – innerhalb des kulturföderalistisch eingeengten Handlungsspielraums – noch zu einer Veränderung des Hochschulsystems kommt, die das bescheidene Maß der bislang üblichen Routineanpassungen an den alten und der halbherzigen Experimente an den neuen Hochschulen sprengen könnte.
Der Wissenschaftsrat hat so lange neuen Wein in alte Schläuche gegossen, bis diese geplatzt sind. Nun nimmt er *post festum* in Angriff, womit er vor Jahren hätte beginnen sollen: Empfehlungen zur Organisation der Hochschulselbstverwaltung. Immerhin ist der Wissenschaftsrat das einzige Gremium, dessen Wort nicht Schall und Rauch gewesen ist.

Ferner hat es vor einigen Monaten einen Bericht der Rektorenkonferenz von Nordrhein-Westfalen gegeben. Nachdem bereits die Godesberger Rektorenerklärung Reformbereitschaft grundsätzlich bekundet hatte, haben in diesem Papier acht Rektoren eines Landes ihren Willen zu weitreichenden Veränderungen der inneren Struktur der Hochschule erklärt. Bisher haben Rektoren eher dazu geneigt, auf den gesunden Kern der deutschen Universität zu schwören.
Schließlich hat in der vergangenen Woche der hessische Kultusminister, Professor Ernst Schütte, einen aufsehenerregenden Referentenentwurf für ein neues Hochschulgesetz angekündigt. Er ist erst in Grundzügen bekannt; doch ist jetzt schon zu sehen, daß damit für die innere Organisation der Hochschule ein ungewöhnliches Modell geschaffen wird. Wenn dieser Entwurf den Landtag passiert, dürften fortan konventionelle Hochschulgesetze vom Typ des soeben in Baden-Württemberg verabschiedeten unwahrscheinlich sein.
Diese Planungen, Berichte und Entwürfe, die ich ihrer Realisierungschancen wegen für beachtlich halte, decken sich, soweit das heute schon zu beurteilen ist, keineswegs in ihren Intentionen. Aber eines haben sie gemeinsam: sie schlachten heilige Kühe. Nun ist nicht Reform an sich wünschenswert, sondern eine vernünftige Reform. Wir sollten deshalb achtgeben, daß nicht die falschen Kühe geschlachtet und die falschen heilig gehalten werden.
Vier Probleme sind es, die jetzt zur Diskussion und, wie es scheint, nicht nur zur Diskussion stehen: Honoratiorenverwaltung und Hochschulautonomie; Demokratisierung der Hochschule; Abschaffung der Fakultäten; Hochschulgesamtplanung.
Heute besteht Einigkeit darüber, daß die schwerfällige und berufsständisch belastete Honoratiorenverwaltung durch eine initiativreiche, ökonomisch arbeitende, durch eine zur Vertretung der Hochschulinteressen fähige und effektive Verwaltung abgelöst werden soll. Das verlangt auf der Ebene

der zentralen Selbstverwaltung, die bisher in Rektor und Senat verkörpert war, eine stärkere Konzentration der Kompetenzen.

Gegenüber der Zwischenlösung eines mittelfristig amtierenden Dreierkollegiums von Hochschullehrern scheint sich heute die Konstruktion eines langfristig amtierenden Präsidenten, der nicht Hochschullehrer sein muß, durchzusetzen. Damit ist zugleich die Vereinigung der beiden bisher konkurrierenden Hochschulverwaltungen verbunden: die Wirtschaftsverwaltung wird aus dem unmittelbaren Kompetenzbereich der Staatsverwaltung ausgegliedert und im Rahmen einer Präsidialverfassung mit der akademischen Selbstverwaltung zusammengeschlossen. Schließlich sollen die Organe der Hochschule den für eine zentrale Planung des Lehr- und Forschungsprozesses notwendigen Spielraum dadurch erhalten, daß sie über globalisierte Haushaltsmittel verfügen und an Stelle des Ministeriums selber die Berufungsverhandlungen über Sach- und Personalmittel führen können.

Freilich gehen die Vorstellungen über das Verhältnis der einzelnen Organe innerhalb der in ihren Kompetenzen erweiterten Selbstverwaltung weit auseinander. Auf der einen Seite besteht die Gefahr, daß das Modell der wirtschaftlichen Betriebsführung von der Industrie unvermittelt auf die Hochschule übertragen wird; der Präsident gewinnt dann die überragende Stellung eines Großmanagers, der die gesamte administrative Arbeit den erleichtert in ihren »Privatbereich« von Lehre und Forschung zurückkehrenden Hochschulmitgliedern abnimmt. Die Scheinrationalität einer solchen Arbeitsteilung ruft Abwehrreaktionen hervor, die nun ihrerseits die Gefahr mit sich bringen, daß die Rationalisierungschancen einer gestrafften Verwaltung den narzißtischen Empfindlichkeiten der alten Kollegialorgane geopfert werden. Darum haben sich die nordrhein-westfälischen Rektoren nicht zur Preisgabe der Rektoratsverfassung entschließen können – diese soll nur horizontale Anbauten erhalten.

Mir scheint, daß die besseren Argumente für einen vom Konzil gewählten Präsidenten sprechen, der als Vorsitzender des Senats und der ständigen Kommissionen eine starke Stellung hat, gleichzeitig aber unter Kooperationszwang steht. Im Senat muß er sich mit den akademischen Vertretern der fachbezogenen Selbstverwaltung, in den ständigen Kommissionen mit den Vertretern des Konzils einigen. Er ist an die Beschlüsse dieser Organe gebunden.
Freilich sieht dieses Modell vor, daß der starken Hochschulbürokratie mittelfristig amtierende akademische Vertreter mit gewissen administrativen Fähigkeiten gegenüberstehen. Dieser neue Typus von Hochschullehrer und Assistent kann ohne eine gesetzlich ermöglichte periodische Trennung der heute gleichzeitig ausgeübten Funktionen von Lehre, Forschung und Verwaltung allerdings nicht entstehen.
Ebenso umstritten wie die Probleme, die uns eine gescheiterte Honoratiorenverwaltung hinterlassen hat, ist die Autonomie der Hochschule gegenüber Staat und Gesellschaft. Die Hochschulen der Bundesrepublik sind aus dem Zusammenbruch des Naziregimes mit gestärkten Selbstverwaltungspositionen hervorgegangen. Die Apologeten der besten Humboldtschen Traditionen konnten eine weitreichende Autonomie überzeugend mit dem Hinweis auf die Zeit der politischen Unterdrückung rechtfertigen. Deshalb blieb der andere Zusammenhang der Selbstverwaltungsstruktur mit der spezifischen Unfähigkeit unserer Hochschulen, aus sich selbst heraus Reforminitiativen zu entfalten, lange verdeckt.
Heute, da die keineswegs nur selbstverschuldeten Dysfunktionalitäten des Lehrbetriebs auf der Hand liegen, mehren sich hingegen Stimmen, die die Unbeweglichkeit der Hochschulen unmittelbar mit deren Autonomie in Zusammenhang bringen und eine stärkere Disziplinierung von außen verlangen – allen voran Repräsentanten der Wirtschaft. Wenn nun gar der Kompetenzbereich der Hochschule gegenüber der staatlichen Verwaltung noch erweitert werden soll, wie es

auch unter Gesichtspunkten der Effizienz sinnvoll ist, müssen dann nicht erst recht die Kontroll- und Ordnungsbefugnisse des Staates ausgedehnt werden?

An einigen Orten wird deshalb die Konstruktion eines Beirats oder eines Kuratoriums erwogen, das Disziplinierungsfunktionen übernehmen soll. Eine dieser Konstruktionen sieht beispielsweise vor, daß das Kuratorium jedesmal dann in schiedsrichterlicher Funktion entscheidet, wenn sich Präsident und Senat nicht einigen können. Solange ein Einigungszwang nicht innerhalb der zentralen Selbstverwaltung institutionalisiert ist, kann auf diesem Wege permanent von außen in die Hochschule hineinregiert werden.

Pläne dieser Art gehen, wie ich meine, auf eine falsche Überlegung zurück. Nicht die Hochschulautonomie als solche, sondern die quasi feudalistischen inneren Strukturen der Hochschule, die durch Selbstverwaltungsimmobilismus nur gefestigt werden, hemmen hochschulintern die zweckrationale Erfüllung von Lehr- und Forschungsfunktionen. Deshalb sollten die Organe des Staates den Organen der Hochschule für alle inhaltlich relevanten Entscheidungen die Kompetenz überlassen und über eine effektive Aufsicht hinaus keine Ordnungsfunktionen beanspruchen; gleichzeitig müßte dann freilich die innere Struktur der Hochschule so beschaffen sein, daß transparente und zweckmäßige, auf allen Ebenen legitimierte Entscheidungsprozeduren überzeugende Garantien für die Verwendung öffentlicher Mittel darstellen.

Im übrigen ist die modische Vorstellung verbreitet, daß dem Kuratorium »bedeutende Persönlichkeiten des öffentlichen Lebens« angehören sollen. So soll das Kuratorium Bindeglied zwischen Hochschule und Gesellschaft werden. Verhängnisvoll wäre es aber, wenn dadurch ein direkter Einfluß gesellschaftlicher Kräfte auf Haushalt, Lehre und Forschung institutionalisiert würde. Denn die Unabhängigkeit der »unabhängigen Persönlichkeiten« kann doch nur bedeuten, daß die Interessengruppen, für die sie stehen, einer klaren demokratischen Legitimation entbehren. Wenn es hingegen nur um die Herstellung von Kontakten, um die Aufnahme von Anregungen und Initiativen gehen sollte, dürfte der Beirat keine Entscheidungskompetenzen haben. Die liberale Vorstellung schließlich, daß Vertreter des öffentlichen Lebens eine Art Pufferzone zwischen Hochschul- und Staatsbürokratie bilden könnten, scheint mir nicht sehr realistisch zu sein. Auf jeden Fall müßten dann aber die »Unabhängigen« von den drei Gruppen der Universität gewählt werden.

Die hochschulpolitischen Auseinandersetzungen innerhalb der Korporation entzünden sich nun nicht so sehr am Aufbau der zentralen Selbstverwaltung als an der massiv vorgetragenen Forderung nach einer Demokratisierung der Universität. Die nordrhein-westfälischen Rektoren beantworten diese Forderung mit dem Konzept einer entschieden unpolitischen Hochschule. Danach beruht die Verwaltung gesellschaftlicher Teilfunktionen nicht auf politischen, sondern ausschließlich auf sachlichen Entscheidungen. Wenn aber die Hochschulselbstverwaltung in diesem Sinn in erster Linie Sachverwaltung ist, kann eine Beteiligung der wissenschaftlichen Mitarbeiter und der Studenten allenfalls unter dem Gesichtspunkt der Integration aller Mitglieder einer Hochschule in Betracht kommen. Die Vertretung der nicht habilitierten Mitglieder in den Selbstverwaltungsorganen dient dann nicht der Demokratisierung, sondern einer Art vorbeugender Disziplinierung im eigenen Hause. Dieses Konzept der Hochschulverwaltung als Sachverwaltung geht auf fragwürdige Traditionsbestände des 19. Jahrhunderts zurück. Heute stützt es sich auf ein verbreitetes technokratisches Bewußtsein. Es ist schlicht eine Ideologie.

Soweit ich sehe, haben drei Vorurteile in dieser Diskussion ein besonderes Gewicht. Zunächst hat es den Anschein, als stelle die sogenannte Demokratisierung der Hochschule die Effektivität der Verwaltung in Frage. In Wirklichkeit führt sie diese Effektivität erst herbei. Denn sie bedeutet die Organisation der Willensbildung nach den verschiedenen Interessen der an Foschung und Lehre tatsächlich beteiligten Gruppen. Demokratisierung dient der wechselseitigen Kontrolle dieser Gruppen. Und sie bietet eine Garantie dafür, daß alle relevanten Entscheidungsprozesse vor der hochschulinternen Öffentlichkeit legitimiert und von Teilkörperschaften wirksam kontrolliert werden.

Sodann besteht die Auffassung, als stelle die sogenannte Demokratisierung der Hochschule die Funktionalität von Entscheidungen in Frage. In Wahrheit sorgt sie erst dafür, daß hochschulpolitische Entscheidungen auch nach Regeln eines politischen Willensbildungsprozesses zustande kommen. Das gilt in erster Linie für die Grundsatzfragen, die das Konzil behandelt. Das gilt aber auch für alle Gegenstände auf den übrigen Ebenen der Selbstverwaltung, die keineswegs auf Grund von Expertenwissen allein zwingend erledigt werden können, auch wenn selbstverständlich Fragen wie Habilitation und Berufung fachspezifischen Sachverstand voraussetzen.

Schließlich scheint es sich so zu verhalten, als stelle die sogenannte Demokratisierung der Hochschule die Autonomie von Lehre und Forschung in Frage. Auch das ist nicht der Fall. Das Prinzip der Freiheit von Lehre und Forschung kann heute nicht mehr nur negativ als Abschirmung individueller Gelehrsamkeit gegen interessierte Einwirkung von außen gesichert werden. Es muß auch im Sinne von Teilhaberechten Anwendung finden. Die Autonomie der Wissenschaft kann nicht unpolitisch gewahrt werden. Erst die Diskussion über Ziele der Studiengänge, über Kriterien der Auswahl von Forschungsprojekten, über den sozialen Zusammenhang der wissenschaftlichen Qualifikationen und der im Forschungsprozeß erzeugten Informationen kann die an Lehre und Forschung unmittelbar beteiligten Gruppen instand setzen, vermeidbare und unvermeidbare gesellschaftliche Abhängigkeiten zu reflektieren.

Mit guten Gründen führt deshalb der hessische Referentenentwurf das Konzil als ein handlungsfähiges Gremium der hochschulpolitischen Willensbildung und der Kontrolle ein. Seine Mitglieder werden zu gleichen Teilen von der Vereinigung der Hochschullehrer, von der Vereinigung der wissenschaftlichen Mitarbeiter und vom Studentenparlament gewählt. An den übrigen Organen sollen die drei Gruppen in einem Verhältnis von 5:3:2 teilnehmen.
Es wäre zu erwägen, ob diesem starren Schlüssel nicht eine gruppenparitätische Grundrepräsentation auf allen Ebenen vorzuziehen wäre. Sie könnte mit einschränkenden Beschlußmodalitäten bei den Fragen, die Fachkompetenz voraussetzen, verbunden werden.
Die hessischen Rektoren haben auf Schüttes Entwurf aus einem eigentümlich beschränkten Blickwinkel reagiert. Ihre affektive Abwehr richtet sich gegen die paritätische Zusammensetzung des Konzils. Wenn man bedenkt, daß in diesem Gremium die Wahl des Präsidenten, die Wahl der Mitglieder der ständigen Kommissionen, Satzungsänderungen, hochschulpolitische Grundsatzfragen und Reforminitiativen verhandelt und entschieden werden, dann ist nicht recht einzusehen, warum in diesem Kompetenzbereich Professoren vor ihren wissenschaftlichen Mitarbeitern und den Studentenvertretern durch Sachverstand privilegiert sein sollen.

12.3 (DENNINGER, V. FRIEDEBURG, HABERMAS, WIETHÖLTER) EIN BEITRAG ZUR DISKUSSION DES HESSISCHEN HOCHSCHULGESETZENTWURFS

Der nordrhein-westfälische Ministerpräsident Kühn wird den Hochschulgesetzentwurf seines Kultusministers vorerst zurückhalten. Er beruft sich auf den Wunsch des Wissenschaftsrats, der Empfehlungen zur Verwaltungsorganisation der Hochschulen erarbeitet hat und auf die Landesregierungen mit dem Ziel einer bundeseinheitlichen Regelung Einfluß nehmen möchte.

Es bedarf keiner großen Phantasie, um sich vorzustellen, wie auch der hessische Kultusminister vom Wissenschaftsrat bedrängt wird: Minister Schütte hat schon Anfang Oktober einen Hochschulgesetzentwurf vorgelegt, dessen Intention von den Plänen des Wissenschaftsrats abweicht. Allen voran ist Bundesminister Stoltenberg daran interessiert, dem Wissenschafts- und Bildungsrat einen Status zu geben, der in zentralen Angelegenheiten der Bildungspolitik den Willensbildungsprozeß der Länderparlamente durch sogenannte Expertenentscheidungen präjudizieren müßte.

Am Beispiel des hessischen Hochschulgesetzentwurfs möchten wir zeigen, daß diese schwierige Materie gewiß Sachverstand und kompetentes Urteil verlangt – daß aber die Empfehlungen von Experten gerade hier eine Entscheidung zwischen politisch folgenreichen Alternativen einschließen. Das Votum des Wissenschaftsrats ist gewichtig, aber es ist unvermeidlich eine politische Entscheidung. Nach den bisher bekannt gewordenen Überlegungen zu urteilen, ist es ein Votum dafür, die Hochschulen unter Kuratel zu stellen.

Die Länder sollten sich durch eine absichtsvoll wiederbelebte Föderalismuskritik nicht gerade in dem Augenblick einschüchtern lassen, wo der Föderalismus seine Vorzüge erweisen kann. Denn neue Modelle, die gegen eingesessene Interessen durchgesetzt werden müssen, können eher in einzelnen Ländern mit günstigen Konstellationen als bundeseinheitlich verwirklicht werden.

Hochschulgesetze werden auch in Berlin, in Hamburg, in Bayern und in Rheinland-Pfalz vorbereitet. Regierungen, Parteien und unabhängige Gruppen präsentieren eigene Hochschulgesetzentwürfe. Darin sind gemeinsame Elemente zu finden: die Präsidialverfassung etwa, die Beteiligung von wissenschaftlichen Mitarbeitern und Studenten an der Selbstverwaltung, die Ablösung der Fakultäten durch Fachbereiche.

Aus dem alten Bestand bleiben Senat und Konzil, wenigstens dem Namen nach, erhalten.
Diese Verbindung von neuen Elementen mit einigen Namen alter Institutionen erweckt den Eindruck, als bestünde im großen und ganzen ein Konsensus über die Richtung des Reformkurses. Davon kann keine Rede sein. Soweit die Reformansätze überhaupt mehr als ein Herumtappen ohne Konzeption erkennen lassen, zeichnen sich verschiedene, oft gegensätzliche Intentionen ab.
Reformvorschläge sind Antworten auf Schwächen, die es einer Institution unmöglich machen, ihre Probleme zu lösen. Die Schwächen der akademischen Selbstverwaltung sind trotz der partiellen Anpassungen seit Beginn der 60er Jahre offensichtlich. Wir möchten an vier kritische Gesichtspunkte erinnern.
1. Mangelnde Effizienz der Verwaltung. Die Honoratiorenverwaltung ist den administrativen Erfordernissen eines Großbetriebes von der Ausdehnung einer normalen Hochschule mit ihren zehn- bis zwanzigtausend Studenten, mit ihren komplizierten Forschungseinrichtungen und riesigen Kliniken nicht mehr gewachsen.
2. Immobilismus der Entscheidungsgremien. Die Kollegialorgane, in denen allein oder fast ausschließlich Professoren vertreten sind, arbeiten nach dem Prinzip gegenseitiger Rücksichtnahme. Sie sind nicht in der Lage, Prioritätsentscheidungen zu fällen und die Initiative zu Neuerungen zu ergreifen.
3. Hierarchische Verfestigung der Autoritätsstrukturen. Die Entscheidungsprozesse in der Hochschule sind nicht transparent und nicht hinreichend legitimiert. Die Folge ist ein undurchsichtiger und lähmender Partikularismus im Innern und die Unfähigkeit, Gesamtinteressen der Hochschule nach außen wirksam zu vertreten.
4. Unproduktivität des Lehr- und Forschungsbetriebes. In den Massenfächern kann die Funktion der Vorbereitung auf akademische Berufe nicht mehr ausreichend erfüllt werden. Die destruktiven Folgen für den Forschungsprozeß sind nicht

ebenso sichtbar, aber langfristig unvermeidlich. Studienziele und Forschungsprojekte wuchern mehr oder weniger »naturwüchsig«.

– Solche pauschalen Vorwürfe treffen gewiß nicht alle Bereiche. Sie vernachlässigen überdies den Umstand, daß einige der schwierigsten Probleme weder durch Verschulden der Hochschule entstanden sind noch von ihnen allein gelöst werden können. Aber jene Kritik bezeichnet doch die strukturellen Schwächen der Hochschule, mit denen es jede Reform heute aufnehmen muß. Nun werden freilich die Schwächen verschieden interpretiert; und die Interpretationen bestimmen verschiedene Richtungen der Reform. Drei Intentionen zeichnen sich ab.

Die *erste* Gruppe von Reformvorschlägen enthält Elemente, die die Absicht einer Disziplinierung der Hochschule von außen erkennen lassen. Die Präsidialverfassung soll diesen Vorstellungen zufolge nicht nur die Effizienz der Verwaltung sichern, sondern zugleich der Arm sein, mit dem ein der Hochschule übergeordnetes Kuratorium aus Vertretern des Staates und der Öffentlichkeit die widerwillige Korporation auf Vordermann bringt. Diese Konzeption, der der Wissenschaftsrat nicht fernsteht, kommt Interessen der gewerblichen Wirtschaft entgegen.

Eine *andere* Gruppe von Reformvorschlägen enthält Elemente, die die Absicht der Selbstdisziplinierung einer entpolitisierten Hochschule erkennen lassen. Eine in ihren Selbstverwaltungskompetenzen erweiterte und nach außen defensiv abgeschirmte Hochschule soll unter dem Regiment der durch Sachverstand privilegierten Hochschullehrer nach funktionalen Bedürfnissen reorganisiert werden. Diese Konzeption, die in dem Plan der nordrhein-westfälischen Rektoren ausgearbeitet ist, kommt Interessen der Hochschullehrer, freilich ohne Rücksichtnahme auf traditionalistische Lieblingsvorstellungen, entgegen.

Beide Reformvorstellungen treffen sich in dem technokratischen Bewußtsein, daß Hochschulangelegenheiten unpolitische Sachfragen sind.

Mit dieser Ideologie, daß Wissenschaftsverwaltung ausschließlich Sachverwaltung sei, bricht das *dritte* Konzept. Ihm liegt eine einfache Idee zugrunde. Die Hochschule kann nur dann ihre Handlungsfähigkeit zurückgewinnen und ihren Autonomiespielraum ebenso sachverständig wie initiativreich ausschöpfen, wenn die Reform sowohl das funktionale Bedürfnis nach einer starken und ökonomischen Verwaltung als auch die praktische Notwendigkeit berücksichtigt, die hochschulpolitisch folgenreichen Entscheidungen im eigenen Haus zu treffen und auf breiter Grundlage zu legitimieren. Der vom hessischen Kultusminister Schütte vorgelegte Entwurf enthält Elemente, die für die Verwirklichung des Konzepts einer zugleich funktionsfähigen und demokratischen Hochschulselbstverwaltung erforderlich sind. Dieses Konzept ist freilich in dem Entwurf nicht klar formuliert.

Der Entwurf sieht eine *Präsidialverfassung* vor, die die Schwächen der bisherigen Honoratiorenverwaltung vermeidet und den unfruchtbaren Dualismus von wirtschaftlicher und akademischer Verwaltung beendet. Die starke Stellung des Präsidenten gewährleistet eine rational verfahrende und zur effektiven Vertretung der Hochschulinteressen fähige Administration.

Wenn die Einheitsverwaltung, zusammen mit der Globalzuweisung der Haushaltsmittel, eine sinnvoll in Anspruch genommene Autonomie der Hochschule ermöglichen soll, darf allerdings der Präsident lediglich *ein* Bestandteil der zentralen Selbstverwaltung sein. Er darf keine Koalitionschancen mit Kräften außerhalb der Universität haben. Er muß unter dem institutionellen Zwang stehen, sich mit den akademischen Vertretern der Hochschule zu einigen. Er darf nicht in Versuchung geführt werden, sich mit Mehrheiten des Kuratoriums zu verbünden und gegen die Hochschule zu regieren. Diese Gefahr ist im Entwurf nicht mit wünschenswerter Konsequenz ausgeschlossen. Überdies finden sich darin noch bedenkliche Reste des Verwaltungsdualismus, von dem sich die Regierung nur zögernd, mit Angst vor der eigenen Courage, löst.

Das neue *Konzil* behält vom alten nicht viel mehr als seinen Namen. Es wird ein handlungsfähiges parlamentarisches Gremium von gewählten Vertretern der drei am Lehr- und Forschungsprozeß beteiligten Gruppen sein. Es vereinigt Repräsentanten der Hochschullehrer, der wissenschaftlichen Mitarbeiter und der Studenten nach einem Wahlmodus, der es erlaubt, Fraktionen, die immer schon bestanden haben, formell und in aller Öffentlichkeit zu bilden. Zum erstenmal in der deutschen Universitätsgeschichte können hier hochschulpolitische Grundsatzfragen auch nach Regeln eines politischen Willensbildungsprozesses entschieden werden.

Die Angelegenheiten, die das Konzil verhandelt, verlieren den Schein unpolitischer Sachfragen und werden den partikularistisch bestimmten Zufallsentscheidungen einseitig zusammengesetzter und nicht öffentlicher Kollegialorgane entzogen. Die hochschulpolitische Schlüsselstellung des Konzils verlangt freilich über die Regelungen des Entwurfs hinaus klare Kompetenzen bei Wahl und Abberufung des Präsidenten und eine klare Definition seiner Zuständigkeit für Grundsatzentscheidungen.

Das Kernstück der Reform, das der Entwurf nicht als solches kenntlich macht, ist die Einrichtung von Organen, die ohne Vorbild sind: die *Ständigen Kommissionen.* Hier sollen unter dem Vorsitz des Präsidenten Abgeordnete des Konzils die für die Entwicklung der Hochschule zentralen Entscheidungen treffen. Die Konstruktion ist so angelegt, daß diese Kommissionen aller Voraussicht nach tatsächlich in der Lage sein werden, jene schmerzlichen Prioritätsentscheidungen sachkompetent und unabhängig von Fachbereichsegoismen zu fällen, zu denen die akademische Selbstverwaltung bislang unfähig war.

Zwei Umstände sprechen für diese Erwartung. Einmal werden die Mitglieder der Ständigen Kommissionen nicht von den Fachbereichen oder von den Repräsentanten der Fachbereiche im Senat, sondern vom zentralen Organ der hochschulpolitischen Willensbildung, eben vom Konzil selbst, bestimmt. Sie sind deshalb so weit von den Fachbereichen entfernt, daß sie Pressionen von dieser Seite am ehesten Widerstand leisten können. Zum anderen haben sich die Delegierten schon bei der Wahl zum Konzil aufgrund ihrer Informiertheit, ihres sachlichen Interesses und ihrer allgemeinen politischen Fähigkeiten qualifizieren müssen. Darum besteht Aussicht, daß sie sich in die Verwaltungsmaterie einarbeiten und vom Gesamtinteresse der Hochschule, nicht aber von partiellen Gesichtspunkten leiten lassen. Mit der Funktionsfähigkeit der Ständigen Kommissionen steht und fällt die Handlungsfähigkeit einer autonomen Hochschule – und daher die Reform als ganze.
Hochschulpolitisch aufgeklärte Entscheidungen im Gesamtinteresse der Hochschule können aber die Ständigen Kommissionen nur dann fällen, wenn sie nicht, wie der Entwurf vorsieht, den Präsidenten bloß beraten, sondern echte Entscheidungsbefugnisse bei der Aufstellung des Haushaltsvoranschlages und der Strukturplanung erhalten. Sie dürfen nicht dadurch entmutigt werden, daß jene Kompetenzen dem der Hochschule aufgesetzten Kuratorium vorbehalten sind.
Nur wenn im *Kuratorium* nicht schon die hochschulinternen Beschlüsse präjudiziert werden, kann der Partikularismus, kann vor allem der Immobilismus der bisherigen Selbstverwaltung überwunden werden. An dieser Stelle meinen wir einen wesentlichen *Konstruktionsfehler des Entwurfs* zu sehen, der mit der zugrunde liegenden Konzeption unvereinbar ist.
Das Kuratorium müßte der Ort sein, an dem einerseits die Repräsentanten der Hochschule Haushaltsvoranschlag und Strukturplanung gegenüber den Vertretern des Landes und

der Öffentlichkeit begründen, und an dem andererseits die politischen Vertreter eine wirksame, auf Informationen gestützte Kontrolle über die in ihren Entscheidungswegen transparent gewordene Hochschule ausüben. Dann müssen aber die Kompetenzen zwischen Kuratorium und Ständigen Kommissionen in der Weise geteilt und aufeinander abgestimmt sein, daß die Hochschule bei ihren gewichtigsten Entscheidungen nicht demoralisiert, sondern geradezu genötigt wird, ihren Autonomiespielraum zu nutzen.[1]

Sobald das Kuratorium, wie es die Empfehlungen des Wissenschaftsrates nahelegen, in die Rolle eines Disziplinierungsinstrumentes von seiten der Öffentlichkeit gegenüber der Hochschule gedrängt würde, wäre die Grundintention des Entwurfes ins Gegenteil verkehrt. Eine leichte Verschiebung der Gewichte kann die kunstvolle Balance zwischen den einzelnen Organen der Selbstverwaltung und damit den heilsamen institutionellen Zwang zur Wahrnehmung der Autonomie zerstören.

Die Fakultäten sollen durch *Fachbereiche* abgelöst werden, die gleichzeitig Schwächen der alten Fakultätsstruktur wie auch die Hemmnisse einer personalistischen Verfassung der

1 In unserer dem Ministerium übergebenen Stellungnahme zum Referentenentwurf schlagen wir für den § 12 Abs. 1, der die Kompetenzen des Kuratoriums regelt, folgende Änderung vor:
»Das Kuratorium berät über Strukturplanung und Finanzplanung der Universität, sowie über die Angelegenheiten der Wirtschafts- und Personalverwaltung, soweit sie von besonderer Bedeutung sind. Es kann den anderen Organen der Universität Empfehlungen für die weitere Entwicklung der Universität geben. Das Kuratorium kontrolliert die rationelle Verwendung der Haushaltsmittel. Das Kuratorium stellt den ihm von der Ständigen Kommission für Haushaltsangelegenheiten vorgelegten Entwurf des Haushaltsplanes fest. Es legt den festgestellten Entwurf dem Landtag vor. Das Kuratorium kann den Entwurf mit Empfehlungen zur Änderung des Gesamtumfanges des Haushaltsplanes an die Ständige Kommission zur erneuten Beschlußfassung zurückweisen. Kommt eine Einigung zwischen Ständiger Kommission und Kuratorium nicht zustande, so entscheidet der Kultusminister.«

Seminare und Institute überwinden. Bisher besteht ein Mißverhältnis zwischen den formalen Zuständigkeiten der engeren Fakultät und der tatsächlichen Kompetenz, der Informationsbereitschaft wie dem begründeten Interesse ihrer im allgemeinen heterogen zusammengewürfelten Mitglieder. Deshalb sollen die Aufgaben der Berufung, der Habilitation, der Anstellung der akademischen Mitarbeiter auf ein enger umschriebenes Organ übergehen, das Vertreter verwandter Fächer konzentriert.
Auf der anderen Seite absorbiert der Fachbereich die bisher selbständigen Institute und Seminare; er übernimmt deren Haushaltskompetenzen und Leitungsfunktionen. Die alten Gefahren verfestigter Autoritätsstrukturen und unproduktiver Lehr- und Forschungsprozesse werden sich allerdings in den neuen Formen reproduzieren, wenn der Lehrstuhlpartikularismus nur durch einen zerfließenden Fachbereichspluralismus ersetzt wird.
Dem muß der *Senat* entgegensteuern. Der Senat hat daher die Gestalt einer ständigen Konferenz der Fachbereichsdekane (sowie der entsprechenden Vertreter der wissenschaftlichen Mitarbeiter und Studenten) und ist für alle zentralen Aufgaben in Fachbereichsangelegenheiten zuständig. Insbesondere bildet er Kommissionen für eine zwingende Koordinierung der berufsbezogenen Studiengänge, die ja in der Regel über einzelne Fachbereiche hinausgreifen. Andererseits überläßt der Senat alle hochschulpolitischen Grundsatzentscheidungen dem Konzil und alle planungsrelevanten Entscheidungen, die die Hochschule im ganzen betreffen, den Ständigen Kommissionen.
Es gehört zu den Vorzügen des konsequent zu Ende gedachten hessischen Konzepts, daß es auf der Ebene der zentralen Selbstverwaltung eine überzeugende Arbeitsteilung zwischen den einzelnen Organen schafft und die zentrale Selbstverwaltung mit der fachlichen sinnvoll koordiniert.
Diesem Konzept zufolge sollen die drei am Lehr- und

Forschungsprozeß tatsächlich beteiligten Gruppen nicht nur symbolisch, sondern mit verbürgten Einflußchancen an den Willensbildungsprozessen der Hochschule auf allen Ebenen teilhaben. Das Ausmaß der *Beteiligung* von wissenschaftlichen Mitarbeitern und Studenten (das Konzil soll im Verhältnis 1 : 1 : 1, fast alle übrigen Organe sollen im Verhältnis 5 : 3 : 2 zusammengesetzt werden) hat die schärfsten Reaktionen hervorgerufen.

Gleichwohl ist die vorgesehene »Demokratisierung« die einzige Gewähr dafür, daß alle relevanten Entscheidungsprozesse vor der hochschulinternen Öffentlichkeit legitimiert und von Teilkörperschaften wirksam kontrolliert werden; im übrigen kann sie dem Einfrieren von undiskutierten Gruppeninteressen vorbeugen. Uns ist kein Argument bekannt, das für den Kompetenzbereich des Konzils ein Sachverstandprivileg der Hochschullehrer plausibel machen könnte. Auf der anderen Seite sollten in Angelegenheiten, die, wie Berufung und Habilitation, fachspezifische Kenntnisse verlangen und zudem die Rekrutierung nur einer der drei Gruppen beeinflussen, Entscheidungen gegen den Willen der Mehrheit der Hochschullehrer nicht möglich sein.

Die effektive Beteiligung aller drei Gruppen ist ferner notwendig, um die oft beschworene Autonomie der Wissenschaft zu sichern. Erst die ungehemmte Diskussion über Ziele der Studiengänge, über Kriterien der Auswahl von Forschungsprojekten, über den sozialen Zusammenhang der wissenschaftlichen Qualifikationen und der wissenschaftlichen Informationen kann die am Wissenschaftsprozeß Beteiligten in den Stand setzen, vermeidbare und unvermeidbare gesellschaftliche Abhängigkeiten zu reflektieren.

Kontrovers ist aber nicht nur die Beteiligungsquote, sondern auch die *Einteilung der Mitglieder der Hochschule* in drei Kategorien. Vor allem erhebt die Gruppe der »Nichtordinarien« Anspruch darauf, als eine vierte Kategorie anerkannt zu werden.

Tatsächlich wird die Definition der Gruppe der Hochschullehrer dadurch erschwert, daß sich eine funktionsgerechte Differenzierung des Lehrkörpers mit überlieferten korporationsrechtlichen Zuordnungen überschneidet. Indirekt wird mit der Gruppeneinteilung über den Status entschieden, den zukünftig die Habilitation haben soll. Unter funktionalen Gesichtspunkten ergibt sich eine zwanglose Abgrenzung. Zur Gruppe der Hochschullehrer gehören künftig nur diejenigen, die sich mindestens einmal mit Erfolg um eine Professur (Lehrstuhl oder Abteilungsleiterstelle) beworben haben.
Privatdozenten bleiben in der Gruppe der wissenschaftlichen Mitarbeiter; ihr Privileg gegenüber den nichthabilitierten wissenschaftlichen Mitarbeitern besteht dann allein in der begründeten Aussicht, bei Bewerbungen um ausgeschriebene Professuren bessere Chancen zu haben. Obgleich der Entwurf an der konventionellen beamtenrechtlichen Gliederung der Hochschullehrer noch festhält, scheint er die funktionale Gliederung anzustreben. Ihr sind vorerst durch ein Bundesrahmengesetz Grenzen gesetzt.
Gravierender als diese Schranke sind freilich die Grenzen des Kulturföderalismus. Föderalistische Regelungen haben große Vorzüge, wenn es darum geht, eine Vetomacht gegen Fehlentwicklung zu mobilisieren. Aber neue Konzepte scheitern nur zu oft an der Unbeweglichkeit des Föderalismus. Das muß nicht so sein. Wo kühne kulturpolitische Neuerungen geboten sind, darf das kleinste gemeinsame Vielfache der Kultusminister- oder der Ministerpräsidentenkonferenz kein Maßstab sein. In diesem Fall muß ein Modell geschaffen werden, das sich später durch die suggestive Kraft einer gelungenen Praxis in anderen Ländern durchsetzt. In Hessen besteht diese Chance. Sie kann vertan werden.
Die seit zwanzig Jahren fällige Reform der deutschen Hochschule kann kaum noch mit dem Einverständnis der offiziellen Vertreter dieser Korporation zustande kommen. Diese Korporation war zwanzig Jahre lang unfähig, sich aus eige-

ner Kraft zu reformieren. Nun bleibt kein anderer Ausweg, als daß sich eine weitsichtige Landesregierung und ein aufgeklärtes Parlament zum schmerzlichen Eingriff in eine ehrwürdige Institution entschließen. Zugleich müssen sie der naheliegenden Versuchung widerstehen, den einmaligen Akt einer erzwungenen Reorganisation in einer auf Dauer gestellten Kontrolle der Hochschule durch Staat und Gesellschaft fortzusetzen. Dafür könnte der Wissenschaftsrat willkommene Legitimationen liefern. Statt dessen muß die Hochschule in den Stand gesetzt werden, ihre Autonomie nicht nur im Schilde zu führen, sondern auch zu praktizieren.

12.4 EMPFEHLUNGEN ZUR TECHNOKRATISCHEN HOCHSCHULREFORM?

Ende November 1968 hat der Wissenschaftsrat Empfehlungen zur Struktur und Verwaltungsorganisation der Universitäten verabschiedet. Er hat lange damit gezögert und sich auch jetzt zu einer Stellungnahme nur drängen lassen, um angesichts der Vorbereitungen zu neuen, diesmal einschneidenden Hochschulgesetzen nicht ins Hintertreffen zu geraten. Wer hinter dem »piecemeal engineering« des Wissenschaftsrats, der in den vergangenen zehn Jahren pragmatisch bedenkenswerte Vorschläge gemacht hat, eine ebenso klare wie bislang verschwiegene Konzeption vermutet hat, wird enttäuscht: die Katze, die die neue Empfehlung aus dem Sack läßt, ist eine Maus. Nicht einmal die Intentionen, die auf Umrisse eines technokratischen Modells zielen, sind zu präzisierten und begründeten Zielvorstellungen ausgearbeitet – eher spiegeln sie ein naturwüchsiges Stück objektiv wuchernden Geistes.
Ernst Schütte ist Mitglied des Wissenschaftsrates. Gleichwohl trifft die Kritik an den Wissenschaftsrats-Empfehlungen nicht ihn. Ernst Schütte hat nämlich als hessischer Kultusminister

einen Hochschulgesetzentwurf initiiert, der brauchbare Elemente des Wissenschaftsratsmodells übernimmt, aber dessen Fehler im großen und ganzen vermeidet. Meine Kritik ist daher indirekt auch ein Versuch, gerade die vom Wissenschaftsratsmodell abweichenden Regelungen des Hessischen Hochschulgesetzentwurfes zu rechtfertigen.
Ich vernachlässige die Überlegungen des Wissenschaftsrats, die Bekanntes und Plausibles verständig resümieren (wie etwa den Komplex der Ablösung der Fakultäten durch Fachbereiche), und beschränke mich auf vier kritische Punkte, die politische Gefahren bezeichnen. Der Wissenschaftsrat empfiehlt eine restriktive Regelung des Zugangs zu den Hochschulen (1). Er ignoriert die Entscheidungsbereiche, die eine demokratische Öffnung von Willensbildungsprozessen verlangen (2). Der Wissenschaftsrat will ferner eine asymmetrische Doppelherrschaft von akademischen Vertretern einerseits und außeruniversitär abgestütztem Präsidenten andererseits (3). Er bevorzugt schließlich eine Form der Kontrolle, die die Mediatisierung der Hochschule durch demokratisch nicht legitimierte gesellschaftliche Kräfte zur Folge haben würde(4).

1. Der Wissenschaftsrat geht von der Prognose aus, daß die Diskrepanz zwischen der Aufnahmefähigkeit der Universitäten und der Zahl derer, die die Gymnasien mit dem Reifezeugnis und damit in der Erwartung verlassen, studieren zu können, immer größer wird. Um Konflikte, die sich daraus ergeben, zu vermeiden, soll in Zukunft der Zugang zu den Universitäten beschränkt werden. Zulassungsbedingung wäre dann nicht mehr das Abitur als solches, sondern fachspezifisch festgesetzte Kombinationen von Mindestleistungen in der Reifeprüfung. Wo dieses Sieb für bestehende Kapazitäten noch zu grob ist, sollen Tests oder Aufnahmeprüfungen hinzutreten. Anscheinend hat der Wissenschaftsrat kein Vertrauen in die restriktive Wirksamkeit des Stufenabiturs, das der Bildungsrat vorgeschlagen hat: der Bildungsrat zieht eine

Konstruktion vor, welche die Mittlere Reife mit dem Prestige eines kleinen Abiturs aufwertet, damit bereits die reorganisierte Oberstufe von einem Überschuß an Studierwilligen entlastet wird. Allein, die Definition dieses »Überschusses«, die beiden Überlegungen zugrunde liegt, ist selber fragwürdig. Es ist nicht einzusehen, warum die bestehenden Ausbildungskapazitäten der Hochschulen als Naturkonstante betrachtet werden.

Die Ausdehnung des Sekundarschulsystems wird heute kaum noch in Frage gestellt; die 10- bis 11jährige Grundausbildung für alle Kinder ist sogar offiziell als bildungspolitisches Ziel akzeptiert. Wenn der Wissenschaftsrat eine Expansion der weiterführenden Schulen nach Maßgabe der Elternwünsche sowie der Neigungen und Fähigkeiten der Kinder für plausibel hält, muß er begründen, warum möglichst viele Abitur machen, aber nur ein kleiner Teil davon studieren sollen. Der Hinweis auf die wachsende Disproportion zwischen Aufnahmefähigkeit der Hochschulen und Anzahl der Studenten, die bereits heute unerträglich ist und die nicht mehr zu bewältigende Probleme des Massenstudiums erzeugt hat, verschleiert den Sachverhalt. Ausbildungskapazitäten sind Planungsgrößen, deren Manipulation innerhalb eines extern gesetzten ökonomischen Spielraums von gesamtgesellschaftlichen Prioritätsentscheidungen abhängig gemacht werden kann. Es wäre die demokratische Aufgabe eines planenden Gremiums, die gesellschaftspolitischen Folgen möglicher Alternativen zu klären und, über den Umkreis von Regierungsbürokratien hinaus, öffentlich zur Diskussion zu stellen. Statt dessen erwecken die »Empfehlungen« auch dort den Eindruck von Selbstverständlichkeiten oder funktionalen Notwendigkeiten, wo es sich in Wahrheit um Schlußfolgerungen aus einem nicht explizit gemachten Gesellschaftsbild handelt.

Der Wissenschaftsrat setzt, ohne es zu sagen, Prioritäten für die Entwicklung einer hierarchischen Leistungsgesellschaft, in der eine relativ kleine Elite von akademisch ausgebildeten

Führungskräften ihre Position gegenüber einer breiten Mittelschicht von differenziert geschulten Spezialisten (kleines Abitur mit Fachschulausbildung bzw. Jobtraining) durch attestierten Hochschulbesuch legitimieren kann. Die Expansion des Bildungssystems, die wir durch politische Entscheidungen beschleunigen oder bremsen können, stellt aber die Frage, ob eine bedarfsorientierte Bildungsplanung überhaupt noch vertreten werden kann; ob nicht vielmehr die formale Schulbildung in Zukunft aus ihrer Verklammerung mit der Qualifizierung für einen bestimmten Berufsstatus (und die daran heute noch geknüpften sozialen Entschädigungen) gelöst werden muß.

Davon bleibt gewiß das Problem unberührt, wie die Absolventen der höheren Schulen, die studieren wollen, eine ihrer Neigung und Fähigkeit angemessene Studienrichtung ausfindig machen können. Eine differenzierte Gesamthochschule bietet indes geeignete institutionelle Lösungen. Je nach Fachgebieten könnte das erste Studienjahr (bzw. die ersten beiden Jahre) einem noch undifferenzierten Grundstudium dienen, das, analog der Förderstufe in Gesamtschulen, gleichzeitig die Grundausbildung und die Erprobung von Interesse und Eignung fördert. Das Grundstudium könnte mit einer orientierenden Prüfung abschließen, deren Ergebnis die Wahl zwischen alternativen weiterführenden Studiengängen verschiedenen Niveaus aufgrund von transparenten Erfahrungen einschränkt. Mir ist unerfindlich, warum für diejenigen, die sich zunächst für ein kürzeres Fachstudium entscheiden müssen, »ein bis zwei Jahre verloren« wären. Die Einwände, die der Wissenschaftsrat gegen eine gestufte Studienzulassung vorträgt (»soziale Härte«), sind unbegründet.

2. Der Wissenschaftsrat nennt vier Bedingungen, die erfüllt sein müssen, wenn die Universitäten besser als bisher in der Lage sein sollen, ihre Aufgaben als Selbstverwaltungskörperschaften zu erfüllen:

– Leitung durch einen Präsidenten,
– genügend starke Verwaltungs- und Entscheidungsbefugnisse der Universität in Personal- und Haushaltsfragen,
– Zusammenfassung der akademischen und der staatlichen Verwaltung,
– Einrichtung von Fachbereichen.

Ich halte diese Forderungen prinzipiell für richtig; in dem Katalog fehlt jedoch, und das scheint mir ein systematischer »Fehler« zu sein, die Forderung nach einer Rekonstruktion der Willensbildung. Zwar ist die Rede von einer funktionsgerechten Mitwirkung der verschiedenen Personengruppen an den einzelnen Leitungsgremien. Die Empfehlungen nennen aber weder die Interessengegensätze, die zwischen den am Lehr- und Forschungsprozeß beteiligten Gruppen bestehen und einen Modus der geregelten Konfliktlösung mit gleichen Durchsetzungschancen verlangen. Noch lassen sie die politische Dimension der Wissenschaftsorganisation und der praktisch folgenreichen Wissenschaftsprozesse selber erkennen. Die immanenten Regeln, denen Lehre und Forschung folgen müssen, produzieren nicht »Sachzwänge« in der Weise, daß eine richtige Analyse von Entscheidungssituationen zu zwingenden Empfehlungen führen müßte. Sowohl der Fortschritt der Wissenschaften selber als auch die Organisation der wissenschaftlichen Lehre (und erst recht Wissenschaftsverwaltung und -politik) erfordern vielmehr Diskussionen über die Annahme oder Ablehnung von Standards. Die Chancen, daß die Erörterung praktischer Fragen zu rationaler Willensbildung führt, wachsen nur im Maße institutionell wirksamer Vorkehrungen für ungezwungene und verbindliche Diskussionen unter Einbeziehung aller Beteiligten.

Die Einrichtung von Studienausschüssen, in denen zu gleichen Teilen Studenten mit Hochschullehrern und Assistenten über beliebig interessierende Fragen unverbindlich Informationen austauschen können, sind kein Ersatz für ›Demokratisierung‹. Der Wissenschaftsrat weicht gerade an dieser Stelle von der Regel, Fragen der quantitativen Zusammensetzung der Selbstverwaltungsgremien auszuklammern, ab und schlägt großzügig eine paritätische Zusammensetzung (50:50) vor; das ist, wenn nicht der Absicht, so doch der Wirkung nach, zynisch angesichts des Umstandes, daß diese Frage für Organe ohne Entscheidungsbefugnis gleichgültig ist. Studenten sind junge Erwachsene, die Spielwiesen für Unmündige (nach dem Modell der Schülermitverwaltung) kaum betreten werden. Auch als Ventilinstitutionen zur Ableitung gestauter Affekte dürften die Studienausschüsse kaum den Dienst tun, den man sich offenbar von ihnen erhofft.

Die Furcht vor einer falschen Politisierung der Hochschule verschließt dem Wissenschaftsrat die Augen vor Notwendigkeiten einer gleichzeitig demokratischen und funktionalen Hochschulselbstverwaltung. Weil er jene Dimension anders als unterm Gesichtspunkt der Prävention gar nicht in Betracht zieht, kann er auch zwischen dem Charakter von Willensbildungsprozessen in Bereichen der fachbezogenen und der gesamtuniversitären Selbstverwaltung nicht unterscheiden. Die praktischen Fragen, die sich im Fachbereich und im Zusammenhang mit Fragen der Koordinierung von Fachbereichsangelegenheiten ergeben, verlangen Kenntnisse in den einzelnen Disziplinen; sie sind, wenn diese Formel zur Abkürzung erlaubt ist, weniger »politisch« als Fragen der Hochschul- und Wissenschaftspolitik im Gesamtbereich einer Universität (oder der Universitäten eines Landes). Hier müssen schmerzliche Prioritätsentscheidungen im Gesamtinteresse der Hochschule gefällt werden, denen bislang eine auf gegenseitiger Schonung beruhende Kollegialverwaltung nicht gewachsen war. Darum sieht der Entwurf für das Hessische Hochschulgesetz eine klare funktionale Trennung zwischen Fachbereichsverwaltung und Senat einerseits und den politisch handlungsfähigen Einheiten andererseits vor. Kompetenzbereich und Delegationszug der fachbezogenen Selbstverwaltung überschneiden sich nicht mit Kompetenzbereich und Delegationszug der hochschulpolitischen Selbstverwaltungsgremien (Versammlungen der Professoren, wissenschaftlichen Mitarbeiter und Studenten – Konzil – Ständige Kommissionen). Der Wissenschaftsrat trennt hier nicht: die Mitglieder des Konzils (Konvents) werden von den Fachbereichen gewählt, die Mitglieder des Senats werden vom Konzil (Konvent) bestimmt; und die Ständigen Kommissionen sind Ausschüsse des Senats unter Vorsitz des Präsidenten. Statt für die Hochschulvertreter politisch handlungsfähige Gremien zu schaffen, will der Wissenschaftsrat die akademische Selbstverwaltung insgesamt entmachten.

3. An die Stelle einer sinnvollen Differenzierung zwischen der fachorientierten und der hochschulpolitischen Willensbildung tritt eine Doppelherrschaft, in die sich die akademischen Vertreter des Konzils (Konvents) und des Senats auf der einen, der Präsident und seine Beamten auf der anderen Seite teilen. Symmetrisch ist freilich diese Doppelherrschaft nicht; denn Senat und Ständige Kommissionen beraten nur in Angelegenheiten, die ein Präsident entscheidet, der mit dem Apparat der zentralen Selbstverwaltung ohnehin die normative Kraft des Faktischen auf seiner Seite hat. Allerdings kann der Senat, da bei Meinungsverschiedenheiten zwischen ihm und dem Präsidenten das Kuratorium entscheiden soll, im Regelfall auf die Herbeiführung eines Konsensus drängen. Ein Präsident jedoch, der sich nicht scheut, mit dem Konfliktfall zu operieren, wird mit Unterstützung des Kuratoriums auch gegen die gewählten Repräsentanten der Hochschule regieren können. Die Stellung des Präsidenten ist außerordentlich stark; nur das Kuratorium überwacht seine Amtsführung. Soweit sich der Präsident der Rückendeckung des Kuratoriums versichern kann, erinnert seine Position an die eines konstitutionellen Fürsten, dessen faktische Macht auf Armee, Adel und Staatsbürokratie beruht.
Man gewinnt den Eindruck, daß der Wissenschaftsrat Dezi-

sionismus, nämlich die kuratorial aufgeklärte Willkür eines Präsidenten, für das einzige Heilmittel gegen den Irrationalismus einer überforderten und bewegungsunfähigen Korporation hält. Eine Reform, die von diesen Empfehlungen sich inspirieren ließe, könnte die Hochschule nicht zur Wahrnehmung ihrer Autonomie zugleich instand setzen und nötigen. Die Hochschule geriete vielmehr unter einen externen Zwang der Rationalisierung, der möglicherweise geeignet ist, den Ausstoß von Produktionsbetrieben kurzfristig zu steigern, der aber Prozesse von Wissenschaft und Lehre korrumpieren müßte.

4. Der einzige originelle Beitrag des Wissenschaftsrates ist das Kuratorium. Diese Einrichtung wird als eine neue Organisationsform eingeführt, die gleichzeitig die Kooperation zwischen Hochschule und Staatsverwaltung garantieren und die Verbindung zwischen Universität und Öffentlichkeit herstellen soll. Dem Kuratorium sind mithin zwei verschiedene Funktionen zugedacht:

a) Weil die stetig wachsenden planungsrelevanten Aufgabenbereiche eine Integration der Entscheidungen innerhalb einzelner Hochschulen mit politischen Planungen extra muros erfordern, läßt sich das Verhältnis von Universität und Staat nicht mehr nach dem liberalen Selbstverwaltungsmuster von Autonomie und Staatsaufsicht zureichend fassen. Es muß einen Ort geben, wo die Ansprüche der Universität mit den hochschulexternen Planungen abgestimmt und mit konkurrierenden Ansprüchen in Einklang gebracht werden können. Um diesem Zweck zu genügen, müßte das Kuratorium die staatlichen Entscheidungskompetenzen (soweit sie bisher bei der Kultusverwaltung liegen) mit einem angemessenen Verhandlungsspielraum für Begründungen und Kompromisse verbinden.

b) Weil der Hochschule in einer verwissenschaftlichten Zivilisation aufgrund ihrer Ausbildungs- und ihrer Forschungsfunktion eine wachsende gesellschaftliche Relevanz zukommt, läßt sich das Verhältnis von Universität und Gesellschaft nicht mehr nach dem liberalen Öffentlichkeitsmuster einer diffusen Ausstrahlung von Wissen zureichend fassen. Es muß einen Ort geben, wo die gesellschaftlichen Interessengruppen die Vertreter der Universität mit ihren Ansprüchen und Bedürfnissen konfrontieren, und wo auch umgekehrt die Universität Gelegenheit hat, ihre Forderungen und Grundsätze plausibel zu machen. Um diesem Zweck zu genügen, müßte das Kuratorium die Gestalt einer Clearingstelle annehmen, die einen kanalisierten Austausch von Informationen und eine öffentlichkeitswirksame Diskussion gestattet.

Beide Funktionen, die dem Wissenschaftsrat zufolge das Kuratorium übernehmen soll, sind gut begründet. Unbegründet ist hingegen der Vorschlag, daß ein und dasselbe Gremium für beide Aufgabenbereiche zugleich da sein soll. Nichts spricht dafür, daß eine Institution, die den Verhandlungen zwischen Universitätsangehörigen und Vertretern staatlicher Organe dienen sowie staatlich delegierte Entscheidungskompetenzen wahrnehmen soll, zugleich zum Kommunikationszentrum zwischen Hochschule und Gesellschaft wird. Die trübe Amalgamierung von zwei verschiedenen Einrichtungen hat aber vor allem zur Folge, daß eine personelle Zusammensetzung, die für ein Kommunikationszentrum geeignet ist, für Funktionen des Verhandlungs- und Entscheidungsgremiums ungeeignet ist. Der Wissenschaftsrat sieht vor, daß die Repräsentanten gesellschaftlicher Gruppen im Kuratorium die Mehrheit haben und den Vorsitzenden stellen sollen. Sobald die »anerkannten Persönlichkeiten des öffentlichen Lebens« über die Aufgaben der Kommunikation hinaus Entscheidungsbefugnis für so gravierende Fragen wie die Feststellung des Universitätshaushaltes übernehmen, avancieren sie, ob sie es wollen oder nicht, zu einer demokratisch nicht legitimierten Nebenregierung. In diesem Zusammenhang ist zu bedenken, daß die gesellschaftlichen Interessengruppen keineswegs, wie die geläufigen Pluralismusvorstellungen suggerieren, gleiche Chancen der Durchsetzung haben und einander in einem labilen Gleichgewicht halten. Vielmehr ist der organisierte Einfluß der (vor allem an industriell relevanter Forschung interessierten) Wirtschaftsunternehmen tatsächlich privilegiert. Deshalb ist die Befürchtung kein Hirngespinst, daß mit der Einrichtung eines Kuratoriums, das nach Vorstellungen des Wissenschaftsrats organisiert und zusammengesetzt wäre, die Hochschule der Kontrolle einer mit delegierten Staatskompetenzen ausgestatteten, aber privatwirtschaftlich inspirierten Nebengewalt ausgeliefert werden könnte.

13. Gegen Wissenschaftsstürmerei

Anfang Dezember 1968 haben die Vollversammlungen der Philosophie- und der Soziologiestudenten der Universität Frankfurt zu einem Boykott der Lehrveranstaltungen aufgerufen und die Dozenten aufgefordert, sich dem ›Streik‹ anzuschließen. Im Zusammenhang mit dieser Aktion, in die sehr verschiedene Motive eingegangen sind, hat eine Gruppe von Aktionisten eine auf »Abschaffung der Wissenschaft« zielende Agitation entfaltet. Das hat mich am 12. Dezember zu einer Erklärung veranlaßt. Zur gleichen Zeit ist das Soziologische Seminar »besetzt« worden. Hauptziel war die Schaffung eines sogenannten autonomen Bereichs, der den Studenten gestatten sollte, die Vorbereitung politischer Aktionen zum Bestandteil des Seminarbetriebs zu machen. Daraufhin habe ich in einer Seminarveranstaltung am 14. Dezember Thesen zum Verhältnis von Aktionsvorbereitung und wissenschaftlicher Diskussion vorgetragen.*

13.1 ERKLÄRUNG VOR STUDENTEN (12. DEZEMBER 1968)

Ich habe meinen Vorsatz, den Lehrbetrieb aufrechtzuerhalten, bereits am Freitag vergangener Woche in der Vollversammlung der Soziologen bekräftigt und begründet. Inzwischen ist mir durch bestimmte Argumentationen in der Vollversammlung am vergangenen Dienstag die Intention klar geworden, von der sich eine Kerngruppe der Studenten bei den gegenwärtigen Aktionen leiten läßt. Wenn ich recht verstehe, bedienen sich diese Leute des begrüßenswerten Impulses zu einer Neuordnung des Studiums nur als eines Vehikels, um den Wissenschaftsbetrieb als solchen zu zerstören.

* Vgl. das im Anhang abgedruckte Flugblatt.

Wer aber die Basis der Aufklärung angreift, macht aufgeklärtes politisches Handeln unmöglich. Die Basis der Aufklärung ist eine an das Prinzip herrschaftsfreier Diskussion, und allein an dieses Prinzip, gebundene Wissenschaft. Wer einzelne theoretische Ansätze durch institutionellen Zwang dogmatisieren will, wer darüber hinaus jeden theoretischen Ansatz diskriminiert zugunsten einer Instrumentalisierung des Denkens und Wissens für die ad-hoc-Bedürfnisse sogenannter Praxis, schickt sich an, die Bedingungen vernünftiger Rede und damit die Grundlage von Humanität abzuschaffen. Wer mit dieser Intention einverstanden ist – zunächst einmal unterstelle ich, daß niemand damit einverstanden ist –, dessen moralische, geistige und politische Verfassung unterscheidet sich prinzipiell nicht mehr von dem intellektuellen Prototyp sei es des Faschisten, sei es des Stalinisten. Um Verwirrungen und Versuchungen dieser Art im Ansatz entgegenzutreten, halte ich es für unabdingbar, daß der offizielle Lehrbetrieb aufrechterhalten bleibt.

13.2 SEMINARTHESEN (14. DEZEMBER 1968)

Für alle Wissenschaften besteht ein objektiver Zusammenhang der Forschungsprozesse mit der Lebenspraxis. Dieser Zusammenhang ergibt sich nicht nur aus externen Abhängigkeiten des Forschungsbetriebs von gesellschaftlichen Institutionen und Entscheidungen, noch allein aus dem Umstand, daß wissenschaftliche Informationen gesellschaftliche Verwendung finden.[1] Die Beziehung zur Praxis ist den Wissenschaften immanent. Diese These kann unter zwei Gesichtspunkten entfaltet werden:

a) die methodologische Grundstruktur von Forschungen ist durch eines von drei konkurrierenden erkenntnisleitenden In-

1 Vgl. dazu im Anhang die Analyse von A. Wellmer.

teressen bestimmt. Diese quasi transzendentalen Interessen setzen sich in den Formen der Objektivation von Wirklichkeit durch und präjudizieren die möglichen Verwendungskategorien der wissensschaftlichen Informationen.[2]
b) Das Auftauchen bestimmter, für die Theoriebildung entscheidender Paradigmen, die aus der vorwissenschaftlichen Erfahrung stammen, hängt ebenso wie die Wahl von Objektbereichen und Fragestellungen und die spezielle Verwendung der erzeugten Informationen von geschichtlich wechselnden Interessenlagen ab.

Für kritische Wissenschaft gilt im besonderen,

– daß sie Aufklärungswissen hervorbringt, also Informationen, die, indem sie objektiven Schein auflösen, praktisch folgenreich sein können;

– daß ein kategorialer Rahmen nicht konventionell festgelegt, sondern aus der Reflexion des Entstehungszusammenhanges der Theorie selber gerechtfertigt wird.

Aus der systematischen Einheit von Theorie und Praxis folgt aber nicht die Einheit von wissenschaftlicher Analyse und unmittelbarer Vorbereitung politischen Handelns. Deshalb kann die Berufung auf Einheit von Theorie und Praxis auch nicht die Forderung nach einer institutionellen Einheit von Wissenschaft und Aktionsvorbereitung begründen. Eine Trennung beider Bereiche ist notwendig. Diese These kann unter drei Gesichtspunkten diskutiert werden:

1. Der Zeithorizont

a) Die Aktionsvorbereitung ist durch Handlungszwänge terminiert. Bei der Bewertung von Analysen hat daher der externe Entscheidungsdruck Vorrang vor immanenten wissenschaftlichen Kriterien. Der Wissenschaftsprozeß hingegen bewegt sich innerhalb eines virtualisierten Zeithorizonts. Die immanent wissenschaftlichen Kriterien für Gelingen oder Scheitern von Problemlösungen haben bei der Bewertung von

2 Vgl. J. Habermas, *Erkenntnis und Interesse*, Frankfurt am Main 1968.

Forschungsergebnissen Vorrang vor extern gesetzten Terminierungen (Zielen des Auftraggebers, Aufwandsbeschränkungen usw.).

b) Die Aktionsvorbereitung richtet sich nach pragmatischen Zwecken, für die ad-hoc-Wissen mobilisiert wird. (Den Spielraum von Handlungskontrollen erweitert übrigens dieses Wissen nur in dem Maße, wie es gesetzmäßige Zusammenhänge erfaßt und d. h. autonom entwickelt worden ist.) »Autonom« ist der Wissenschaftsprozeß in der Hinsicht, daß auch die Zwecke, die forschungsrelevante Entscheidungen bestimmen, grundsätzlich der Revision durch wissenschaftliche Diskussion unterliegen.

2. Das Verhältnis von Erkenntnis und Interesse

a) Die Aktionsvorbereitung verlangt eine subjektiv interessierte Aneignung von Informationen, die vorweggenommene Ziele präzisieren und die Wahl von Mitteln zu deren Realisierung erleichtern. Der Wissenschaftsprozeß hingegen erfordert die Vermittlung von subjektiven Interessen mit der Einübung in die objektiv interessierte Einstellung einer methodologischen Grundstruktur. Dieses erkenntnisleitende Interesse ist nicht kontingent; es fällt nicht zusammen mit den empirischen Bedürfnissen politisch Handelnder.

b) Die Aktionsvorbereitung ist auf Agitation angewiesen. Agitation ist die Durchsetzung des eigenen Willens mit Mitteln »einseitiger Kommunikation«, d. h. unter Ausschaltung sachbezogener Informationsverarbeitung und eigener Lernprozesse. Der Wissenschaftsprozeß hingegen kann nur im Rahmen einer ungezwungenen Diskussion fortschreiten, die allseitige Lernprozesse herbeiführen und auch Relevanzstrukturen verändern kann.

3. Wissenschaftliche Standards und Handlungseffektivität

a) Der Erfolg der Aktionsvorbereitung bemißt sich allein an der Effektivität des Handelns, zu der sie führt. Der Erfolg

des Wissenschaftsprozesses bemißt sich an Standards, die, wenn sie eingehalten werden, Erkenntnisfortschritte garantieren. Dazu gehören unter anderem:
allgemeine Regeln der Argumentation und der Erzielung von Konsensus,
Forderung nach Explikation,
Forderung der Legitimation der Geltung von Aussagen,
Klärung der Methode und Prüfung der Forschungstechniken.
b) Die Teilnahme an der Vorbereitung von Aktionen verlangt keine speziellen Qualifikationen, die über ein übliches Maß formaler Schulbildung hinausgehen. Die Beteiligung am Wissenschaftsprozeß hingegen verlangt spezielle Qualifikationen, die in fachlich orientierten Lernprozessen eingeübt werden müssen. Der Anschluß an den sogenannten Stand der Forschung (der Erwerb von Terminologien und Argumentationen, theoretischen Ansätzen und akkumuliertem Wissen, Techniken der Forschung usw.) macht bestimmte Disziplinierungen unerläßlich.

Mithin bestehen zwischen Wissenschaft und Aktionsvorbereitung strukturelle Unterschiede, die eine klare institutionelle Trennung beider Bereiche erfordern. Wird eine mit der anderen konfundiert, muß beides Schaden leiden: die Wissenschaft würde unter Handlungsdruck korrumpiert, und politisches Handeln müßte durch ein pseudowissenschaftliches Alibi in die Irre geführt werden.

14. Anhang

Albrecht Wellmers Untersuchung zur Frage der Politisierung der Wissenschaft nennt die Gesichtspunkte, die sich für eine Demokratisierung der Hochschule aus Strukturen der Wissenschaft selber ergeben. Dieselbe Untersuchung war die Grundlage für ein Gutachten, das Albrecht Wellmer und ich für die Studentenvertretung der Freien Universität Berlin in Zusammenhang mit einer gerichtlichen Klärung des sogenannten politischen Mandats im Juli 1968 abgegeben haben. Dazu stehen Überlegungen im Gegensatz, die durch das Anfang Januar 1969 verbreitete Flugblatt einer Berliner SDS-Gruppe belegt werden.*

14.1 ALBRECHT WELLMER, UNPOLITISCHE UNIVERSITÄT UND POLITISIERUNG DER WISSENSCHAFT[1]

A. Auszugehen ist von der Tatsache, daß der Prozeß der wissenschaftlichen Forschung und Lehre integrierender Bestandteil des gesellschaftlichen Lebensprozesses ist. Dieser faktische Zusammenhang von Wissenschaft und Gesellschaft zeigt die Tendenz zu einer immer stärkeren Integration der Wissenschaft in den gesellschaftlichen Lebenszusammenhang, zu einer Verwissenschaftlichung aller gesellschaftlichen Lebensäußerungen und zu einer Vergesellschaftung des wissenschaftlichen Lehr- und Forschungsprozesses. Damit ist eine politische Dimension der Wissenschaft *vorgegeben*, deren Anerkennung jedem Versuch einer Bestimmung des adäquaten Verhältnisses

* Abgedruckt in: U. K. Preuß, *Das politische Mandat der Studentenschaft*, Frankfurt/M. 1969, S. 133–138.

1 Zuerst publiziert in D. Clausen und R. Dermitzel (Hrsg.), *Universität und Widerstand*, Frankfurt/M. 1968, S. 108–116.

von Wissenschaft und Politik bzw. der angemessenen politischen Rolle der Universität zugrunde gelegt werden muß. Gesellschaftliche Abhängigkeit, gesellschaftliche Funktionen und gesellschaftliche Folgen eines sich selbst als unpolitisch verstehenden universitären Wissenschaftsbetriebs sind genauer zu bestimmen, insbesondere in ihrem Verhältnis zum Prinzip der Freiheit von Forschung und Lehre.

1. Zur gesellschaftlichen Abhängigkeit der Wissenschaft

a. rechtlich: die Rechtsform der wissenschaftlichen Hochschulen wird von außeruniversitären politischen Instanzen sanktioniert und garantiert;
b. materiell: die materiellen Mittel für Forschung und Lehre werden von außeruniversitären Instanzen bereitgestellt;
c. die Ausbildungsziele, Prüfungsordnungen und damit zum Teil auch die Studiengänge werden entweder von politischen Instanzen festgelegt bzw. sanktioniert, oder sie werden zwar universitätsintern, aber nach Maßgabe vordefinierter gesellschaftlicher Bedürfnisse festgelegt;
d. inhaltlich: die zunehmende Verwissenschaftlichung aller gesellschaftlichen Lebensbereiche und die zunehmenden Kosten des Forschungsprozesses haben zur Folge, daß zunehmend außeruniversitäre politische und gesellschaftliche Instanzen darüber befinden, was Gegenstand der Forschung sein soll. Sie bestimmen damit zunehmend die *Richtung* des Forschungsprozesses.
e. Eine Abhängigkeit der Forschungsrichtung von außerwissenschaftlichen Interessen und gesellschaftlich definierten Problemstellungen ergibt sich aber auch schon dadurch, daß die Wissenschaftler als Angehörige ihrer Gesellschaft von gesellschaftlich vorgezeichneten Fragestellungen und Interpretationen abhängig sind. Das gilt insbesondere für die Sozialwissenschaften. Diese Abhängigkeit ist um so größer, je stärker

unter dem Zwang rigider methodologischer Postulate die Hemmungen sind, die ihrer reflexiven Auflösung entgegenstehen.

2. Zu den gesellschaftlichen Funktionen der Wissenschaft

a. Der akademische Lehrbetrieb muß den Bedarf der Gesellschaft an wissenschaftlich qualifiziertem Nachwuchs decken und zugleich für eine sich erweiternde Reproduktion der Ausbildung sorgen. Die wissenschaftliche Ausbildung im engeren Sinne, die die Universität leistet, ist aber in der Regel nur ein Teil der Berufsvorbereitung, zu der auf der anderen Seite der Erwerb aller jener Fähigkeiten und Einstellungen gehört, die Voraussetzung sind für eine im Sinne gesellschaftlich anerkannter Traditionen »adäquate« Ausübung einer akademischen Berufsrolle. Hinsichtlich dieser komplementären Bildungsprozesse läßt sich die gegenwärtige gesellschaftliche Funktion der Wissenschaft insofern nur negativ bestimmen, als dem akademischen Lehrbetrieb fast vollständig die Dimension einer kritischen Zersetzung bzw. Fortbildung ansonsten dogmatisch wirksamer berufsspezifischer *Traditionen* und Einstellungen fehlt. Sofern aber diese Traditionen und Einstellungen im akademischen Lehrbetrieb unausgesprochen zur Geltung kommen, hat dieser darüber hinaus die gesellschaftliche Funktion, unkritische Anpassungsprozesse der späteren Akademiker einzuleiten.

b. Die gesellschaftlichen Funktionen des Forschungsbetriebes hängen von dem spezifischen Charakter der betreffenden Wissenschaft ab. Das Geschäft der hermeneutischen Wissenschaften ist die kritische Aneignung und Übermittlung der kulturellen Überlieferung bzw. die an Systematiken orientierte Auslegung als verbindlich geltender Texte. Eine kritische hermeneutische Wissenschaft könnte die Funktion haben, praktisch folgenreiche Aufklärungsprozesse durch kritische Aufhellung der Tradition in Gang zu setzen; die tatsächliche gesellschaftliche Funktion der Geisteswissenschaften liegt demgegenüber heute in der Regel in der praktisch folgenlosen Verwaltung einer unverbindlich gewordenen Überlieferung. Die positivistische Geisteswissenschaft ratifiziert dabei lediglich den gesellschaftlichen Zerfall der Sphäre öffentlicher Diskussion über praktische Fragen.

c. Anders verhält es sich mit den empirisch-analytischen Wissenschaften. Diese geben zwar einerseits das Modell einer reinen, wertfreien Wissenschaft, zugleich aber repräsentieren sie den Typus technisch verwertbaren Wissens. In den entwickelten Industriegesellschaften sind sie zur entscheidenden Produktivkraft insofern geworden, als von ihrem Fortschritt die Perpetuierung des technischen Fortschritts, die Steigerung der Produktivität und des Lebensstandards, die (funktionale) Rationalisierung der gesellschaftlichen Lebensprozesse und damit schließlich auch die Reproduktion des Systems im Ganzen abhängen. Die gesellschaftliche Funktion der empirisch-analytischen Wissenschaften ist somit definiert durch das gesellschaftliche Bedürfnis nach technisch verwertbarem Wissen, sie wird sichtbar in der Dimension der Anwendung von Wissenschaft. Diese Anwendung beruht auf der Umsetzung wissenschaftlicher Informationen in technische und strategische Anweisungen, d. h. in Informationen bezüglich der Organisation geeigneter Mittel zur Realisierung vorgegebener Ziele bzw. der rationalen Wahl zwischen Handlungsalternativen unter wechselnden Bedingungen des Handelns bei vorgegebenem Sollzustand. Dabei folgt aus der methodologischen Struktur der empirisch-analytischen Wissenschaften, daß die Entscheidung darüber, welche unmittelbaren oder mittelbaren Zwecke durch Anwendung wissenschaftlicher Resultate realisiert werden *sollen*, außerhalb der spezialwissenschaftlichen Kompetenz der Forscher liegt. Diese Entscheidung bleibt politischen und gesellschaftlichen Instanzen vorbehalten. Wissenschaftslogisch wird diese faktische Arbeitsteilung zwischen wissenschaftlichen und gesellschaftlichen Instanzen in der positivistischen Wissenschaftstheorie sanktioniert durch die Postulierung der Wertfreiheit von Wissenschaft schlechthin bzw. einer strikten Trennung zwischen deskriptiven und präskriptiven Aussagen: danach sind die faktisch wirksamen Maximen politischen Handelns zwar hinsichtlich ihrer Zweckrationalität und Konsistenz, nicht aber hinsichtlich ihrer politisch-moralischen Voraussetzungen und Implikationen wissenschaftlich zu kritisieren. Nach dieser Funktionsbestimmung der empirisch-analytischen Wissenschaften gibt es kein Kontinuum der Rationalität zwischen wissenschaftlichen Forschungs- und politischen Entscheidungsprozessen. Das ist aber eine politisch höchst folgenreiche Tatsache, wie sich an den gesellschaftlichen Folgen der Wissenschaft zeigt.

3. Zu den gesellschaftlichen Folgen der Wissenschaft

a. Die gesellschaftlichen Folgen der Wissenschaft bestehen nicht so sehr in den durch Anwendung wissenschaftlicher Informationen realisierten unmittelbaren Zwecken, als in der Institutionalisierung angewandter Wissenschaft: in der Etablierung neuer Produktions-, Herrschafts-, Kommunikations- und Verkehrstechniken, neuer Techniken der Befriedigung wie der Erzeugung von Bedürfnissen, der Lebenserhaltung, -verlängerung und -vernichtung, sowie der Etablierung von zweckrationalen Strategien des wirtschaftlichen, politischen und militärischen Handelns. Die neuen Techniken und Strategien erzwingen allgemeine Veränderungen der sozialen Lebenswelt. Sie zerstören mittelbar überlieferte Formen des sozialen Verkehrs, setzen Traditionen außer Kraft, schaffen neue Bedürfnisdispositionen, neue Konfliktmuster und neue Zonen von Freiheit und Unfreiheit; sie eröffnen neue Möglichkeiten der Herrschaft und der Emanzipation. Die gesellschaftlichen Folgen (»Nebenfolgen«) der Anwendung von

Wissenschaft lassen sich mit Hilfe der angewandten wissenschaftlichen Informationen selbst nicht prognostizieren. Eine begrenzte Kontrolle dieser gesellschaftlichen Folgen angewandter Wissenschaft wäre freilich aufgrund sozialwissenschaftlicher Informationen denkbar. Aber damit verschiebt sich das Problem nur: die Frage nach der gültigen *Interpretation* der tatsächlichen Folgen und damit nach ihrer Wünschbarkeit, ihrer systemtranszendenten Notwendigkeit, ihrem Zusammenhang mit partikularen gesellschaftlichen Interessen läßt sich jedenfalls mit den Mitteln der empirisch-analytisch verfahrenden Sozialwissenschaft nicht lösen; daher können ihre Prognosen die Frage nach den faktischen Folgen der Anwendung von Wissenschaft prinzipiell niemals in einer für das Selbstverständnis der Gesellschaft erschöpfenden und zwingenden Weise beantworten – es sei denn, dieses Selbstverständnis würde restlos mit Hilfe von Techniken der manipulativen Meinungsbildung von außen erzeugt.

b. Gesellschaftliche Folgen anderer Art als unter a. ergeben sich aus dem spezifischen Charakter wissenschaftlicher Lernprozesse. Zur Tradition der deutschen Universität gehört die Konzeption einer »Bildung durch Wissenschaft«. Diese theoretische Bildung wurde von den geistigen Vätern der preußischen Universitätsreform zugleich als praktisch-politische Bildung verstanden, d. h. als Einbildung der Vernunft in das praktische Handeln mündiger Individuen. Mit dem Siegeszug der positiven Einzelwissenschaften wurde dieses Motiv allseitiger theoretisch-praktischer Bildung faktisch von den wissenschaftlichen Lernprozessen abgespalten und als residualer »Bildungsauftrag« an außerwissenschaftliche Erziehungsveranstaltungen überwiesen. Die Folge war eine Entpolitisierung des Bildungsbegriffs *und* der tatsächlichen wissenschaftlichen und außerwissenschaftlichen Bildungsprozesse. Das typische Ergebnis einer in diesem Sinne restringierten Fachausbildung ist der entweder unpolitische oder aber ohne Zusammenhang mit seiner wissenschaftlichen Ausbildung politisch indoktrinierte Fachmann; d. h. der für politische und gesellschaftliche Instanzen fungibel gewordene Spezialist. Er ist das Korrelat einer ihren gesellschaftlichen Implikationen gegenüber gleichgültig sich verhaltenden »reinen« Wissenschaft: politisch folgenreiches Resultat einer unpolitischen Wissenschaft.

B. Wissenschaftlichen Forschungs- und Ausbildungsprozessen ist, wie sich zeigte, immer schon eine politische Dimension eigen; hierin ist die Forderung nach »Politisierung der Wissenschaft« begründet. Diese Forderung besagt erstens, daß die gesellschaftlichen Voraussetzungen und Implikationen des Wissenschaftsbetriebes als solche thematisiert und mit einer wissenschaftlichem Anspruch genügenden rationalen Disziplin diskutiert werden sollen; sie besagt zweitens, daß die politisch-gesellschaftliche Dimension bestimmter Fachgebiete bzw. Untersuchungsgegenstände unbeschadet methodologischer Tabus unverkürzt zur Geltung kommen soll; sie besagt drittens, daß sich die Universität der Gefahr einer Anpassung an heteronome gesellschaftliche Zwänge widersetzen und daß sie jene kritische politische Funktion übernehmen soll, die ihr aus der uneingeschränkten Verpflichtung ihrer Mitglieder auf kritische Rationalität zuwächst; sie besagt viertens, daß die akademische Berufsausbildung sich in Formen vollziehen soll, die eine Teilnahme der Studenten am Prozeß der Selbstreflexion der Wissenschaften und ihre Einübung in die rationale Diskussion praktischer Fragen im Zusammenhang mit ihrer Fachausbildung ermöglichen; sie besagt schließlich fünftens, daß keine sachfremde Autorität in der Universität institutionalisiert werden darf, d. h. aber, daß Prinzipien politischer Demokratie in der Organisation der Universität überall dort zur Geltung kommen sollen, wo über praktische Fragen entschieden wird.
ad 1) Die Forderung nach wissenschaftlicher Thematisierung der gesellschaftlichen Voraussetzungen und Implikationen der Wissenschaft ist gleichbedeutend mit der Forderung nach

kritischer Selbstreflexion der Wissenschaften. Das Interesse, dem die Wissenschaftler bei dieser Selbstreflexion der Wissenschaften folgen, ist nur das inhaltlich verstandene Interesse an der Freiheit von Forschung und Lehre: eine Wissenschaft, die sich als Agent gesellschaftlicher Mächte zur Durchsetzung rational nicht legitimierbarer Ziele und Interessen in Anspruch nehmen läßt, verliert nicht nur ihre Autonomie, sondern begibt sich auch ihres Anspruchs auf Autonomie. Dieser Anspruch impliziert die Forderung, auf rationaler Aufklärung gesellschaftlicher Zusammenhänge auch dort noch zu insistieren, wo die empirisch-analytischen Verfahrensweisen an ihre Grenze stoßen: in der Dimension der Bedingungs- und Verwertungszusammenhänge empirisch-analytischer Wissenschaften und in der Dimension einer Auswirkung technisch verwertbaren Wissens auf praktische Handlungsorientierungen.

ad 2) Die zweite Forderung betrifft in erster Linie die Geistes- und Sozialwissenschaften. Sie wäre durch eine eingehende wissenschaftstheoretische Kritik am – sei's geisteswissenschaftlichen, sei's szientifischen – Methodenpositivismus dieser Wissenschaften zu legitimieren. An »Problemmodellen« aus dem Bereich einzelner Wissenschaften (Rechts-, Literaturwissenschaft usw.) wäre die Unzulänglichkeit etablierter Methoden und der mit ihnen verbundenen Abdichtungen der Spezialdisziplinen gegeneinander nachzuweisen. Ergänzend dazu müßten die politischen Implikationen »unpolitischer« Ausbildungsgänge (Juristen, Lehrer) aufgezeigt werden.

ad 3) Das Interesse an der Freiheit von Forschung und Lehre ist zugleich ein politisches Interesse: diese Freiheit realisiert sich nicht in der Aufklärung von Abhängigkeits- und Herrschaftsverhältnissen, in die eine scheinautonome Wissenschaft verstrickt ist. Vielmehr kann erst das Wirksamwerden dieser Aufklärung zur Realisierung der politischen Bedingungen einer wirklich autonomen Wissenschaft führen. Damit erweist sich das Interesse an der Freiheit von Forschung und Lehre als gleichgerichtet dem Interesse an gesellschaftlicher Freiheit und politischer Demokratie. Kritische Vernunft, die in der Selbstreflexion der Wissenschaften zur Geltung kommt, steht der durch sie anzuleitenden vernünftigen Praxis nicht ebenso gleichgültig gegenüber wie technische Rationalität der durch sie angeleiteten technischen Praxis: kritische Vernunft muß auf die Initiierung vernünftiger Praxis drängen. Ihr Interesse an Aufklärung ist identisch mit dem praktischen Interesse am Wirksamwerden solcher Aufklärung. Eine Wissenschaft, die sich diese ihr zugrunde liegende Dimension kritischer Vernunft zu eigen gemacht hat, kann sich ihrer politisch-moralischen Verantwortung für einen Fortschritt der Gesellschaft in der Organisation politischer Freiheit und der Sicherung personaler Existenz nicht entledigen. Sie bleibt *kritische* Wissenschaft, solange die gesellschaftlichen Zustände der in der Wissenschaft beschlossenen Idee vernünftiger Selbstbestimmung widersprechen. Hieraus ergibt sich die kritische Rolle der Universität in der Gesellschaft.

ad 4) Das Auseinanderfallen sozialer und wissenschaftlicher Bildungsprozesse bezeichnet einen Zerfall der wesentlich politisch-öffentlichen Sphäre kritischer Rationalität in getrennte und entpolitisierte Teilsphären spezifisch beschränkter Rationalität. Eine kritische Universität verlangt demgegenüber Bildungsprozesse, in denen die Vermittlung fachspezifischer und praktisch-politischer Rationalität durch Beteiligung der Studenten am Prozeß der Selbstreflexion der Wissenschaften und an den gemeinsamen hochschulpolitischen Angelegenheiten immer schon gefordert und geleistet wird. Nur so läßt sich das Programm einer Bildung *durch* Wissenschaft unter den Bedingungen hochspezialisierter Einzelwissenschaften noch einlösen. Und nur im Medium solcher praktischen Bildung ist heute noch eine rationale Integration fachwissenschaftlich vermittelter Erfahrungen in die soziale Lebensgeschichte des einzelnen wie der Gesellschaft möglich. Dazu gehört, daß das sonst dogmatisch wirksame Verhältnis der lebenden Generationen zu den handlungssteuernden kulturellen Überlieferungen bewußt gemacht und der Kritik unterworfen wird, und zwar in Beziehung zu dem wirklichen und möglichen gesellschaftlichen Verwendungszusammenhang des Wissens. Wissenschaftliche Bildung in diesem Sinne ist politisierende Bildung gerade dadurch, daß sie auf das praktische Wirksamwerden kritischer Rationalität abzielt.

ad 5) Es liegt auf der Hand, daß eine »Politisierung der Wissenschaft« in dem bisher umgrenzten Sinne nicht möglich ist in einer Universität, die durch die Institutionalisierung sachfremder Privilegien und administrativer Autorität permanente Abhängigkeitsverhältnisse nicht nur zwischen Lehrenden und Lernenden, sondern auch zwischen verschiedenen an der Forschung und Lehre beteiligten Gruppen schafft. Daher die Forderung nach Demokratisierung der Universität. Diese Forderung zielt, das dürfte aus den bisherigen Überlegungen deutlich geworden sein, nicht auf die Übertragung eines abstrakten Demokratiemodells auf die Universität; vielmehr zielt sie auf eine Organisation des Wissenschaftsbetriebes, die der innersten Intention der wissenschaftlichen Forschung selbst entspricht: der Intention auf Ausbreitung kritischer Rationalität. Demokratisierung der Universität impliziert, daß politische Sachverhalte als solche behandelt werden und daß hochschulpolitische Entscheidungen unter einen rationalen Legitimationszwang gestellt werden. Demokratisierung in diesem Sinne schließt eine Effizienzsteigerung der wissenschaftlichen Forschung und Lehre nicht aus; sie ist vielmehr deren Voraussetzung. Die wirkliche Alternative zur demokratischen Universität ist daher nicht die patriarchalisch sich selbst verwaltende Universität alten Stils, sondern die autoritär von außen verwaltete und heteronomen gesellschaftlichen Kräften ausgelieferte Universität: deren Effizienz würde sich freilich vor allem in der massenhaften Erzeugung anpassungsfähiger Fachidioten dokumentieren.

Die Mobilisierung der Studenten an den Universitäten muß die Strategie der Konterrevolution – des Berliner Senats – berücksichtigen, um in den Aktionen nicht Bestandteil des strategischen Kalküls dieser Konterrevolution zu werden.
Die Vorbereitung der Mobilisierung muß eine Selbstkritik der studentischen Praxis in den letzten Monaten beinhalten, den Unterschied und die Ungleichzeitigkeit zwischen den realen Verhältnissen an den Universitäten und den realen Verhältnissen innerhalb der Sammlungsbewegung der organisierten Linken beachten. Gleichzeitig muß anhand der letzten Einschüchterungsversuche und der Maßnahmen des Berliner Senats das Bild rekonstruiert werden, das der Klassengegner von diesen Verhältnissen hat. Bei dieser Rekonstruktion lassen sich drei Etappen des Vorgehens aufzeigen:
I. Nach dem Vietnam-Kongreß (Februar 1968) und den Osterdemonstrationen (April 1968) war es ein Hauptanliegen des Berliner Senats, die studentische Opposition aus der Stadt in die Universität zurückzudrängen. Die politische und wirtschaftliche Situation West-Berlins sollte nach den Vorstellungen der rechten SPD-Führung weiterhin definiert werden durch den Einfluß der westdeutschen Großkonzerne und die politische Bindung an die Große Koalition der Bundesrepublik. D. h. man mußte den Versuch unternehmen, politische und wirtschaftliche Reformprogramme für West-Berlin wirksam zu sabotieren. Das geschah durch den politischen Druck innerhalb der SPD, durch Attacken gegen die Kleine Koalition SPD/FDP und durch polizeistaatliche Maßnahmen gegen die Außerparlamentarische Opposition. Ziel dieser Politik ist die Aufrechterhaltung des Status quo, Zerstörung jedes politischen Reformprogramms und die Tendenz der Wiederherstellung der Großen Koalition in West-Berlin, um diese Aufgabe der Perspektivlosigkeit erfüllen zu können. (OSI-Streikpapier, S. 1–3). Während des Vietnam-Kongresses

gab es für den West-Berliner Senat zwei taktische Konzeptionen der Eindämmung des Einflusses der Außerparlamentarischen Opposition: a) das Rezept des polizeistrategischen Einsatzes, der Kriminalisierung oder der psychischen und physischen Liquidierung dieser Opposition (Politikerkaste um Neubauer, Sickert, Prill, Amrehn), und b) der tendenziellen Zurückdrängung der reformwilligen Studenten an die Universität, in der nach technokratischen Gesichtspunkten die Studienreform durchgeführt werden sollte. Diese Technokraten um Löffler, Stein, Korber hofften dadurch, den »sekundären Solidarisierungseffekt« der Masse der Studenten mit dem »harten Kern« der Linken, der bei einem massiven Polizeieinsatz eingetreten wäre, zu unterlaufen, um die reformfreudigen Studenten für ein technokratisches Reformprogramm zu begeistern und um den SDS zu isolieren. In der Vorstellung des Senats kommt es in der Universität im wesentlichen auf zwei Gruppen an: a) den »harten Kern« der SDS-Sympathisanten und b) die linksorientierte Mittelgruppe der Studenten, die auf ungefähr 44% beziffert wird, die man aber als reformwillig interpretiert, weshalb der überstarke Einsatz allzu heftiger Mittel gegen den »harten Kern« verhindert werden muß (siehe SDS-Broschüre). Denn gerade die polizeistaatlichen Maßnahmen brachten diese Mittelgruppe auf die »revolutionären Irrwege« des SDS. Dieser Gegensatz im Apparat zwischen der Politikerkaste der Reformer und den Staatsfaschisten mußte ansatzweise nach Ostern ausgeräumt werden, weil nach dem Attentat auf Rudi D. polizeistaatliche Überfälle auf die Opposition nicht durchgeführt werden konnten, ohne Resonanz auf die Gewerkschaften in der Notstandskampagne, vor allem aber ohne Resonanz im Ausland hervorzurufen.

II. Der Rückzug der Studenten von der Gesellschaft in die Universität erfolgte nach dem Scheitern der Anti-Notstandskampagne, und die symbolische Besetzung der einzelnen Fakultäten und Institute gab den Reformern das Startzeichen, den Inhalt dieser Besetzungen (»Vom Protest zum Widerstand«) zu ersetzen durch eine reformistische Politik (»Vom Widerstand zur OSI-Satzung«). Damit vermeinten sie, die wirklichen Interessen der Studenten anzusprechen und sie in der »positiven« Reform von der »linksradikalen« Politik des SDS zu trennen. Die Diskussion über Reformen und das OSI-Experiment sollte einmal die Studenten endgültig von der gesellschaftlich revolutionären Praxis fernhalten, die Isolation des SDS vorantreiben und die studentischen Aktivitäten zersplittern, auf Spezialprobleme lenken, um so zentrale Aktionen der Studenten überhaupt unmöglich zu machen. Dieser Strategie der Reformer des Staatsapparates entsprach die praktizistische Gegenreaktion der Linken, die an der Philosophischen Fakultät, der Hochburg der Linken, Modelle von Drittelparität und Mitbestimmung und der Auflösung der Seminare ausarbeiteten und schließlich sogar zur Besetzung des Philosophischen Seminars schritten, ohne die Studentenschaft über diese Aktionen in strategischer Absicht aufzuklären, sondern diese statt dessen von der sektiererischen Position der »echten Revolution« abqualifizierten und belächelten, um darüber selbst die strategischen Probleme der Universitätsrevolte zu verdrängen.

III. Die dezentralisierte Hochschulpolitik fand ihren Höhepunkt, als auf Anraten der Reformer an der Filmakademie das Experiment gewagt wurde, den »harten Kern« direkt anzugreifen, ohne Solidarisierung befürchten zu müssen. Eine starke Gruppe von Genossen der Filmakademie hatte es erreicht, diese Akademie als Instrument des Kapitalismus zu zerstören, um aus dieser Akademie ein Institut für Propaganda der Revolution zu machen. Die politischen Instanzen mußten von ihrem Selbstverständnis her militant zuschlagen, vor allem wegen der niedrigen Teilnehmerzahl bei den direkten Aktionen gegen die Justiz, insbesondere bei der Aktion am Tegeler Weg vom 4. Nov., wo außerdem innerhalb der Linken eine zeitweilige Distanzierung zu beobachten war.

Die Schwierigkeit der Mobilisierung der Studenten für die Relegierten schien den strategischen Überlegungen des Berliner Senats recht zu geben. Die Reaktion der Linken waren dezentralisierte Besetzungs- und Streikversuche an den einzelnen Fakultäten und schienen den Gegensatz zwischen »har tem Kern« und Reformgruppe zu vertiefen. Diesen Prozeß forcierte das im Oktober erlassene Vorschaltgesetz, das die in Ansätzen (und besonders am OSI) vorhandenen scheinbaren Reformbewegungen honorieren sollte. Die Reformwilligkeit des Senats wurde attraktiv der Mittelgruppe vor Augen geführt. Die technokratische Hochschulreform, wie sie an der Universität durchgezogen werden soll, steht also in echt deutscher Tradition unter der Schirmherrschaft des alten Bismarck; es zeigt sich der Januskopf von Neubauer und Löffler – hie Knüppel, da das Zuckerbrötchen.

Wir haben uns auf diese preußischen Technokraten einzustellen. So wie nach der Reglementierung der Filmakademiker durch eine zentralisierte Aktion deren Institut hätte besetzt werden müssen, darf als Antwort auf die Reglementierungen an der FU nicht die dezentralisierte Hochschulpolitik der »befreiten Gebiete« weiter durchgeführt werden, noch darf man auf die »väterliche Einsicht« der Reformer hoffen. Unsere Strategie muß die Bedürfnisse und die ungleichzeitigen politischen Vorstellungen der Studenten aufnehmen, um daraus eine Offensivstrategie gegen den West-Berliner Senat und gegen das Kapital zu entwerfen. Die erste Phase dieser Strategie heißt Abwehr, tendenzielle Mobilisierung aller Studenten in allen Fakultäten, um dann in der späteren Phase die Struktur der Universität und der Gesellschaft direkt anzugehen.

Die *technokratische Hochschulreform* hat für die nächsten zwanzig Jahre den Produktions- und Reproduktionsprozeß des westdeutschen Monpolkapitals zu berücksichtigen. Sie muß dafür sorgen, daß a) die weitere Automatisierung der Industrie ein hochspezialisiertes Personal findet, daß b) an der

Universität in kürzester Zeit bei möglichst geringen Kosten für diesen Spezialberuf diszipliniert wird, denn von wissenschaftlicher Ausbildung kann keine Rede mehr sein. Die Rationalisierung der Universität als Bestandteil der kapitalistischen Produktion empfindet in der Gegenwart die Ordinarien-Universität als unproduktiv und irrational, ein Zustand, den sie langfristig beseitigen muß, damit die deutsche Wirtschaft auf dem Weltmarkt konkurrenzfähig bleibt. Die Aktionen der Studenten in den letzten drei Jahren gefährden die Umstrukturierung der Universität, den kapitalistischen Produktionsprozeß; sie sind im Sinne des Kapitals tote Kosten. Diese Aktionen der Studenten haben es andererseits ermöglicht, daß die Gegensätze im Apparat zwischen den professoralen Fachidioten, den preußischen Technokraten und den staatsfaschistischen Bürokraten punktuell ausgeglichen wurden. Um die Zersplitterung der Studenten aufrechtzuerhalten, wird die technokratische Hochschulreform versuchen, alle zentralisierenden Organe der Studenten abzuschaffen (Auflösung des AStA und des Konvents, Verbot des SDS), um dafür die Konzession von Instituts- und Fakultätsräten zu geben, die nach der Drittelparität geformt werden. Die Relegationen sind Momente der Einschüchterung der Studenten, der Bestrafung und der Demoralisierung, während die Konzessionen die Befriedung der eroberten Gebiete (»Search and destroy«) einleiten. Die Hochschulreform unter technokratischem Vorzeichen mit ihren bürokratischen Konzessionen und Relegationen ist vergleichbar der »konzertierten Aktion« des Wirtschaftsministers Schiller im Rahmen der NS-Gesetzgebung. Die *Konzession der Mitbestimmung* innerhalb der Strategie der polizeistaatlichen Disziplinierung der Gesellschaft im Interesse der Steigerung der Produktionskapazität der Wirtschaft ist in Wirklichkeit selbst Disziplinierungsmaßnahme, um die Gewerkschaftsbürokratie in den Staats- und Wirtschaftsapparat zu integrieren und sie gleichzeitig von den Interessen der Arbeiter zu entfremden.

Spiegelbilder dieser Gesellschaftskonzeption bieten in Frankreich der ›Gaullismus‹ mit seiner Wach- und Schließgesellschaft K.P.F. und C.G.T.-Gewerkschaft und in England die Labour-Regierung mit ihrer Kapital-hörigen ›incomes policy‹. Die gleiche Funktion hat die *Drittelparität* in der Universität, wenn den Studenten nicht gleichzeitig die Kontrolle der Prüfungsbedingungen, der Forschungsgelder und Projekte zugestanden wird. Soll die Relegation Vereinzelung der Studenten bedeuten, so heißt Drittelparität in den vereinzelten Institutsräten Partikularismus, von dem aus gesellschaftliche Zusammenhänge nicht mehr gesehen werden können. In den Instituten kämpfen die Studenten im Sinne der technokratischen Hochschulreform gegen die Ordinarienuniversität und nicht mehr für eine sozialistische Gesellschaft. Der Trick der technokratischen Hochschulreform ist zwar einfach und durchschaubar, aber wirksam wird dieser Art von Hochschulreform nicht die Solidarität der Studenten entgegengesetzt. Soll diese Solidarität konkret werden, so muß eingegangen werden auf die Berufserwartung und auf die Existenz des nicht mehr Studierenden als Revolutionär in einer feindlichen Gesellschaft. Die Studenten haben durchaus eine Einsicht in ihre Studiensituation; diese bestimmte auch ihr antiautoritäres, revolutionäres, nicht-reformerisches Bewußtsein; sie besitzen aber auch genug Zynismus, die Unsinnigkeit der Wissenschaft zu beurteilen, die an ihrer Universität betrieben wird, und erkennen in den Übungen und Seminaren und Prüfungen die Disziplinierung, der sie unterworfen werden, um an die Befehlsverhältnisse des technokratischen Faschismus angepaßt zu werden, aber: sie unterwerfen sich dieser psychotherapeutischen Behandlung, solange die Studentenrevolte keine Alternative anbietet und nicht unmittelbar eingeht auf ihre Studien- und Berufssituation. Wir dürfen nie vergessen, daß die Universität nur Durchgangsstadium für die zukünftigen Lehrer, Juristen, Techniker, Ingenieure, Politologen, Mediziner etc. ist. Hier an der Universität müssen die zukünftigen Revolutionäre geformt werden, die in den Aktionen nicht nur *Mittel* der tendenziellen Revolutionierung der Universität und der Gesellschaft sehen, sondern auch Mittel für die Berufsausbildung. Die Grundkonzeption der Offensivstrategie der Linken muß in das Verhältnis von Reform und Revolution die spätere berufliche Existenz der Studenten miteinbeziehen. Es müssen bereits auf der Universität die Methoden eingeübt werden, mittels derer diese spätere berufliche Existenz eine revolutionäre Existenz sein kann. Die Abwehr der technokratischen Hochschulreform nimmt die Konzessionen auf, wendet sich aber entschieden gegen Hausordnungsdrohungen oder gegen die Reglementierungen. Aus dieser Abwehr entstehen die revolutionären Gegenmaßnahmen gegen die Ordinarien-Universität, aber auch gegen den Kapitalismus.

Diese *erste Etappe* ist geprägt durch den Kampf gegen das Prüfungssystem, gegen die Ordinarien-Vorherrschaft, für Kontrolle der Produktionsmittel, d. h. Kontrolle der Finanzen, die den einzelnen Lehrstühlen zur Verfügung stehen, und die Überführung der finanziellen Mittel für studentische wissenschaftliche Projekte.

Zur längeren Perspektive des Kampfes der Studenten

I. Damit die allgemeine Mobilisierung der Studenten nicht abstrakt und für den einzelnen perspektivlos bleibe, versuchten wir die eigene Studienpraxis zu revolutionieren, d. h., die Rebellion ins Studium hinein zu verlängern. Es begann die Kampagne zur Umgestaltung des Studiums und der Wissenschaften nach unseren Bedürfnissen. Darunter verstanden wir die Befreiung des Studiums von irrationalen Zwängen, als da sind: Prüfungen, Grundstudium etc. Wir forderten die Selbstbestimmung der Studieninhalte und Arbeitsbedingungen. Wir hofften, daß »kritische Theorie« und Kritische Universität diesen Bedürfnissen Rechnung tragen könnten. Der Kampf gegen Ordinarien-Universität, für »10%« (OSI) und »autonome Sektoren« sollte uns die Freiplätze verschaffen, in denen wir uns selbst bestimmen könnten.

Diese Forderungen waren progressiv und reaktionär zugleich. *Progressiv*, weil wir ganz richtig den Versuch machten, uns selbst und die Wissenschaft dem Kapital zu entziehen; progressiv ferner, weil in der Parole »Selbstbestimmung der Produzierenden über ihr Produkt und die Produktionsbedingungen« die Perspektive der Befreiung der Arbeiterklasse aufleuchtete. *Reaktionär*, weil die Ablehnung von Fremdbestimmung und die Forderung nach Selbstbestimmung in der Regel der kleinbürgerlichen, ideologischen Fiktion erlag, die unmittelbaren individuellen Bedürfnisse des einzelnen Studenten mit den fundamental revolutionären Bedürfnissen gleichzusetzen, die nur das Proletariat verkörpern kann. So forderten wir in Wirklichkeit für uns Schrebergärten, in denen wir uns als Privilegierte tummeln könnten. Unser Kampf gegen die irrationalen Studienbedingungen verkümmerte unter diesen Bedingungen zum Kampf um *bloß formal-didaktische Studienreform*, d. h. um bequemere Arbeitsbedingungen.

So konnte es kommen, daß wir – anläßlich der Relegation von 18 Genossen der Filmakademie – diesen Schlag der Staatsgewalt glaubten damit beantworten zu müssen, daß wir im Philosophischen Seminar eine Debatte über die Erweiterung des studentischen Sektors eröffneten. Das war nicht Konkretion, sondern Pseudo-Konkretion! *Wir dürfen Schläge des Staatsapparats nicht mit der Androhung langfristiger Wühlarbeit beantworten.* Die abstrakte Gesamtmobilisation steht in Gefahr, durch einen Partikularismus abgelöst zu werden, der die Vereinzelung der Studenten und damit ihre individuelle Disziplinierbarkeit vorwegnimmt.

II. Wo wir dem etablierten Wissenschaftsbetrieb »kritische Wissenschaft« entgegensetzten – in »autonomen Sektoren«, selbstorganisierten Seminaren etc. – fielen wir hinter unsere eigene Wissenschaftskritik zurück: wir wußten, daß »reine Wissenschaft« eine ideologische bürgerliche Fiktion ist. Also hätten wir einer schmutzig mit den herrschenden Interessen verfilzten offiziellen Wissenschaft eine schmutzig mit den unterdrückten Interessen verfilzte Wissenschaft entgegenzusetzen gehabt, nicht aber die Neuauflage der expertokratisch elitären Vorstellung von »reiner Wissenschaft«, diesmal als »kritische Wissenschaft«.

Der *reaktionäre oder revolutionäre Charakter einer Wissenschaft* ist durch ihre tatsächliche Funktion innerhalb des gesellschaftlichen Systems bestimmt. (Wir wissen, wie auch kritische Wissenschaft zur Stabilisierung des Spätkapitalismus beitragen kann; da nämlich, wo sie nur zur Gesinnung, nicht aber zur revolutionären Praxis taugt.) Taugt dementsprechend reaktionäre Wissenschaft zu reaktionärer Praxis, so hat ihre wirkliche Kritik ihr theoretisches und praktisches Zentrum da, wo diese reaktionäre Wissenschaft ihre wirkliche Praxis hat: in den Institutionen und Berufen, in denen dafür gesorgt ist, daß wissenschaftlich qualifizierte Menschen ihren spezifischen Beitrag zur Aufrechterhaltung und Rationalisierung des Spätkapitalismus leisten. Revolutionäre Wissenschaft beginnt dementsprechend mit der Untersuchung und Kritik der Berufspraxis wissenschaftlich qualifizierter Menschen, um konkret prüfen und projektieren zu können, wie in den spezifischen Berufen für die Beseitigung des Kapitalismus gearbeitet werden kann.

Unsere Kritik an der Universität, unser Protest, zu Agenten der Herrschaft ausgebildet zu werden, unser Versuch, in erkämpften Freiräumen selbst zu bestimmen, was kritische Wissenschaft ist, wie Wissenschaft Kritik sein kann, unser Versuch, unsere wissenschaftliche Qualifizierung der Befreiung der Unterdrückten zugute kommen zu lassen, wird konkret, indem wir konkret untersuchen und studieren:

a) wie wir in der uns zugemuteten Berufspraxis Unterdrükkungswissenschaft praktizieren sollen,

b) welche spezifischen Möglichkeiten sich aus unserer spezifischen Fachausbildung und in unseren spezifischen Berufen ergeben, zum Sturz des gegenwärtigen Herrschaftssystems beizutragen; dies untersuchend, müssen wir

c) schon jetzt während des Studiums inhaltlich wie praktisch organisatorische Vorbereitungen treffen, um die umstürzlerische Tätigkeit in unserer Berufspraxis nicht als bald resignierende Einzelkämpfer ohne solidarischen Schutz und solidarischen Diskussionszusammenhang ins Auge fassen zu müssen. *Die Vorbereitung revolutionärer Berufspraxis der wissenschaftlich Qualifizierten ist die wirkliche Kritik der gegenwärtigen Wissenschaft und muß zum Hauptinhalt unseres Studiums werden.*

III. Wir werden Prüfungen absolvieren, deren Form und Inhalt wir auf Gegenstände beschränken werden, die der Herausbildung einer sozialistischen »beruflichen« Perspektive nützlich erscheinen. Wo immer wir Prüfungen abschaffen können (insbesondere staatlich verordnete), werden wir dieses Ziel natürlich ohne sie verfolgen. Die sozialistischen Berufsorganisationen, die wir gründen werden, werden die Isolation der Einzelkämpfer aufheben und mit der Universitätsrevolte eng verbunden sein müssen. Sie werden solidarische Lebenspraxis mit einer durchgehenden politischen Perspektive vereinigen müssen.

Solche Organisationen sind ständig in Gefahr, zu kooperativständischen Clubs zu degenerieren. Wir dürfen deshalb zu keinem Moment die praktische Verbindung zum Klassenkampf gegen das Kapital und seine staatlichen Unterdrükkungsagenturen abreißen lassen. Dies erreichen wir zum einen, indem wir zusammen mit den fortgeschrittensten Teilen des Proletariats die imperialistische Staatsmacht beständig herausfordern, ihren terroristischen Kern entlarven, ihren Mangel an Stabilität demonstrieren und in der Abwehr ihrer Repressionsversuche unsere Kampffront stärken. Zum anderen müssen wir direkt in den Klassenkampf in der Produktions-

sphäre eingreifen, um unser von der Bourgeoisie beherrschtes Denken dadurch ständig zu revolutionieren. Dies geschieht, indem wir 1. Analysen und Informationen dem Proletariat liefern, die an der Universität erarbeitet werden und die den revolutionären Arbeitern auf betrieblicher Ebene nützlich sind, indem wir 2. Organisationsformen finden, in denen wir die Klassenschranken niederreißen und das Bedürfnis nach Emanzipation gegen die kapitalistischen Institutionen kehren.
Diese Perspektive erfordert an der Universität zwei organisatorische Schritte: die Einrichtung von Studienkollektiven, in denen wir die revolutionäre Berufsperspektive und die Formen unserer direkten Beteiligung am Klassenkampf erarbeiten; die Stärkung der ad-hoc-Gruppen an den Instituten und die Erarbeitung einer Koordinationsform der ad-hoc-Gruppen, die ihr Abgleiten in den Institutspartikularismus verhindert.

Grundsätzliche konkrete Forderungen

Zu der praktischen Umsetzung der oben ausgeführten Perspektiven sind die folgenden institutionellen Forderungen durchzusetzen. Nur in diesem Zusammenhang verlieren einige der bisher aufgestellten studentischen Forderungen ihren revisionistischen Charakter.

I. Autonome, studentische Sektoren

Die Erfordernisse der späteren sozialistischen Berufspraxis verlangen die Selbstbestimmung der Organisation und Lehrinhalte des Studiums durch die Studienkollektive. Wir müssen beginnen, die Berufsbedingungen zum Gegenstand unseres Studiums zu machen, d. h. z. B. für die Germanisten: sie müssen studieren, welche Rolle Goethe im Deutsch-Unterricht, der Deutsch-Unterricht in der Schule und die Schule in der Gesellschaft spielt. Sie müssen studieren, wie sie aus der

Schule als Mittel der Unterdrückung eine Schule der Emanzipation machen, d. h. allgemein: wir müssen lernen, im Beruf, in dem wir, selbst abhängig, bei anderen Abhängigkeiten erzeugen sollen, diese gemeinsam zu überwinden. Um das zu erlernen, müssen wir uns bereits im Studium an dem Kampf der Abhängigen praktisch beteiligen. Wir fordern deshalb an unseren Studienplätzen (Seminaren und Instituten) autonome, studentische Sektoren, die den Ordinarien und damit den uns aufgezwungenen Studienbedingungen entzogen sind.

II. Veränderung und Abschaffung der Prüfungen

Zur Zulassung für die Berufsausübung wird ein Zertifikat in Form von Abschlußprüfungen verlangt, eine Übung, deren Wert bereits von lernpsychologischen und bildungstheoretischen Gesichtspunkten her verneint wird. Diese sind der Abschluß der Rohrstockerziehung im Studium. Der Schlauch solcher Prüfungen dient zur Kontrolle, ob die im Studium einzuübende Anpassung an die späteren Berufserfordernisse gelungen ist.

Unsere Forderung muß lauten: Prüfungen dürfen nur den Charakter von öffentlicher Kritik der Arbeitsergebnisse der Studienkollektive haben, d. h.: laßt Euch nicht mehr von den Professoren über von ihnen willkürlich bestimmte Themen prüfen, sondern prüft die Professoren, ob sie in der Lage sind, sich mit Euren Fragestellungen und Ergebnissen auseinanderzusetzen. Grundsätzlich und langfristig müssen wir auf die Abschaffung der Prüfungen überhaupt hinarbeiten, um dem Kapital die Kontrollmöglichkeiten über das verlangte Wohlverhalten der Abhängigen zu entziehen und es damit zu verunsichern. Dies können wir nur durchsetzen, wenn wir kollektiv und in relevanter Zahl die Prüfungen verweigern und Kapitalisten und ihre bürokratischen Helfer vor die Alternative stellen, auf notwendige Arbeitskräfte zu verzichten oder diese ungeprüft einzustellen.

III. Vollversammlung als oberstes Entscheidungsorgan in neuen Satzungen

Um die genannten Studienveränderungen durchzusetzen und dauernd neu materiell abzusichern, benötigen wir Entscheidungsstrukturen, in denen wir der Macht der Ordinarien die Macht der größeren Zahl entgegensetzen können. Die Erfahrung mit der neuen OSI-Satzung zeigt uns, daß die studentische Beteiligung an repräsentativen Vertretungskörperschaften eine Art von Mitbestimmung darstellt, die der Integration und Verschleierung der wirklichen Machtverhältnisse dient. Sie räumt uns einzig ein Mitrederecht über Dinge ein, über die wir keine materielle Verfügungsgewalt haben. Die Macht der größeren Zahl erreichen wir nur über das Institut der Vollversammlung, das folgende Kompetenzen besitzen muß: a) Entscheidung über die Einstellung aller wissenschaftlichen Angestellten, b) Entscheidung über die Verteilung sämtlicher im Institut verwandten Mittel, c) Bestimmung und Kontrolle einer vorläufig noch notwendigen Prüfungsordnung.

Bereiten wir im Studium revolutionäre Berufspraxis vor!
Erlernen wir unseren Beruf im Klassenkampf!

Nachweise

1. *Das chronische Leiden der Hochschulreform,* in: *Merkur,* März 1957;
2. *Diskutieren – was sonst?* in: *4 Daten* (1962);
3. Vorwort zu *Hochschule in der Demokratie,* in: Nitsch, Gerhardt, Offe, Preuss, *Hochschule in der Demokratie,* Neuwied 1965;
4. *Zwangsjacke für die Studienreform,* in: *Der Monat,* November 1966;
5. *Universität in der Demokratie – Demokratisierung der Universität,* in: *Merkur,* Mai 1967;
6. (L. v. Friedeburg, J. Habermas): *Brief an den AStA der Freien Universität Berlin,* April 1967 (unveröffentlicht);
7. Kongreß *Hochschule und Demokratie* in Hannover, 9. Juni 1967:
   7.1 *Rede über die politische Rolle der Studentenschaft in der Bundesrepublik,* in: *Der Politologe,* Juli 1967;
   7.2 *Diskussionsbeiträge,* in: *Der Kongreß in Hannover,* Voltaire Flugschrift 12, 1967, S. 75 f. und S. 100 ff.;
   7.3 *Brief an Erich Fried* (26. 7. 1967) (unveröffentlicht);
   7.4 *Brief an C. Grossner* (13. 5. 1968) (unveröffentlich);
8. *Studentenprotest in der Bundesrepublik. Ein Vortrag im New Yorker Goethe-Haus,* November 1967 (unveröffentlicht);
9. *Einleitung einer Podiumsdiskussion* (8. 2. 1968) (unveröffentlicht);
10. (Fetscher, v. Friedeburg, Habermas, Mitscherlich): *Minister Stoltenberg diffamiert bedenkenlos,* in: *Frankfurter Rundschau,* 9. Mai 1968;
11. *Die Scheinrevolution und ihre Kinder. Rede auf dem Kongreß des VDS am 2. Juni 1968,* in: *Frankfurter Rundschau,* 5. Juni 1968;
12. *Für ein neues Konzept der Hochschulverfassung:*
   12.1 (Denninger, v. Friedeburg, Habermas, Wiethölter): *Grundsätze für ein neues Hochschulrecht,* in: *Frankfurter Allgemeine Zeitung,* 23. Juli 1968;
   12.2 *Heilige Kühe der Hochschulreform,* in: *Die Zeit,* 27. September 1968;
   12.3 (Denninger, v. Friedeburg, Habermas, Wiethölter): *Ein Beitrag zur Diskussion des Hessischen Hochschulgesetzentwurfs,* in: *Der Spiegel,* 2. Dezember 1968;

12.4 *Empfehlungen zur technokratischen Hochschulreform?* (Februar 1969) (unveröffentlicht);

13. *Gegen Wissenschaftsstürmerei:*

13.1 *Erklärung vor Studenten* (12. Dezember 1968) (unveröffentlicht);

13.2 *Seminarthesen* (14. Dezember 1968) (unveröffentlicht);

14. Anhang:

14.1 Albrecht Wellmer: *Unpolitische Universität und Politisierung der Wissenschaft,* in: D. Clausen und R. Dermitzel (Hs.), *Universität und Widerstand,* Ffm. 1968, S. 108 ff.;

14.2 *Flugblatt einer Berliner SDS-Gruppe,* Januar 1969

Inhalt

Nachbemerkung

RUHESTÖRUNG

Dokumentarfilm von Hans Dieter Müller und Günther Hörmann
Produktion: Institut für Filmgestaltung an der Hochschule für Gestaltung Ulm, 1967

Der Film RUHESTÖRUNG setzt unmittelbar in den Tagen nach dem Tod von Benno Ohnesorg (2. Juni 1967) ein und endet eine Woche später mit dem Kongreß »Hochschule in der Demokratie« am 9. Juni 1967 in der Sporthalle zu Hannover.

Gedreht wurde der Film von Hans Dieter Müller und Günther Hörmann. Das produzierende Institut für Filmgestaltung stand damals unter der Leitung von Edgar Reitz, Hans Dieter Müller und Alexander Kluge. Es war Teil der Hochschule für Gestaltung Ulm, die die Tradition des Bauhauses fortsetzte. Die Institutsfilme über den studentischen Protest bilden einen Zusammenhang von 9½ Stunden Länge. Sie enden mit der eindrucksvollen Selbstauflösung des SDS auf der letzten Delegiertenkonferenz 1968.

Die Protestbewegung hat in den 10 Jahren von Juni 1967 bis zum Deutschen Herbst 1977 höchst verschiedene Phasen durchlaufen. Die nachhaltigen Veränderungen in der Bundesrepublik sind dabei nur zu verstehen, wenn man die Außerparlamentarische Opposition und die Reaktionen auf sie, gerade auch von besonnenen Kritikern des Protests, als ein Gesamtbild nimmt.

Die bewegten Bilder des Films geben Eindrücke von den Einzelheiten dieser Jahre. Es sind andere Eindrükke, als sie bloß aus Texten und Fotos zu entnehmen sind. Wie einer sitzt, die Tonlage, in der etwas gesagt wird, die Kleidung (Krawatte oder nicht), robustes, höfliches, feindseliges Auftreten – das sind Informationen, die der Film wiedergibt.

Hans Dieter Müller, geboren 1927, gestorben 1985, war Historiker, Lektor, Autor und Leiter des Zentrums Kooperation Universität / Arbeiterkammer Bremen. Seine Publikationen ›Das Reich, Porträt einer Wochenzeitung‹ (1964), ›Der Springer-Konzern – eine kritische Studie‹ (1968) und ›Der Kopf in der Schlinge. Entscheidungen im Vorkrieg‹, 1985 in der ›edition suhrkamp‹ erschienen, waren wesentliche Beiträge zur politischen Meinungsbildung in unserem Land. Seine Filme DIE GRUNDORDNUNGS-DEBATTE AN DER UNIVERSITÄT FREIBURG und WAS TUN? – EREIGNISSE IN BERLIN 1968, beide im Auftrag des Instituts für Filmgestaltung, geben Augenblicke des studentischen Protests wieder.

Prof. Günther Hörmann, Dokumentarfilmer und Leiter des Filminstituts, ist nicht nur durch weitere Filme über den studentischen Protest, z. B. AKTIVER STREIK AN DER UNIVERSITÄT FRANKFURT (1968) und DK-FILME 1 UND 2, sondern auch durch seine Dokumentationen von Arbeitskämpfen in den Jahren von 1965 bis Ende der siebziger Jahre bekannt geworden. Von ihm stammen mehr als 30 Dokumentarfilme. Er war Kameramann bei DIE ARTISTEN IN DER ZIRKUSKUPPEL: RATLOS und IN GEFAHR UND GRÖSSTER NOT BRINGT DER MITTELWEG DEN TOD.

Der Film RUHESTÖRUNG endet mit der legendären Wortmeldung von Jürgen Habermas nach Mitternacht auf dem Kongreß in Hannover (dem Filmteam war schon das Material ausgegangen). Ein Vergleich der gedruckten Redebeiträge des Kongresses und der Filmausschnitte zeigt, aus wie vielen Elementen eine tatsächliche Öffentlichkeit sich zusammensetzt: Bild, Ton, Wort und konkrete Situation. Nur zusammen sind sie etwas Wirkliches.

Ulm, den 4. Februar 2008

Alexander Kluge

Jürgen Habermas
im Suhrkamp Verlag

Ach, Europa. Kleine politische Schriften XI. es 2551. 192 Seiten

Eine Art Schadensabwicklung. Kleine politische Schriften VI. es 1453. 179 Seiten

Die Einbeziehung des Anderen. Studien zur politischen Theorie. stw 1444. 404 Seiten

Erkenntnis und Interesse. Mit einem neuen Nachwort. stw 1. 420 Seiten

Erläuterungen zur Diskursethik. stw 975. 229 Seiten

Faktizität und Geltung. Beiträge zur Diskurstheorie des Rechts und des demokratischen Rechtsstaats. 667 Seiten. Gebunden. stw 1361. 704 Seiten

Der gespaltene Westen. Kleine politische Schriften X. es 2383. 208 Seiten

Glauben und Wissen. Rede zum Friedenspreis des Deutschen Buchhandels 2001. Laudatio: Jan Philipp Reemtsma. es-Sonderdruck 6651. 60 Seiten

Kleine politische Schriften (I–IV). 535 Seiten. Gebunden

Legitimationsprobleme im Spätkapitalismus. es 623. 208 Seiten

Moralbewußtsein und kommunikatives Handeln. stw 422. 208 Seiten

NF 372/1/3.08

Die nachholende Revolution. Kleine politische Schriften VII. es 1633. 225 Seiten

Nachmetaphysisches Denken. Philosophische Aufsätze. stw 1004. 286 Seiten

Die Neue Unübersichtlichkeit. Kleine politische Schriften V. es 1321. 268 Seiten

Die Normalität einer Berliner Republik. Kleine politische Schriften VIII. es 1967. 189 Seiten

Philosophisch-politische Profile. Dritte, erweiterte Auflage. 479 Seiten. Gebunden und stw 659

Der philosophische Diskurs der Moderne. Zwölf Vorlesungen. Gebunden, Broschur und stw 749. 450 Seiten

Die postnationale Konstellation. Politische Essays. es 2095. 272 Seiten

Protestbewegung und Hochschulreform. Mit der DVD »Revolte gegen die Autorität«. Schüler und Studenten demonstrieren in Berlin: Dokumentation zur »deutschen Unruhe« aus dem Jahr 1968, ca. 45 Min. 270 Seiten. Broschur

Strukturwandel der Öffentlichkeit. Untersuchungen zu einer Kategorie der bürgerlichen Gesellschaft. Mit einem Vorwort zur Neuauflage 1990. stw 891. 391 Seiten

Technik und Wissenschaft als »Ideologie«. es 287. 184 Seiten

Texte und Kontexte. stw 944. 217 Seiten

NF 372/2/3.08

Theorie des kommunikativen Handelns. Zwei Bände. Band 1: Handlungsrationalität und gesellschaftliche Rationalisierung. Band 2: Zur Kritik der funktionalistischen Vernunft. 1167 Seiten. Gebunden. stw 1175. 1216 Seiten

Theorie und Praxis. Sozialphilosophische Studien. stw 243. 473 Seiten

Vom sinnlichen Eindruck zum symbolischen Ausdruck. Philosophische Essays. BS 1233. 156 Seiten

Vorstudien und Ergänzungen zur Theorie des kommunikativen Handelns.
607 Seiten. Gebunden, Broschur und stw 1176. 607 Seiten

Wahrheit und Rechtfertigung. Philosophische Aufsätze.
- Erweiterte Ausgabe. stw 1723. 364 Seiten
- 336 Seiten. Gebunden und Broschur

Zeit der Übergänge. Kleine politische Schriften IX. es 2262. 196 Seiten

Zeitdiagnosen. Zwölf Essays 1980–2001. es 2439. 264 Seiten

Die Zukunft der menschlichen Natur. Auf dem Weg zu einer liberalen Eugenik? stw 1744. 164 Seiten

Zur Logik der Sozialwissenschaften.
Gebunden und Broschur. 607 Seiten

Zur Rekonstruktion des Historischen Materialismus.
stw 154. 346 Seiten

Zwischen Naturalismus und Religion. Philosophische Aufsätze. 372 Seiten. Gebunden und Broschur

NF 372/3/3.08

Zu Jürgen Habermas

Axel Honneth/Hans Joas (Hg.). Kommunikatives Handeln. Beiträge zu Jürgen Habermas' »Theorie des kommunikativen Handelns«. Erweiterte und aktualisierte Ausgabe. stw 625. 521 Seiten

Axel Honneth/Thomas McCarthy/Claus Offe und Albrecht Wellmer (Hg.). Zwischenbetrachtungen. Im Prozeß der Aufklärung. Jürgen Habermas zum 60. Geburtstag. 528 Seiten. Gebunden

Thomas McCarthy. Kritik der Verständigungsverhältnisse. Zur Theorie von Jürgen Habermas. Aus dem Amerikanischen von Max Looser. stw 782. 643 Seiten

Stefan Müller-Doohm (Hg.). Das Interesse der Vernunft. Rückblicke auf das Werk von Jürgen Habermas seit »Erkenntnis und Interesse«. stw 1464. 602 Seiten

Peter Niesen/Benjamin Herborth (Hg.). Anarchie der kommunikativen Freiheit. Jürgen Habermas und die Theorie der internationalen Politik. Mit einem Beitrag von Jürgen Habermas. stw 1820. 464 Seiten

Ulrich K. Preuß. Die Internalisierung des Subjekts. Zur Kritik der Funktionsweise des subjektiven Rechts. 356 Seiten. Broschur

Alvin M. Weinberg. Probleme der Großforschung. Aus dem Amerikanischen von Ingrid Heckl. 319 Seiten. Broschur

Bernard Willms. Kritik und Politik. Jürgen Habermas oder das politische Defizit der »Kritischen Theorie«. 207 Seiten. Broschur

NF 372/4/3.08

Lutz Wingert/Klaus Günther (Hg.). Die Öffentlichkeit der Vernunft und die Vernunft der Öffentlichkeit. Festschrift für Jürgen Habermas. stw 1533. 706 Seiten

Jürgen Habermas als Herausgeber

Ludwig von Friedeburg/Jürgen Habermas. (Hg.). Adorno-Konferenz 1983. Herausgegeben von stw 460. 471 Seiten

Jürgen Habermas (Hg.). Stichworte zur »Geistigen Situation der Zeit«. 1. Band: Nation und Republik. 2. Band: Politik und Kultur. es 1000. 861 Seiten

NF 372/5/3.08